40 JAHRE RADIUS-VERLAG

C. + R. Hesse
Weihnachten 2002

Hertzsch · Sag meinen Kindern, dass sie weiterziehn

Klaus-Peter Hertzsch

Sag meinen Kindern, dass sie weiterziehn

Erinnerungen

Radius

Professor Dr. Klaus-Peter Hertzsch, 1930 in Jena geboren, aufgewachsen in Eisenach, studierte Theologie in Jena. 1957 bis 1959 Konviktinspektor in Jena und Gemeindepfarrer, 1959 bis 1966 Studentenpfarrer, danach Leiter der Geschäftsstelle der Evangelischen Studentengemeinden der DDR in Berlin. 1967 Dr. der Theologie. Seit 1968 bis zu seiner Emeritierung 1995 Professor für Praktische Theologie. Ab 1977 Mitglied der Synode des Bundes der Ev. Kirchen in der DDR und der Thüringer Landessynode.

Begleitung des Projekts und Redaktion
Michael Trowitzsch

ISBN 3-87173-247-8

2. Auflage 2002

Gesamtherstellung: Clausen & Bosse, Leck
Printed in Germany

Geleitwort

Ja, ich gebe es zu, ich habe Klaus-Peter Hertzsch ein wenig überrumpelt, als ich mit dem Plan kam, er solle mir ausführlich aus seinem Leben erzählen und wir würden ein Buch daraus machen. Es brauchte auch einige Überredung, bis er einverstanden war. Aber dann trafen wir uns eines Tages (danach noch an die zehnmal) – und, unternehmenslustig nun geradezu, begann er zu erzählen, wie er es meisterlich kann: anschaulich, klangvoll, in großen Bögen und durchgehend so, daß man etwas zu sehen bekommt. Lebhafte Szenen traten vor Augen und farbige, tiefenscharfe Bilder: von Personen, von markanten Ereignissen, von Familienfesten und von schlichtem Alltag; Miniaturen und auch weite Panoramen, Lebensjahre, durchlitten und vom Glück erhellt, die gemischte Realität, Begegnungen, Reflexionen, Theologie und Kirche im Osten Deutschlands, in der DDR, registriert sehr bewußt aus dieser Perspektive. Erzählungen, höchst wahrnehmungskräftig, unter dem Licht der Zeit, in ihrem Schatten. Viele Stimmen. Eingelassen aber in all dies, wie mir scheint, als ein geheimnisvoller Untergrund: eine große, wunderbar tröstliche Stille.

Mit Spannung habe ich zugehört, dann und wann einmal zurückgefragt. Sekretärinnen des Lehrstuhls (vielen Dank, besonders an Frau Marita Klaus!) haben die Tonbandaufzeichnungen abgeschrieben. Der Autor hat das Ganze noch ein wenig überarbeitet. Nun, da die Endfassung vorliegt, sehe ich einen der großen Vorzüge darin, daß die ursprüngliche Mündlichkeit dieser Erinnerungen erhalten geblieben ist. Denn wer immer Klaus-Peter Hertzsch hat öffentlich reden hören, in einem Vortrag, einer Bibelarbeit, einer Predigt, er wird – hineingenommen in einen weiten geistigen und geistlichen Raum, gebannt von Anschaulichkeit und Bildkraft dieser Sprache – wohl etwas Erstaunliches erfahren haben, etwas Seltenes in all den Verwirrungen unseres Lebens, eine merkwürdige Selbstverständlichkeit: die fraglose, leise Selbstverständlichkeit des Evangeliums. Man kann sie, glaube ich, auch in diesem Buch spüren – vergleichbar einer Komposition mit durchgehend begleitender, zuweilen deutlich hörbarer, heller Oberstimme.

Danke, Klaus-Peter Hertzsch, für dieses schöne Buch, diesen wachen und unverkennbar eigenen, ruhigen Blick zurück, sogar weit zurück – der freilich auch ein Blick nach vorn ist, ein offener, ein zuversichtlicher Blick, hell, ganz hell, aber auch mit einer großen Besorgnis und Dunkelheit in den Augen. Der Titel dieses Buches gibt einen biblischen Vers wieder, die Stimme Gottes. Sie verspricht und eröffnet ein fröhliches Weiterziehn durch die Zeit, ein von Wissen umschattetes, behütetes, entschlossenes Weiterziehn. Genau dies ist wieder unsere Situation. Dabei brauchen wir kräftige, ermutigende Stimmen. Ich bin sicher, hier, in diesen Erinnerungen, kann man eine hören.

Michael Trowitzsch

Einstieg
oder: Krippenspiel und Hochzeitslied

An einem Märzmorgen 1999 saßen wir, Michael Trowitzsch, mein Universitätskollege von der Systematischen Theologie, und ich, in meiner Wohnung am Ricarda-Huch-Weg in Jena vor der großen Bücherwand in meinem Arbeitszimmer, im Hintergrund mein Schreibtisch, vor dem Fenster ein blassblauer Himmel mit den ersten Anzeichen des Frühlings, und ich fing an zu erzählen. Professor Trowitzsch war 1993 aus Münster in Westfalen zu uns an die Jenaer Theologische Fakultät gekommen, ich seit drei Jahren emeritiert. Ihm war die Idee gekommen, ich könne ihm, der in der Bundesrepublik aufgewachsen war und gelebt hatte, von meinem Leben erzählen. Und aus dieser Idee ist dies Buch hervorgegangen. »Sie sind doch«, sagte er, »Zeitzeuge gewesen für sehr verschiedene und sehr spannende Perioden des Jahrhunderts, das jetzt gerade zu Ende geht. Ich frage Sie, was mich interessiert, wir nehmen das Ganze auf Tonkassette auf, meine freundliche Sekretärin schreibt alles auf Diskette, Sie überarbeiten das, und daraus wird ein Buch für Leserinnen und Leser, denen es geht wie mir: Sie haben Interesse zu erfahren, wie einer hautnah und hier und da mitgestaltend diese Jahrzehnte in Ostdeutschland erlebt hat.« So verfuhren wir also, und wenn daraus inzwischen auch ein Buch zur stillen Lektüre geworden ist, merkt man der Art des Erzählens vielleicht immer noch an, dass sein Ursprung ein mündlicher Bericht war; ich halte das für einen Vorteil und hoffe, es kommt seiner Lesbarkeit zugute. Zuerst überlegte Trowitzsch bei unseren Gesprächen, wo mein bisheriges Leben über das ganz Persönliche hinaus für ihn und andere interessant sein könnte und vielleicht auch wirksam für die kirchliche und die staatliche Öffentlichkeit gewesen ist. Mitarbeit in den Kirchen der DDR fiel ihm ein, in Synoden und auf Kirchentagen, Gemeindearbeit und Rundfunkpredigten und all so etwas. Dann meine theologische Arbeit, die Ausbildung ungezählter künftiger DDR-Pfarrerinnen und -Pfarrer, die Beiträge zu meinem Spezialfach der Praktischen Theologie. Als Erstes aber kam ihm etwas anderes in den Sinn: die kleinen Texte, die von mir in den Gemeinden bekannt geworden sind: ein Thüringer Krippenspiel, fünf biblische Balladen von Jona, Daniel und anderen Propheten, ein Lied in unserem neuen Gesangbuch. Das war mir ganz lieb; denn gerade an diesen Texten konnte ich deutlich machen, was für mein Leben bestimmend war. Darum fängt meine Erzählung mit der Geschichte dieser Texte an; über die beiden anderen Bereiche erzähle ich in späteren Kapiteln. Denn all das, was Michael Trowitzsch aufgezählt hatte, ist nie so etwas wie mein bewusster Lebensplan gewesen. Ich hatte nie vor, kirchenleitend oder kirchenprägend tätig zu sein, bin auch kein theologischer Fachgelehrter geworden, und als Dichter habe ich mich nie verstanden – außer vielleicht mit 16; aber wer tut das mit 16 nicht? Mein Ausgangspunkt war ganz einfach, dass ich relativ früh gewusst habe: Ich will Pfarrer werden. Da spielte sicher mein Elternhaus eine Rolle – darauf kommen wir noch zu sprechen –, aber sicher ebenso ein Grundgefühl, dass das eine Aufgabe ist, die meinen persönlichen Anlagen und Interessen entgegenkommt. Vielleicht kam zudem ein wenig die Ängstlichkeit eines Menschen hinzu, der nicht gern etwas völlig Unbekanntes machen wollte, sondern der in einem Bereich seine Lebensarbeit suchte, den er, im Pfarrhaus aufgewachsen, von klein auf kennen gelernt hat. Mein erkennbares Ziel war also nur, als Pfarrer zu arbeiten, und alles, was Michael Trowitzsch nannte, ging aus dem Wunsch hervor, mein Leben in dieser Weise zu gestalten und einzusetzen. Für mich war es darum überraschend, dass die kleinen literarischen Texte, die ich im Rahmen meiner beruflichen Tätigkeit gebraucht und darum geschrieben habe, eine so relativ breite Wirkung gehabt haben. Denn das sind alles Gebrauchstexte. Zum Beispiel mein Krippenspiel: Dazu fällt mir gleich die nüchterne Entstehungsgeschichte dieses einfachen Textes ein. Einer meiner Freunde, mit dem ich in Eisenach schon zur Schule gegangen bin, der dann mit mir gemeinsam in Jena studiert hat und danach auf dem Predigerseminar war, Friedhelm Kalkbrenner, war Ende der 50er Jahre Pfarrer in einem Dorf in der Nähe von Schmölln in Ostthüringen geworden. Der schrieb mir eines Tages: »Lieber Klaus-Peter, ich brauche in drei Wochen ein Krippenspiel. Darin sollen vorkommen: eine Maria, ein Josef, drei Hirten, drei Könige, unbegrenzt Engel.« Was blieb mir anderes übrig, als mir zu sagen: Der benötigt jetzt ein Krippenspiel, und darum versuche ich, ihm eins zu schreiben. Damals, 1958, wurde gerade in unseren Gemeinden die neu erarbeitete Gottesdienst-Liturgie eingeführt. Daraus ergab sich ganz praktisch der Gedanke, dass diese Liturgie des Sonntags, mit der die Gemeinde vertraut gemacht werden sollte, für das Weihnachtsspiel ein gutes Gerüst gäbe. Das war also wirklich ein Text zum Gebrauch, der dann an einem schon dämmernden Dezembernachmittag in Gieba im Osten Thüringens aufgeführt wurde, als die ersten Sterne des Winterhimmels über dem Kirchturm des Dorfes standen und Felder und Wiesen eingeschneit waren. In den folgenden Jahren gehörte es dann schon zur Tradition in diesem Kirchspiel; Nachbargemeinden, die ein Krippenspiel suchten, hörten davon und übernahmen es. Da lag es nahe, diesen Text für weitere Gemeinden in der DDR nutzbar zu machen und zu drucken; die Evangelische Verlagsanstalt übernahm das und hat schließlich acht Auflagen davon herausgebracht. Bis heute wird es in vielen Thüringer Gemeinden noch aufgeführt.

Ähnlich war das später mit den biblischen Balladen von Jona in Ninive, Daniel in der Löwengrube und den anderen, die sich am stärksten mit meinem Namen verbunden haben. Andererseits haben sie es schwerer gehabt. Ich habe das ja schon im Nachwort zu dem kleinen Balladenband berichtet, dass ich einem Patenkind – später auch den vier anderen – etwas Hübsches zum Geburtstag schenken wollte und die Geschichte von Elia und dem bösen König Ahab in Reimen aufgeschrieben habe – damals noch ganz unbefangen und ohne viel Überlegen, wie das ja wohl jeder mit solchen Gelegenheitstexten zu Geburtstagen oder Familienfesten macht. Von dieser ursprünglichen Fassung ist in dem Band heute nicht viel übrig geblieben. Sie war viel handfester und sprachlich unbefangener, bibelwissenschaftlich ohne jede Vorarbeit geschrieben. So war sie ziemlich derb, daher sehr lebendig und gefiel den Patenkindern gut, fand auch bei anderen Anklang, die sie lasen: es war offenbar eine originelle neue Form der Erzählung biblischer Texte, die ich da versuchte. Und wie seinerzeit beim Struwwelpeter-Hoffmann kam an mich von Freunden die Anregung, diese Ballade einem Verlag anzubieten. Ich habe sie also der Evangelischen Verlagsanstalt in Berlin geschickt, dem zentralen Verlag für evangelisch-kirchliches Schrifttum in der DDR, bei dem ja schon das Giebaer Krippenspiel erschienen war. Die schrieben mir aber: Das sei alles ganz lustig und ganz schön, doch sie hätten erhebliche Bedenken – theologische Bedenken, pädagogische Bedenken – und für ihren Verlag sei das nicht geeignet; und das war in dieser ursprünglichen Fassung kaum anders zu erwarten gewesen. Zunächst habe ich die Sache liegen lassen, hatte später aber doch Lust, den Patenkindern noch eine andere biblische Geschichte in ähnlicher Weise zu erzählen: So ist ein Jahr später die Geschichte von Jona und der schönen Stadt Ninive entstanden. Die hatte gleich nach dem Entstehen Erfolg, als ich sie bei der großen Weihnachtsfeier der Studentengemeinde in Jena vortrug. Ich hatte diesmal etwas vorgearbeitet: nicht nur im Biblischen Lexikon nachgesehen, wie ein Rizinus aussieht, sondern auch theologisch und in den wissenschaftlichen Kommentaren mich ein bisschen kundig gemacht. Damit habe ich dann einen zweiten Versuch bei der Verlagsanstalt unternommen, und sie haben erneut abgewinkt: Ja, das sei schon etwas besser, aber ihre Bedenken seien bei diesem zweiten Produkt nach wie vor gültig. Damit war die Sache für mich erledigt. Bis Günter Wirth, der Cheflektor vom Unionverlag – einem Verlag im Besitz der DDR-CDU – mit dem ich in irgendeinem ganz anderen Zusammenhang ein Gespräch zu führen hatte, fragte: »Hast du nicht irgendwas für unseren Verlag?« - »Ich habe zwei biblische Balladen gemacht«, habe ich gesagt, »ein anderer Verlag hält sie freilich für ungeeignet. Aber vielleicht könnt ihr sie gebrauchen.« Ich habe sie hingeschickt und eine Weile nichts mehr davon gehört. Dann schrieb er mir zurück: Es habe auch in ihrem Verlag einige Auseinandersetzungen darüber gegeben, doch vor allem Johannes Bobrowski, der ja als Lektor beim Unionverlag arbeitete, habe sich dafür eingesetzt und gesagt: »Hier ist einer, der erzählen kann, das ist doch Gold wert.« Johannes Bobrowski war sicher einer der wichtigsten Autoren nicht nur in der DDR, sondern in ganz Deutschland in der Jahrhundertmitte. Darum habe ich mich über sein Urteil besonders gefreut. Er schrieb in seinem Gutachten: Wenn ich noch vier oder fünf ähnliche Texte dazu schreibe, könne man überlegen, das Ganze in der »Kleinen Reihe« des Verlags herauszubringen. Ich habe dann im Laufe der Zeit noch drei Balladen dazugeschrieben. Johannes Bobrowski hat sie nicht mehr kennen gelernt; er starb sehr plötzlich 1965. Für den letzten der fünf Texte – und daran denke ich gern zurück – habe ich mich nach Tautenburg zurückgezogen. Das ist ein Dorf bei Jena hoch über dem Saaletal »im schönsten Wiesengrunde«. Dort im Pfarrhaus hatten wir als Studentengemeinde unter dem Dach ein kleines Freizeitheim ausgebaut, wovon später die Rede sein wird, und da habe ich die Daniel-Ballade geschrieben, die mir die liebste von den fünfen ist. Mir ist bis heute unvergesslich: Zwei Tage im Pfarrhaus über dem Talgrund inmitten der Thüringer Wälder und ich ganz allein oben im Dachzimmer mit dem schönen weiten Blick aus dem Fenster und mit dem Propheten Daniel und dem König Darius im Kopf. Am letzten Abend habe ich mir gesagt: Jetzt muss der Text fertig werden. Daniel stieg da in meinem Text gerade in die Löwengrube. Und wie in Daniels Geschichte zog nun die Nacht vor meinem Fenster herauf und stand über dem stillen Talgrund, und ich sah die Löwen und die Engel kommen. Als die Sonne über dem Tautenburger Tal heraufstieg, war ich mit meiner Ballade fertig, und bei dem Vers: »Die Morgensonne brach hervor, / da zog man Daniel empor« sehe ich noch heute den Morgenglanz über den Wipfeln des Tautenburger Forstes vor mir. Diese fünf Texte habe ich an den Verlag geschickt und war gespannt, was daraus würde.

Es gab dann noch einige Probleme mit der Druckgenehmigung – sprich: mit der Zensur; aber die wurden schließlich ausgeräumt. Der Verlag blieb jedoch weiterhin vorsichtig. Er schrieb mir, er wolle eine kleine Probeauflage herausbringen und mir, wenn ich damit zufrieden wäre, ein sehr bescheidenes Anerkennungshonorar zahlen. Wenn wir 1000 Exemplare loswerden, schrieben sie, können wir froh sein. Wenn ein Buch in der DDR die Hürde der Zensur erst einmal genommen und die Druckgenehmigung erhalten hatte, dann hatte das unter tausend Exemplaren für die Verlagskalkulation kaum einen Sinn. Meine Balladen erschienen unter dem Titel »Wie schön war die Stadt Ninive« in einer schönen Ausgabe: in einem eleganten sandfarbenen Leinen mit einer durchsichtigen Folie darum. Bis heute ist fast eine Viertelmillion von diesen Texten verkauft worden, achtzigtausend davon in der DDR. Der Radius-Verlag in Stuttgart, der in seiner Entstehung eng mit der evangelischen Studenten- und Akademikerarbeit in Deutschland verbunden ist, brachte eine Lizenzausgabe für die Bundesrepublik heraus – dort unter dem veränderten Titel »Der ganze Fisch war voll Gesang«. Hier war mein Buch dann in all den folgenden Jahren in guten Händen.

Ich erzähle das so ausführlich, um deutlich zu machen, wie aus solch einem gelegentlichen Gebrauchstext ein erfolgreiches Buch werden kann: für den Augenblick geschriebene Texte erreichen durch diesen oder jenen Umstand andere Leser und erweisen sich als brauchbar, auch für andere Anlässe als die, für die sie ursprünglich geschrieben wurden. Bezeichnend für solch einen Vorgang scheint mir zu sein – und das war für mich als Praktiker sehr schön zu erleben –, dass viele diese Balladen für ihre eigenen Bedürfnisse weiter bearbeitet haben. Es gibt ja eine ganze Anzahl von Vertonungen – vor allem für Kinderchöre – eine große Menge Christenlehre-Projekte, wo Kinder sie illustriert, als Puppen- oder Schattenspiel aufgeführt, weiter gedichtet oder getanzt haben. Es gibt Umsetzungen in verschiedenen Medien – das sind alles Formen, in denen andere als Einzelne und vor allem als Gruppen an diesen Texten mit- und weitergearbeitet haben. Und die Gelegenheiten, bei denen sie still gelesen oder anderen vorgelesen worden sind und noch heute werden, sind tatsächlich unglaublich bunt und vielfältig. Ich denke, dies verdankt sich in hohem Maß der Tatsache, dass diese Texte, die aus der Praxis entstanden, auch für andere tauglich sind.

Als letztes Beispiel möchte ich die Geschichte des Liedes von mir anfügen, das ins Gesangbuch übernommen ist: »Vertraut den neuen Wegen«. Das war wieder ein ganz ähnlicher Vorgang, und ich erzähle das gern, weil ja viele andere Lieder im Gesangbuch eine ähnliche Geschichte haben, zu bestimmter Zeit aus bestimmtem Anlass geschrieben wurden und später von der Kirche – nicht selten auch für folgende Generationen – in Gebrauch genommen worden sind. Bei mir war es so, dass derselbe Freund, der das Krippenspiel brauchte, mich zum Paten seiner Tochter gebeten hatte, die also eines der erwähnten Patenkinder war. Die war nun herangewachsen und wollte im August 1989 in Eisenach ihre Hochzeit feiern. Wieder schrieb der Vater mich an: Ihr kommt doch sicher zur Hochzeit. Kannst du uns nicht ein Lied für unseren Trauungs-Gottesdienst mitbringen? Am besten wäre es auf die Melodie »Du meine Seele singe« – das war dann auch die ursprüngliche Weise meines Liedes. Den Predigttext hatten sich die jungen Leute selbst ausgesucht: 1. Mose 12, Abrahams Aufbruch von Ur in Chaldäa: »Geh in ein Land, das ich dir zeigen will«, in das gelobte Land. »Und ich will dich segnen, … und du sollst ein Segen sein.« Das war ein guter Trautext: denn bei einer Trauung geht es um Aufbruch, Aufbruch ins Künftige, Aufbruch unter Gottes Aufruf und Zusage. Ich habe mir Mühe gegeben, all das in meinem Lied zur Sprache zu bringen. Andererseits war ich mit einer Zeile nicht zufrieden – und bin es bis heute nicht vollständig. Erst habe ich allerhand andere Varianten probiert; aber als sie alle nicht besser waren, habe ich mir gesagt: Dies Lied ist für einen einzigen Anlass bestimmt und wird danach wieder vergessen – kein Grund, jedes Wort auf die Goldwaage zu legen. Ich hatte keineswegs daran gedacht, hier ein Lied furs Gesangbuch zu schreiben, sonst wäre – zumal unter dem Zeitdruck, denn es war am Vorabend der Hochzeit – vor lauter Bedenken und Zweifeln sicher nichts zustande gekommen. Der Brautvater holte den Text noch am Abend in unserem Eisenacher Hotel ab, um ihn mit der einfachen Pfarrbüro-Technik zu vervielfältigen, bei der die letzten Exemplare immer blasser, aber in der Regel gerade noch lesbar waren. Wir haben dann das Lied bei dieser Trauung in der Eisenacher Annenkirche gesungen. Die Gemeinde war ziemlich groß – die jungen Leute hatten viele Freunde. Dazu kamen Leute aus dem Westen. Eisenach war ja nahe an der Grenze, und in den letzten Jahren der DDR war diese Grenze schon durchlässiger geworden. Sogar der Pfarrer, der das Ehepaar getraut hat, kam aus Hessen herüber. Und dazu natürlich viele Freunde aus der DDR, Bekannte, Gemeindeglieder aus verschiedenen Gemeinden. Das ist dann der Weg gewesen, auf dem diese hektografierten Liedblätter zu den verschiedenen Gemeinden in Deutschland kamen, und es ist an vielen Stellen schon im Jahr 1989 gesungen worden, weil es eben nicht nur einem Trautext entsprach, sondern zugleich dem Lebens- und Zeitgefühl, das uns in jenem bewegten Jahr der Wende beherrschte. Ich denke, es ist gar nicht zu vermeiden, dass in solche für einen aktuellen Anlass geschriebene Texte das jeweilige Zeitgefühl mit eingeht. Ins neue Gesangbuch kam es allerdings noch auf anderem Wege: Jürgen Henkys, Professor für Praktische Theologie in Berlin wie ich in Jena, hatte sechzigsten Geburtstag, und da ich ihn sehr schätze, wir uns gegenseitig schätzen und manches miteinander getan und erlebt haben, kam mir der Gedanke, ich schicke ihm dieses neue Lied. Das passt ja auch ganz gut zu einem Geburtstag und ist so immerhin ein persönlicher Gruß von mir. Henkys aber war Mitglied der Gesangbuchkommission, hat sehr prägend am neuen Gesangbuch mitgearbeitet und als Dichter und Übersetzer mehrere Liedtexte selber beigesteuert. Er hat meinen Text noch nach Redaktionsschluss in die Kommission eingebracht: »Hier ist ein Lied, das in eine Abteilung gut hineinpasst, die bisher ganz schwach vertreten ist: Exodus-Lieder« – also Lieder des vertrauensvollen Aufbruchs. Die Gesangbuchkommission hat wohl vor allem den Eindruck gehabt, dass das Lied genau dem zeitgeschichtlichen Augenblick entspreche, in dem wir damals lebten, und hat darum die Jahreszahl 1989 ausdrücklich darunter gesetzt. Sie beschlossen dann, das Lied als allerletztes, als schon alles abgeschlossen war, noch nachzureichen. So ist es ins Gesangbuch hineingekommen:

> Vertraut den neuen Wegen, auf die der Herr uns weist,
> weil Leben heißt: sich regen, weil Leben wandern heißt.
> Seit leuchtend Gottes Bogen am hohen Himmel stand,
> sind Menschen ausgezogen in das gelobte Land.

Vertraut den neuen Wegen und wandert in die Zeit!
Gott will, daß ihr ein Segen für seine Erde seid.
Der uns in frühen Zeiten das Leben eingehaucht,
der wird uns dahin leiten, wo er uns will und braucht.

Vertraut den neuen Wegen, auf die uns Gott gesandt!
Er selbst kommt uns entgegen. Die Zukunft ist sein Land.
Wer aufbricht, der kann hoffen in Zeit und Ewigkeit.
Die Tore stehen offen. Das Land ist hell und weit.

Ein Text, der für einen ganz bestimmten Anlass geschrieben ist und der sich dann als nützlich erwiesen hat für andere Christen, für andere Gemeinden, für andere Anlässe. So gehören diese verschiedenen Texte ganz unmittelbar zu meinem alltäglichen Leben, in dem ich auf verschiedene Weise immer Pfarrer meiner Kirche gewesen bin und von dem ich jetzt der Reihe nach erzählen will, wie ich an vielen Frühlingstagen Michael Trowitzsch erzählt habe.

Kindheit in Eisenach oder: Idyll im Pfarrhaus

Die früheste Erinnerung, die ich habe, ist, dass ich am Morgen von der oberen Etage im Pfarrhaus in Eisenach heruntersteige – oben waren die Schlafräume, unten war unser Spielzimmer. Ich bleibe auf der Treppe stehen und rufe mit lauter Stimme: »Die Bauklötzer sind für mich besetzt!« Und dazu gehört offenbar auch ein Gefühl von Sieg, den anderen zuvorgekommen zu sein, den Mut gehabt zu haben, das jetzt durchs Haus zu rufen und auf diese Weise etwas festzumachen. Diese Erinnerung gehört natürlich in einen Zusammenhang: die Selbstbehauptung in der Geschwistergruppe. Vier Brüder waren wir zunächst, der fünfte wurde zwölf Jahre nach mir geboren. Den habe ich dann im Kinderwagen herumgefahren. Und als ich später meinen eigenen Sohn hatte, wusste ich schon ein bisschen, wie man mit kleinen Kindern umgeht, weil ich das als Dreizehn-, Vierzehnjähriger gelernt hatte. Zunächst also vier Geschwister, zwei waren älter als ich, einer war jünger, doch lagen wir im Alter nah beisammen, so dass wir immer einmal, wenn wir durch die Straßen gingen, gefragt wurden, ob drei von uns Drillinge seien. Meine Mutter hatte die einleuchtende Idee, jedem von uns eine Lieblingsfarbe zu geben, von der wir dachten, wir hätten sie uns selber ausgesucht. Der Älteste hatte Blau, der nächste Rot, ich hatte Grün, und der Jüngste hatte die gelbe Farbe. Das hieß, dass unsere Zahnputzbecher und unsere Mützen und ähnliche Sachen nicht verwechselt werden konnten, weil für mich völlig klar war, dass eine grüne Mütze und ein grüner Zahnputzbecher mir gehörten. Daraus ergab sich allerdings das Problem für mich, dass ich gelegentlich auch in fremden Haushalten die Vorstellung hatte, ein grüner Becher gehöre mir.

In der Adventszeit spielte diese Festlegung zum Beispiel eine Rolle. Wir hatten nämlich hölzerne Adventsengel, die mit einer brennenden Kerze in der Hand auf dem Frühstückstisch erschienen. Am ersten Advent kam der erste, am zweiten kam der zweite dazu, am dritten Advent der nächste, und am vierten waren dann alle vier auf dem Frühstückstisch. Es begann mit dem gelben oder mit dem blauen, und damit war es für uns selbstverständlich, dass es bei dem Jüngsten oder bei dem Ältesten anfing. Jeder hatte die Vorstellung, das ist mein ganz persönlicher Adventsengel. Und für meinen Bruder Rüdiger und mich war klar, dass wir immer in der Mitte rangierten.

Viele Geschwister zu haben, bedeutet immer unterschiedliche Koalitionen und Gegnerschaften: »Mit dir rede ich nie wieder ein Wort.« Aber zwei Tage später waren wir dann wieder zusammengeschweißt zu zweit oder zu dritt, unzertrennlich, lebten miteinander und dann wieder gegeneinander. So erlebt man als Kind schon eine Menge Auseinandersetzungen, kommunikative Prozesse, Reibungen, Kompromisse, Aggressionen, Versöhnungen. Das spielte bei uns eine große Rolle. Wir waren nur Jungen ohne eine Schwester. Meine Mutter wäre die einzige Frau in unserer Familie gewesen, wenn es Rieba nicht gegeben hätte. Es war damals noch üblich, dass man ein »Mädchen« hatte, ein Hausmädchen. Die längste Zeit war das eine

Frau in unserem Haushalt, die aus der Nähe von Jena, aus Sulza, stammte, eine handfeste junge Person vom Dorfe, Frieda, die von uns »Rieba« genannt wurde und für uns zur Familie gehörte. Die alltäglichen Dinge liefen im Grunde durch die Küche bei Rieba durch und wurden von ihr oft – sagen wir mal: sehr elementar entschieden.

Wir Brüder hatten zwei gemeinsame Zimmer: ein gemeinsames Schlafzimmer, wo vier Betten standen – später natürlich fünf – und vier Schränke oder besser gesagt: vier schmale Spinde – damit war das Zimmer dann ausgefüllt. Und es gab eine Art Wintergarten im Haus, der war unser Spiel- und später Arbeitszimmer. Meine kluge Mutter hat bei einem Tischler eine Eigenkonstruktion bestellt. Das waren aus gebeiztem, einfachen Holz hergestellte, nicht hohe, aber ziemlich tiefe Bücherbretter, unten mit einen Kasten, und, wenn man davor saß, ließ sich ein Brett etwa in Brusthöhe herunterklappen, so dass man eine Arbeitsfläche hatte. Meine Mutter sagte: »Später, wenn ihr einmal groß seid, dann sägt ihr diesen überstehenden Teil einfach ab, und dann habt ihr ein Bücherregal in mittlerer Höhe.« Mein Regal hat in dieser veränderten Form tatsächlich noch lange in meinen späteren Wohnungen gestanden. Diese vier Schreibregale standen unter den vier der sechs breiten Fenster dieses Wintergartens. Jeder hatte seinen Bereich, seinen Arbeitsplatz, seine Tischlampe darauf und machte da seine Schularbeiten. Wir hatten außerdem einen gemeinsamen Tisch und ein altes, durchgesessenes Sofa. Wir schliefen gemeinsam oben und spielten oder arbeiteten mehr oder weniger gemeinsam unten.

Ich selber habe sehr viel mit Bauklötzen gespielt, selbst als Heranwachsender, also als Acht- bis Zehnjähriger. Ich weiß auch warum: weil ich immer die Vorstellung hatte, es muss selbst beim Spiel etwas Erkennbares, Greifbares herauskommen, genauer: entstehen, etwas hergestellt werden. Im Spiel sich verwandeln, fremde Rollen spielen, sich verkleiden, was mein Bruder sehr gern mochte, das fand ich darum nicht so gut. Heute frage ich mich etwas besorgt, ob hier nicht schon der Keim zu einem inneren Leistungsdruck erkennbar ist, der ein wirklich gelöstes, ein ganz und gar zweckfreies Spielen nicht zulassen wollte und der mir mein Leben lang zu schaffen gemacht hat. Neben solchen Spielen haben Gesellschaftsspiele natürlich ihren wichtigen Platz in einer größeren Familienrunde; bei uns hatten sie ihn besonders an den Festen, an den zahlreichen Kindergeburtstagen sowieso. Sofort denke ich auch an den 6. Januar. Meine Mutter stammte aus Norwegen, mein Großvater war preußischer Beamter, aber meine Großmutter war eine Pianistin aus Hammerfest. Und von dort hatten wir als Brauch das Abschmücken des Christbaums. Das war ein intensives, ziemlich lautes Fest, in der Regel am Epiphaniastag. Da musste der Weihnachtsbaum verschwinden. Weihnachten spielte in unserem Leben eine außerordentlich große Rolle. Es ist heute für mich kaum noch nachvollziehbar, wie die ganze Welt sozusagen stillstand und von innen heraus groß aufleuchtete, wenn Weihnachten war. Aber wenn dann der traurige Tag anbrach, mit dem endgültig die Weihnachtstage zu Ende waren, dann war es immerhin schön und tröstlich, dass da ein etwas wildes Fest gefeiert wurde. Das bestand unter anderem darin, dass wir um den Baum herumwanderten und einmal »Oh Tannenbaum« sangen. Das kam bei uns sonst nicht vor, wir sangen sonst lauter christliche Weihnachtslieder. »Oh Tannenbaum« gehörte jedoch zum Abschmücken. Und wir sangen auch »Komm lieber Mai und mache die Bäume wieder grün«. Das gehörte dazu, dass der Frühling nun allmählich angesungen wurde. Meine Mutter hatte noch einmal Süßigkeiten an den Baum gehängt. Jetzt wurden jedem nach der Reihe die Augen verbunden, und der musste dann danach greifen. Wir fassten uns an den Händen, wanderten um den Baum herum, mein Vater begleitete am Klavier den Gesang, und wenn er plötzlich abbrach, standen wir alle still, und jetzt musste der, der die Augen verbunden hatte, greifen. Um die Sache etwas spannender zu machen, waren die Kerzen am Christbaum noch einmal entzündet, so dass immer die Gefahr bestand, dass man in die Nähe der Flamme kam und sich ein bisschen den Finger verbrannte. Danach war dann ein gewaltiger Kehraus. Wir bildeten Hand in Hand eine Schlange und liefen unter dem Singen eines völlig sinnlosen norwegischen Liedes – meine Mutter hat es uns immer einmal übersetzt, aber es hat wirklich keinen erkennbaren Sinn – mit einer ungeheuren Geschwindigkeit durch alle Räume des Hauses. Das war vom Keller durch zwei Wohnetagen bis zum Boden ein erheblicher Umlauf. Mein Vater rannte vorne weg, und die Kleinsten am Schluss hatten schon Mühe, dieses Tempo mitzuhalten. Wir sangen und rannten durchs Haus. Und danach saßen schließlich alle auf dem Teppich und hatten ein Spiel, das mein Onkel hergestellt hatte, der Pfarrer in Bayern war: das Mäuschen-Spiel, das nur an diesem Tag hervorgeholt wurde. Kleine bleierne Mäuse, ein bisschen Phantasie musste man haben, um sie als Mäuse zu erkennen, und jede hatte einen langen Schwanz. Einen dieser Schwänze hatte jeder von uns zu ergreifen. In der Mitte lag, auf einem runden Spielbrett aufgemalt, eine Wurst, und die Mäuse saßen um sie herum. Mein Vater hatte einen großen ledernen Würfelbecher und würfelte, nahm den Becher hoch, und wenn eine Sechs gewürfelt war, dann durfte er mit seinem Becher eine von den Mäusen fangen. Das war außerordentlich spannend. Die Sechs erschien, und alle Mäuse mussten schnell verschwinden. Und wer nicht schnell genug verschwand, der wurde eingefangen und schied aus. Das gehörte unentbehrlich zum Weihnachtsausklang.

Ich stelle heute mit einigem Staunen fest, wenn ich an meine Kindheit denke, dass in einer überaus bewegten und gefährdeten Zeit diese Kindheit dennoch so etwas wie ein Idyll gewesen ist oder zumindest solche Züge hatte. Ich bin im September 1930 geboren. Als der Krieg zu Ende war, war ich vierzehneinhalb. Das heißt: Ein erheblicher Teil meiner Kindheit fällt in die sechs Jahre des Krieges, und die Zeit davor gehört in eine Periode, in der mein Vater hochgradig durch seine Position im Kirchenkampf gefährdet war. Die Jahre unseres Heranwachsens waren dann die Nachkriegszeit, die eine gelegentlich lebensbedrohliche Hungerzeit gewesen ist, vor allen Dingen für eine Familie mit fünf heranwachsenden Söhnen. Meine Mutter hat Erstaunliches geleistet, ihre Kinder durchzubringen. Und trotz all dem habe ich es als Idyll in Erinnerung, weil das Familienleben für uns in dieser Zeit sehr bestimmend war und viele Facetten hatte. Das war nicht nur das gemeinsame Spielen und Feiern, sondern was eine große Rolle spielte, war die Musik. Das fing früh an: Mit meinem damals jüngsten Bruder habe ich, als wir fünf, sechs Jahre alt waren, einen Kursus besucht, der sich »Tonikado« nannte. Das war eine klug überlegte frühe Musikschule, die bei einer freundlichen Lehrerin in einer Kindergruppe stattfand.

In der Familie spielte vor allem das Singen eine große Rolle. Zum Beispiel beim Wandern. Wir sind viel gewandert; Eisenachs Lage legte das nahe. Später war es meinem Bruder peinlich, wenn mein Vater anfing, draußen im Freien Wander- und Volkslieder zu singen, aber am Anfang war es niemandem peinlich, sondern wir haben vielstimmig in den Thüringer Wäldern gesungen und sind lange Strecken gelaufen. Noch wichtiger waren die Lieder der Kirche. Ein gemeinsames Abendlied gehörte zum Tagesablauf: An den Betten nur bei den ganz kleinen Kindern, bald dann am Flügel ein gemeinsames Abendlied mit einem Vaterunser, das schon – wie später im weit verbreiteten »Evangelischen Brevier« meines Vaters – über die Woche verteilt war: jeden Tag eine Bitte und dazu jeweils die Vaterunser-Strophe aus dem Lutherlied und zuletzt »denn dein ist das Reich«, also die Doxologie, gemeinsam gesungen. Sehr bald konnten wir das auch vierstimmig singen, als wir gerade in den richtigen Stimmen waren: die beiden Älteren Bass und Tenor, wir Jüngeren Alt und Sopran. Das war, ohne dass uns das bewusst war, für Gäste sehr eindrucksvoll: wenn vier Knaben beim gemeinsamen Abendgebet plötzlich anfingen, vierstimmig zu singen. Auch beim Tischgebet oder bei den Weihnachtsliedern ergab sich solch ein vierstimmiges Singen ganz von selbst. Als unser ältester Bruder dann eingezogen wurde, musste unser Vater den Bass übernehmen.

Fundament und Rahmen für all das war der Chor, in dem wir gesungen haben und der für unser Leben eine große Bedeutung hatte. Eisenach ist Bachstadt, Bachs Geburtsstadt. Die Georgenkirche ist die Kirche, in der Johann Sebastian Bach getauft worden ist. Rudolf Mauersberger, der spätere Dresdner Kreuzkantor – 1925 bis 1930 war er in Eisenach – hat dort mit offenbar außerordentlichem Geschick und persönlichem Einsatz einen Knabenchor aufgebaut, Georgenkirchenchor, und einen Bachchor, der auch die großen Oratorien gesungen hat. Und sein Bruder Erhard Mauersberger, der später Thomaskantor in Leipzig wurde, übernahm diese Chorarbeit dann 1930. Er war für uns ungeheuer prägend. Wir wurden Mitglieder im Knabenchor, so bald das möglich war, etwa mit neun Jahren.

Wir haben vorwiegend Bach gesungen, die Motetten, viele Kantaten, die aber meist ohne Solisten, das wäre einfach zu teuer geworden. In der Regel sangen wir den Eingangschor und die Choräle und Chorsätze und die Passionen, die die sonst stille Karwoche bestimmten, die h-Moll-Messe und, wenn in der Georgenkirche über alle drei Emporen die Lichterketten angezündet waren, das Weihnachtsoratorium. Fernerhin Schütz, Praetorius und Vulpius, und was damals als Moderne galt: Pepping, Michelsen, Kurt Thomas. Gelegentlich gab es Brahms, vor allem »Ein deutsches Requiem«. Haydns »Schöpfung«, und Beethovens Schlusschor in der »Neunten« haben wir auch gesungen, aber das war uns alles ein bisschen fremd. Wir sind eben sehr mit Polyphonie und Kontrapunkt aufgewachsen. Regelmäßig am Dienstag und Freitag war Chorprobe gewesen, und es galt als undenkbar, sie zu versäumen. An vielen Sonn- und allen Feiertagen standen wir in der Georgenkirche auf der Chorempore. Dabei ergaben sich unter den Chorsängern intensive Kontakte und Freundschaften. In dieser Zeit hatte man oft noch einen »besten Freund«; meiner, mit dem ich später im letzten Schuljahr vor dem Abitur zusammen gewohnt habe, saß viele Jahre lang im Alt und später im Tenor neben mir. Ich habe nur ganz kurz Sopran gesungen, aber dann sehr lange Alt. Damals kam der Stimmbruch viel später. Ich habe noch mit sechzehn Alt gesungen. Einer meiner Brüder hatte eine ganz ungewöhnlich schöne Sopranstimme. Wenn ich in Eisenach bin, werde ich heute noch von älteren Leuten gefragt, ob ich etwa der Hertzsch-Sohn mit der seinerzeit so bezaubernden Stimme bin. Auf Plakaten erschien sein Name als Solist. In der Goethegesellschaft sang er Goethelieder nach Schubert, und in den Oratorien übernahm er die kleinen Solistenpartien. Ich hatte einen ganz schönen Alt. Mein Vater hat uns immer einmal im Duett kleine Kantaten singen lassen: »Wo willst du hin, weil's Abend ist« von Johannes Eccard oder »Willkommen, süßer Bräutigam« von Vincent Lübeck. Wenn er Gottesdienst hatte, besonders beim Abendgottesdienst, sagte er gern: »Kommt mit und singt doch mal den Johann Eccard«. Das haben wir dann gemacht. Wenn wir danach von der Empore herunter kamen, sagten Gemeindeglieder ganz hingerissen zu meinem Vater: »Also, der Junge hat ja zauberhaft gesungen, eine glockenklare Stimme!« Dabei hatten zwei Jungen gesungen, aber der Sopran meines Bruders war so eindrucksvoll, dass mein Alt dahinter verschwand. Daraus können unter Brüdern gelegentlich Aggressionen entstehen. Ich war eher ein verträglicher, auf Ausgleich bedachter Junge. Doch erinnere ich mich, dass ich diesen Bruder eines Tages, als wir aus dem Chor nach Hause gingen, auf der Straße sinnlos verprügelt habe. Er wusste nicht, warum, ich wusste nicht, warum. Er hat sich dann bei unserer Mutter beschwert: »Der hat mich plötzlich verhauen, und ich habe ihm gar nichts getan.« Ich glaube, ich habe mir schnell etwas ausgedacht, was er mir angetan haben sollte. Dabei wusste ich selber nicht, warum ich das gemacht hatte. Erst später wurde es mir klar. Doch das ist nur eine Geschichte am Rand. Meist war das gemeinsame Singen ein ungetrübter Teil unseres Lebens.

Mein Elternhaus lag hoch oben am Hang – »Am Ehrensteig 5a«. 55 Treppenstufen führten dort hinauf. Ende der zwanziger Jahre erbaut, stand es »am Stiegk«, wie echte Eisenacher sagen, und wer am Stiegk aufgewachsen ist, hält sich darauf etwas zugute; denn hier ist so etwas wie Eisenacher Urgestein, und »Sommergewinn«, Deutschlands größtes Frühlingsfest, beginnt mit seinem frühlingsbunten Festzug hier draußen. An dieser Straße, ziemlich auf der Höhe, stand unser Haus. Hinter dem Haus ging der Hang kräftig weiter aufwärts, so dass unser Garten zum Teil terrassenförmig, zum Teil schräge Fläche war. Über dem Garten stieg der Hang dann weiter bis auf eine große Wiese, die Läde, wo die Kinder der Weststadt ihre Drachen steigen ließen, und weiter die Läde hinauf bis zum Metilstein, einem Berg mit Resten einer Burgruine, genau gegenüber der Wartburg. Das waren die Hänge, die Wiesen und die Wälder meiner Kindheit.

Unser Garten hinter dem Haus war recht groß: Rasenflächen, Beerensträucher, überalterte Obstbäume, Gemüsebeete, auch ein paar Rosen. Er war in der Kinderzeit unser Spielfeld im Freien. In den Kriegs- und vor allem in den Nachkriegszeiten bekam er geradezu lebenswichtige Bedeutung als Gemüse-, Obst- und Kartoffellieferant, dazu als Futterquelle für das Kleinvieh, das jeder, der es irgend konnte, sich in diesen Hungerjahren hielt. Mein Vater war jeden Morgen von acht bis halb neun im Garten tätig. Und im Steingarten, der höchsten Stelle unseres Gartens, hoch über der Stadt und mit weitem Blick bis zu den Hörselbergen haben meine Eltern danach oft unter der Linde gefrühstückt. Dabei lasen sie sich »Stunden im Garten« von Hermann Hesse vor, eine eher beschaulich meditative Betrachtung der Gartenarbeit in Montagniola, in der die Idee des »Glasperlenspiel« schon aufleuchtet. An warmen Sommerabenden haben wir dort oben auch Erdbeerbowle getrunken und den »König von Thule« gesungen und »Ade nun zur guten Nacht«.

Beim Stichwort »Lektüre« fällt mir ein, dass mein Vater bei Tisch vorgelesen hat, jedenfalls beim Mittagessen. Das gehörte gewissermaßen auch zu dieser Idylle eines Familienlebens. Als ich etwa zehn Jahre alt war, der Älteste dreizehn und der Jüngste neun, fing mein Vater damit an. Er aß sehr schnell, und sobald er fertig war, begann er zu lesen. Dann durfte natürlich nicht mehr geredet werden, und meine temperamentvolle Mutter hat darunter manchmal etwas gelitten, weil sie die Tischsitten der Söhne korrigieren wollte: »Pass doch auf! Wieder ein Fleck!« Aber das war nicht geduldet. »Ich lese«, sagte mein Vater, »bitte hinterher!« Wir haben begonnen mit »Huttens letzte Tage« von Conrad Ferdinand Meyer. Die berühmten Erzählungen des 19. Jahrhunderts habe ich auf diese Weise kennen gelernt: Storm, Raabe, Keller, dazu Maupassant und Tolstoi. Der Vater las dann aber auch die Kulturgeschichte der Neuzeit von Egon Friedell oder englische Gesellschaftsromane und vieles andere. Die tägliche Lektüre war nicht sehr lang. Doch im Laufe der Zeit kamen wir durch viele und umfangreiche Werke hindurch. Mein Vater las gut, und wir haben auf diese Weise vieles kennen gelernt.

Ich habe übrigens früh angefangen, selber etwas zu schreiben: zuerst vor allem eine Zeitschrift, »Das Monatzblatt« – tatsächlich mit tz geschrieben –, hauptsächlich für meine Mutter. Sie war meine treueste, in der Regel meine einzige Leserin. Dabei weiß ich nicht, wie viel sie davon hat entziffern können, denn es war sehr krakelig geschrieben. Als Vorbild für meine Zeitschrift hatte ich wahrscheinlich kleine Kindermagazine, wie sie damals vor allem in den Schulen verkauft wurden. Die enthielten kleine Gedichte, kindgemäße Geschichten, Bilderrätsel und so etwas. Ähnliches wollte ich auch anbieten. Ich malte Bilder. Ich schrieb Fortsetzungsgeschichten. Zum Beispiel vom König Wus – diesen Namen hatte ich mir ausgedacht. Es wurde erzählt, wie der König Wus am Morgen aufwacht und die Diener angefahren hat, als ihm der Kaffee zu heiß war, und er ihn einfach auskippte. Das waren Geschichten ohne Pointe. Ich hatte noch keine klare Vorstellung davon, was eine Geschichte für andere interessant und wichtig macht, sondern ging davon aus, es ist schon eine lesenswerte Geschichte, wenn von jemandem irgendetwas erzählt wird, was er erlebt hat. Eine Fortsetzung freilich habe ich in Erinnerung, die doch so etwas wie einen springenden Punkt hatte: dass nämlich der König Wus in den Himmel steigen wollte und von seinen Dienern eine riesige Leiter bauen ließ. Auf ihr stieg er bis zur letzten Sprosse hinauf. Und dann folgte der Satz: »Aber da war er mit Nichten im Himmel angekommen.« Meine Mutter lachte darüber, dass das »n« in »mitnichten« groß geschrieben war, so dass er mit seinen Nichten im Himmel angekommen war. Darüber übersah sie zu meiner Enttäuschung die kleine Pointe, dass der Mensch selbst mit der längsten Leiter Gottes Himmel nicht erreichen kann. Ich schrieb auch Gedichte über den Schnee oder über den Kuchen; die waren so schlicht wie meine Erzählungen.

»Es war eine alte Muhme,
die hatte eine schöne Blume.
Die Blume war ganz ungestört,
weil sie der Muhme selbst gehört.«

Ich wollte Gedichte schreiben, weil das Lesen von Gedichten für mich eine sehr prägende Erfahrung war. Ich bekam von einer Freundin unserer Familie einen Band geschenkt – ich weiß nicht mehr, zu welcher Gelegenheit. »Tausend Sterne leuchten« war sein Titel. Er hatte einen hellblauen Einband aus Leinen mit gelben Sternen darauf, eine Gedichtsammlung für Kinder. Dieser Band hat für mich eine große Bedeutung gehabt. Ich habe gelebt mit diesem Buch und seinen verschiedenen Abteilungen: »Frühling kehrt wieder«, »Der Wind weht über's Stoppelfeld«, »Von Riesen und Zwergen«, »Guten Abend, gute Nacht« und vielem anderen. Eine Erinnerung verbindet sich für mich mit diesem Buch, die mir unvergesslich ist, weil sie eine tiefgreifende literarische Erfahrung für mich war: Fontanes »Herr von Ribbeck auf Ribbeck im Havelland«. Ich war ein bisschen krank, hatte irgendeine Erkältung, lag im Bett und las in meinem Buch »Tausend Sterne leuchten«. Bisher hatte ich vor allem die kürzeren Texte gelesen – aber jetzt, wo ich Zeit hatte, machte ich mich auch an die längeren heran. Ich las also den Bericht vom Herrn von Ribbeck und seinen großzügig verschenkten Birnen und kam an die Stelle, wo gegen Ende der Junge in Pantinen über den Friedhof geht. Und ich erinnere mich bis heute, wie mir ein heftiger Schauer über den Rücken lief, als es im Baume flüsterte: »Wiste 'ne Beer?« Ich dachte geradezu ergriffen: Was Sprache doch leisten kann! Das ist für mich beinahe ein Schlüsselerlebnis gewesen, mitzuerleben, wie der Baum zu flüstern beginnt, während der Junge über den Friedhof geht, der Junge, den ich mir etwa in meinem Alter vorstellte und mit dem ich mich sofort identifizieren konnte. Und plötzlich hörte ich selber das Flüstern im Baum, eine zugleich gütige und unheimliche Stimme aus einer anderen Welt. Und dies alles in solche Reime gefasst und so, als ob es ein ganz gewöhnliches Gedicht wäre, und konnte doch solche erstaunlichen Dinge bewirken. Ich habe dies Gedicht sofort auswendig gelernt und habe es mit meinen Brüdern gespielt. Wir hatten ein Kaspertheater, von dem Onkel hergestellt, der auch das Mäuschenspiel gemacht hatte. Das waren solche Puppen, in die man mit der Hand hineinfuhr, einfache, aber bunte und ganz lebendige Gestalten. Mein Vater benutzte sie ebenfalls – zum Beispiel für das Kindergottesdienstfest. Da spielte er mit ihnen die Joseph-Geschichten aus dem Alten Testament. Unvergesslich ist mir Joseph im ägyptischen Kerker. In dem Puppen-Bestand gab es auch einen Bäcker. Und jetzt deutete Joseph die Träume, und dem obersten Hofbäcker wurde gesagt, dass er aufgehängt wird. Ich habe mich in den nächsten Nächten am Kleiderschrank meiner Mutter nicht vorbei gewagt – und an dem musste man vorbei, wenn man die Treppe hinunter gehen wollte –, denn in diesem Schrank wurden die Puppen aufgehoben, und mit ihnen der unglückliche Bäcker. Dort lag er also, der so kläglich gejammert hatte und tatsächlich hingerichtet worden war in dieser faszinierenden

Geschichte. Ich habe heftig mit ihm gelitten. Diese Puppen wurden uns gelegentlich zur Verfügung gestellt, wenn wir mit ihnen nicht nur Albernheiten machten, sondern etwas Vernünftiges damit einüben wollten. Ich habe mir also einen meiner Brüder geholt: »Den Herrn von Ribbeck im Havelland, das müssen wir machen.« Wir haben aus Pappe einen Birnbaum ausgeschnitten. Der Kasper ging über die Bühne und rezitierte den Fontane-Text im Hintergrund. Der Herr von Ribbeck erschien und auch der Junge in Pantinen. »Und die Jahre gehen wohl auf und ab, / längst wölbt sich ein Birnbaum über dem Grab.« Dabei wurde unser Birnbaum von unten heraufgeschoben und wölbte sich über die Kasperbühne. Und dann kam der Junge wieder, und jetzt flüsterte es im Baume: »Wiste 'ne Beer?« Und ich fand, das war eine wunderbare Darstellung des Fontane-Textes. Solche Texte hätte ich auch sehr gern geschrieben; aber wie sollte ich?

Ich glaube, ich muss jetzt noch einige Sätze über meine Eltern sagen; denn sie haben unsere Kindheit natürlich weitgehend bestimmt und geprägt. Meine Mutter hat dem Alltäglichen und den Familienfesten in unserem Haus das Gesicht gegeben. Sie weckte uns am Morgen und winkte aus dem Fenster, wenn wir uns auf den Schulweg machten. Sie schmückte das Haus zum Advent und erzählte uns vor dem Einschlafen Gutenachtgeschichten. Sie entschied auch, was wir anziehen sollten. Denn es machte ihr Spaß, alle vier gleich anzuziehen. Sie legte uns die Sachen am Morgen hin je nach dem, welcher Sonntagsanzug jeweils vorgesehen war. Sie fand solche Übereinstimmung hübsch. Die Familienfotos zeigen uns noch so: Vier Knaben im Matrosenanzug oder einheitlich in weißen Hemden und blauen, kurzen Hosen und, als wir kleiner waren, mit weißen Kinderschürzen. Erst als wir konfirmiert waren, bestanden wir darauf, selber unsere Kleidung zu bestimmen – die allerdings in der Nachkriegszeit sehr wenige Varianten hatte. Da fiel dann diese Einheitlichkeit weg. Meine Mutter hat uns sehr für die Mitarbeit im Haushalt in Anspruch genommen. Das ging gar nicht anders in einer kinderreichen Familie und in der Notzeit nach dem Krieg. Meine wichtigste Aufgabe war zum Beispiel, mich um meinen kleinen Bruder Michael zu kümmern. Ich habe ihn ausgefahren und ihm geduldig die Flasche gegeben, ihn gebadet und, als er älter war, früh auf meinem Schulweg im Kindergarten abgegeben. Es war völlig klar, dass meine Mutter mich aus der Leseecke holte: »Kümmere dich bitte um Michael, der schreit schon wieder. Das ist deine Sache.« Jeweils ein anderer musste das Holz hacken, sich um Hühner und Kaninchen kümmern, einkaufen gehen. All das entschied sie. Sie war zugleich der Motor und der gute Geist im Hause.

Meinen Vater habe ich dagegen als Kind und als Heranwachsender, gar nicht so oft am Tage gesehen. Er tauchte zwar an vielen Stellen auf, bei bestimmten Gelegenheiten: an den Festtagen der Familie, als Prediger im Gottesdienst, wenn wir eine Wanderung machten, wenn er bei Tisch vorlas, wenn er uns bei der Gartenarbeit brauchte, die Familie zum Abendlied zusammenrief, wenn er vor dem Mittagessen regelmäßig »Wohltemperiertes Klavier« übte. Aber sonst war er, auch wenn er im Hause war, eher etwas in der Ferne, durfte nicht gestört werden, hatte oft Besucher zum Gespräch. Sein Amtszimmer war tabu für uns. Wenn wir gelegentlich dorthin zitiert wurden, war das in der Regel aus ernstem Anlass. Mein Vater war kein Gegner körperlicher Bestrafung, wenn er überzeugt war, dass wir uns ernsthaft vergangen hatten. Meine Mutter hatte eine lockere Hand, aber das war weiter nicht schlimm. Da merkte man, dass es spontan und aus dem Augenblick gehandelt war.

Unheimlich war es immer, wenn sie sagte: »Das muss ich Vater Erich erzählen.« Nach einer norwegischen Sitte war es bei uns üblich, dass wir unsere Eltern so nannten: Die Mutter hieß für uns Mutter Karin, der Vater hieß Vater Erich. Das setzte sich später, als er Professor in Jena war – natürlich nur inoffiziell – bis zu den Studenten durch. Wenn Mutter Karin also sagte: »Das muss ich Vater Erich sagen«, dann war die Lage ernst. Denn bei ihm war die Bestrafung durchdacht, ausführlich, zum Abschluss auch schmerzhaft. Dazu wurden wir ins Amtszimmer zitiert. Dabei hatte er die Gewohnheit, zuerst mit uns ein ausführliches Gespräch zu führen und uns das Verkehrte unseres Handelns deutlich zu machen. Das fanden wir besonders belastend und waren fast erleichtert, wenn er endlich zur Bestrafung kam.

Hierher gehört eine Erfahrung, die ich gerade darum in sehr positiver Erinnerung habe. Als meine Mutter mit unserem jüngsten Bruder schwanger war, unserem Bruder Michael, der im Januar 1943 geboren wurde, haben wir, einer meiner Brüder und ich, an einem Abend in unserem Zimmer zusammengesessen und auf dem Umschlag unseres Atlas – einfarbiges hellbraunes Packpapier – Frauen mit riesigem Unterleib gemalt, also karikierte schwangere Frauen. Wir haben uns gar nicht viel dabei gedacht. Ob wir gelacht haben oder gekichert oder uns nur etwas verstohlen angeguckt, kann ich nicht mehr sagen. Jedenfalls sah meine Mutter diese Zeichnungen, als wir die Atlanten in unsere Ranzen packen wollten, und war zutiefst entsetzt. Das sei so schlimm, sagte sie, das müsse sie Vater Erich berichten. Wir schlichen am nächsten Morgen mit hängenden Köpfen in die Schule, denn wir wussten, wenn wir nach Hause kommen, steht uns Schlimmes bevor. Und gerade deswegen war für uns sehr eindrucksvoll, was nun geschah. Unser Vater holte uns wie immer in sein Amtszimmer und sagte: »Setzt euch.« Dann fuhr er fort: »Ich nehme euch das nicht übel. Ihr wisst nicht Bescheid. Ich will euch jetzt einmal sagen, wie das vor sich geht, wenn die Kinder zur Welt kommen.« Und er hat uns die erste Sexualaufklärung gegeben – 1942, ich war zwölf, mein Bruder ein Jahr jünger. Das war nicht sehr detailliert, aber wir haben mit ihm immerhin ins Lexikon gesehen, wo einiges abgebildet war. Wir gingen nicht nur erleichtert aus dem Amtszimmer, sondern mit der Überzeugung: Unser Vater ist großartig, und das war gut, wie er uns jetzt ernst genommen und uns in das eingeführt hat, was wir nicht gewusst haben.

Für mich persönlich war er vor allem in zwei Richtungen bestimmend: für meine theologische Prägung und für meine politische. Er gehörte zu den sogenannten Religiösen Sozialisten und war schon in den 20er Jahren Mitglied der SPD. Nach seiner Herkunft war das alles andere als selbstverständlich. Er war der Sohn eines Landpfarrers im Saaletal. Mein Großvater war Pfarrer in Uhlstädt zwischen Kahla und Rudolstadt. Er ist schon 1923 an der Tuberkulose gestorben. Er hat sich zu Tode gehungert. Denn als Hirte seiner Gemeinde hat er es selbst in den härtesten Hungerzeiten in Krieg und Nachkrieg grundsätzlich abgelehnt, von seinen bäuerlichen Gemeindegliedern Gaben anzunehmen, um sich am Leben zu erhalten. Der Großvater war Wagnerianer, theologisch konservativ, kaisertreu, skeptisch gegen alle linken Parteien. Und so ist mein Vater auch aufgewachsen. Er hat in Tübingen zum Beispiel bei dem frommen Adolf Schlatter studiert, trat einer schlagenden Verbindung bei, hat dort seine Freunde gehabt und Mensuren geschlagen. Durch diese Korporation hat er auch meine Mutter kennen gelernt. Die war das, was man damals eine »höhere Tochter« nannte, wohnte in Berlin-Dahlem, kam also aus einem völlig anderen Milieu als mein Vater, aus dem Großbürgertum. Meine Großmutter war Pianistin, wie gesagt, Norwegerin, Schülerin von Edward Grieg. Mein Berliner Großvater war Oberregierungsrat im Verkehrsministerium und Gründer einer Verwaltungsakademie. Sie wohnten in einem Villenviertel, und einer ihrer Nachbarsjungen, inzwischen Korpsstudent an der medizinischen Fakultät in Tübingen, lud die Tochter des Hauses zum Stiftungsfest seiner Korporation ein, und dort lernte sie meinen Vater kennen. Es war dann »shocking« im damaligen Dahlem, als sich meine Mutter mit einem mittellosen Vikar aus dem Thüringer Saaletal verlobte, dessen Großvater noch Bauer gewesen war. Später haben sie trotz allem geheiratet und haben es nicht bereut.

Vorher aber kam die Inflation. Mein Großvater konnte das Studium nicht mehr bezahlen. Mein Vater ging ins Ruhrgebiet und arbeitete in den Semesterferien im Bergwerk unter Tage mit den Ruhrkumpeln. Dort lernte er eine völlig andere Welt kennen. Es war für mich immer eindrucksvoll, wenn er uns und später den Studenten davon erzählte. Die waren oft sehr kritisch gegen alle, die sozialistische Ideen hatten. Mein Vater erzählte also, wie ihm die Untertagearbeiter sagten: Ihr habt uns völlig vergessen. Für euch da oben, Geldbesitzer und Kirchenleute, sind wir abgeschrieben. Und deshalb ist für uns auch die Kirche abgeschrieben. Das sind zwei verschiedene Welten. Du gehst wieder hoch ans Tageslicht und erzählst dort wieder deine Geschichten und bist mit deinen frommen Leuten zusammen. Und wir arbeiten hier unten weiter in dieser Hölle und wissen nicht, wie wir unsere Kinder satt kriegen und was wir ihnen anziehen sollen. Das war für meinen Vater ein

Schlüssel- und Wendeerlebnis. Er trat aus der Korporation aus, ging nach Jena zum Studium, trat dem Bund Religiöser Sozialisten bei und wurde Mitte der 20er Jahre Mitglied der SPD, was damals für einen Pfarrer sehr ungewöhnlich gewesen sein muss. Er war von da an überzeugt davon, dass die Kirche an dieser Stelle ein vielleicht nicht mehr gutzumachendes Versäumnis zu schleppen hat und dass er den Versuch machen müsse, in dieser Hinsicht etwas Hilfreiches zu tun im Namen und Auftrag Christi, der sich ja als Christus der Armen und der Notleidenden verstanden hatte und für den es unerträglich sein muss, wenn es Menschen gibt, die sagen: Wir quälen uns unter Tage ab, und ihr habt uns vergessen. Ich kann nicht leugnen, dass dieser Bericht und diese Haltung meines Vaters mein eigenes politisches Denken nachhaltig geprägt haben. Zu meiner Kindheit gehören darum auch Freunde meines Vaters, die bei uns aus- und eingingen, Theologen der gleichen Richtung. Karl Kleinschmidt, der in der Hitlerzeit einige Jahre mit Werner Finck in der Berliner »Katakombe« Kabarett machte, später Domprediger in Schwerin wurde und bis zu seinem Lebensende Mitglied der SED blieb. Aurel von Jüchen, damals bereits als Autor bekannt, der zunächst nach dem Kriege ebenfalls Pfarrer in Schwerin war, aber bald als angeblicher Spion vom sowjetischen NKWD verhaftet wurde und Jahre im Lager Workuta am Polarkreis zubrachte; als er schließlich entlassen wurde, ging er nach Westberlin und prangerte den Stalinismus an. Oder Arthur Rackwitz, der von der Gestapo ins KZ Dachau gebracht wurde und nach dem Krieg Arbeiterpfarrer in Berlin-Neukölln war, und seine Frau, eine eindrucksvolle, hilfsbereite Berliner Pfarrfrau, war sogar ein kritisches, aber treues Mitglied der SEW (Sozialistische Einheitspartei Westberlins). Sie alle und manch anderer waren in ihrer Art eindrucksvolle Persönlichkeiten und für mich, als ich älter wurde, interessante Gesprächspartner.

Mein Vater trat 1945 wieder in die SPD ein, wurde 1946 mit ihr in die SED überführt, hat noch für sie ein Mandat im Thüringer Landtag wahrgenommen und versucht, als Theologe gute Politik durchzusetzen. Doch zu Beginn der 50er Jahre ist er aus der SED ausgetreten. Das war damals schon nicht mehr ganz leicht und nicht ohne Risiko für seine weitere Entwicklung, zumal sich einige Kollegen, Nicht-Theologen aus anderen Fakultäten, durch sein Beispiel ermutigt fühlten, den gleichen Schritt zu tun und so der Partei verlorengingen. Ich erinnere mich an einen Abend, an dem ein breiter Regierungswagen vor unserem Haus vorfuhr und ein Herr mit meinem Vater im Amtszimmer verschwand. Meine Mutter raunte uns zu, das sei Fred Oelzner, der damalige Chef-Ideologe im Politbüro der SED und jedermann aus den Zeitungen bekannt. Eine Nacht lang hat er mit meinem Vater geredet und versucht, ihn für ein Verbleiben in der Partei zu gewinnen; denn der Partei lag daran, ein paar Theologen mit sozialem Engagement in ihren Reihen zu haben, die den Kontakt zu den Kirchen oder zur christlichen Bevölkerung aufrecht erhielten. Aber mein Vater sagte, die ideologischen Grundlagen seien zu unterschiedlich. Seine grundsätzliche Option für eine sozial gerechtere und vom Kapital weniger abhängige Welt hat er nie aufgegeben, obwohl er im Lauf der Jahre immer resignierter und distanzierter wurde, was die reale Politik der SED anbetraf. Einer Partei jedenfalls ist er nicht mehr beigetreten.

Doch das war alles viel später. Zuerst nach seinem Studium war er Dorfpfarrer in Hartroda, einem entlegenen Ort in Ostthüringen, einem richtigen Bauerndorf. Später war er einige Jahre Pfarrer in Bucha, ein Dorf auf einem Höhenzug über Jena. Eisenach ist, wie gesagt, die Heimatstadt meiner Kindheit; aber ich bin in Jena geboren. Mein Vater, damals schon vorübergehend Besitzer eines kleinen Autos, hat meine Mutter in der Nacht meiner Geburt noch schnell in die Jenaer Frauenklinik hinuntergefahren. Es ist ein merkwürdiges Zusammentreffen, dass heute unsere Schwiegertochter und unser Sohn in Bucha ihr Haus haben und ich im Juli 1999 meine Enkel-Zwillinge Alexander und Christoph in derselben Kirche getauft habe, in der ich vor fast sieben Jahrzehnten von meinem Vater getauft worden bin. Dass mein Vater nach Bucha ging, lag daran, dass er bei dem bekannten Jenaer Kirchengeschichtler Karl Heussi seine Doktorarbeit schrieb – über Andreas Karlstadt, auch ein Mann aus der theologischen Linken, freilich in der Lutherzeit. Mein Vater nahm an der Universität an Oberseminaren teil und hätte dort gern einmal ein Lehramt übernommen. Dann aber kamen die Nationalsozialisten an die

Macht, in Thüringen ja schon einige Jahre eher als im ganzen Reich; da hatte mein Vater natürlich im öffentlichen Dienst der Universität nicht die geringste Chance mehr. Er wurde dann 1931 nach Eisenach berufen – nicht zufällig dorthin, denn er wurde auf diese Weise und auf dessen Wunsch Nachfolger von Emil Fuchs, einen der bekanntesten Religiösen Sozialisten. Ich habe Emil Fuchs als einen gütigen und redlichen alten Mann kennen gelernt, in seiner Theologie für mich eher verschwommen und ohne klare Kontur. Emil Fuchs wie mein Vater waren Pfarrer in Eisenach-West, und in Eisenach ist im Unterschied zu den meisten anderen Städten die Weststadt nicht die Gegend der feinen Leute, sondern ein ausgesprochenes Proletarierviertel. Ein Spinnereibetrieb, die Autoindustrie und einige kleinere Betriebe beschäftigten – insgesamt mit niedrigen Löhnen – eine große Arbeiterschaft. Der größte Teil davon wohnte also in Eisenach-West, und ich habe meine vier Grundschuljahre mit lauter handfesten Proletarierjungs verbracht, die nach Schulschluss oft sofort auf die Wartburg rannten, um dort als Eselstreiber ein bisschen Geld für ihre Familie zu verdienen. Insofern war die politische Prägung meines Vaters schon wichtig für die Wahl seiner Gemeinde; denn er wollte in einem Arbeiterbezirk Pfarrer sein. Aber wie fast überall war die Arbeiterschaft dort der Kirche entfremdet, und er fand kein blühendes Gemeindeleben vor. Freilich gab es durchaus noch volkskirchliche Elemente; vor allem die Frauen der Arbeiter nahmen am kirchlichen Leben teil, und Taufe, Konfirmation und kirchliche Bestattung gehörten auch in Eisenach-West zum normalen Leben. Darüber hinaus gab es in der Stadt Eisenach eine Reihe von Leuten – Studienräte, Buchhändler, aber auch Handwerksmeister –, die sich als Religiöse Sozialisten fühlten oder ihnen zumindest nahestanden. Sie kamen zu den Predigten meines Vaters und haben seine Gemeindearbeit mitgeprägt. Es gab einen so genannten Ausspracheabend, von dem ich erst sehr spät verstanden habe, was er eigentlich gewesen ist. Das war ein Abend, zu dem eingeladen wurde, um, wie es im Gemeindeblatt hieß, »im Lichte der biblischen Botschaft über Zeitfragen miteinander nachzudenken und zu reden«. Das war in der Hitlerzeit eine verdeckte Formel dafür, dass Christen sich über ihre politische Verantwortung im weitesten Sinne Gedanken machten und Rat holten. Dieser Ausspracheabend fand einmal im Monat statt, und dorthin kamen Menschen aus der ganzen Stadt und sprachen über wechselnde Themen philosophischer, theologischer, literarischer, juristischer, geistlicher Art. Das war aber nicht die Bekennende Kirche, die in Eisenach – vor allem im Umkreis von Pfarrer Moritz Mitzenheim – ziemlich stark war. Mein Vater hat mir berichtet, er habe im Kirchenkampf der Bekennenden Kirche beitreten wollen; aber man habe ihm gesagt: Sie seien dankbar, wenn er sich in ihrer Richtung orientiere und aktiv sei; aber sie bäten ihn, nicht eine offizielle Mitgliedschaft anzustreben. Dazu sei er mit seiner politischen Vergangenheit für diese politisch ohnehin stark attackierte Vereinigung eine zu große Belastung. Sie bäten ihn, um der Sache willen dafür Verständnis zu haben.

Kindheit in Eisenach oder: In Hitlers Reich

Für uns, seine Söhne, war die Situation deswegen zwiespältig, weil wir in eine Schule gingen, die wie damals alle deutschen Schulen in starkem Maße vom Faschismus bestimmt war. Die Gestalt des Führers und seine Weltsicht spielten da eine ungeheure Rolle. Unser Lesebuch war voll von Geschichten vom Führer und von Deutschen, die in seinem Geist im Ausland – zum Beispiel in Polen – ihr Deutschtum verteidigten und dafür alles Mögliche auf sich nahmen. Preußische Grenadiere spielten eine Rolle und Fronterlebnisse aus dem Ersten Weltkrieg, heldenhaft kämpfende und sterbende deutsche Soldaten. Zwischen diesen Texten waren Hitlersprüche eingefügt, deutsche Weisheiten, heroische Gedichte und das, was man damals »Kernsprüche« nannte. Für mich als einen ausgesprochen Leseinteressierten ging von all dem schon eine Sogkraft aus. Ich las diese Geschichten mit großem Interesse und nicht ohne innere Beteiligung, obwohl ich wenig von dem verstand, was all dem als politische Indoktrination zugrunde lag. Ich erinnere mich, dass ich als Zehnjähriger ein Gedicht geschrieben habe »Der Führer«, das mit der überraschenden Mitteilung anfing: »Als Adolf Hitler bestieg den Thron, / da hörte auf die Inflation.« Und von einer späteren Stelle in diesem Gedicht sind mir noch die beiden Zeilen in Erinnerung: »Da traf England ein schwerer Schlag: / Chamberlain auf dem Totenbett lag.« Ich hatte die Vorstellung: Wenn ein Premierminister – sprich: Führer stirbt, dann bricht ein ganzes Reich herren- und führerlos zusammen. Und für mich war es im Grunde gar nicht verständlich, wieso das britische Empire weiter existierte, als ob nichts gewesen wäre, nachdem doch sein Führer gestorben war. Erst wenn man sich deutlich macht, wie stark eine solche Hitler-Fixiertheit im damaligen Deutschland überhaupt verbreitet war, kann man ganz verstehen, was es bedeutet hätte, wenn das Attentat vom 20. Juli 1944 gelungen wäre. Für mich als Zehnjährigen stellte sich jedenfalls die ganze Welt so dar, als habe jedes Land einen solchen Führer, für den das ganze Volk durchs Feuer ging und der seinerseits die Dinge in der Hand hielt und alles in die richtige Richtung lenkte. Vierjahrespläne erdachte er, sagten uns unsere Lehrer, in denen immer neue, große Ziele gesetzt wurden, und alle strengten sich an, sie zu erreichen. Volksempfänger, Volkswagen und Autobahnen wurden gebaut, die Zeitungen zeigten davon immer neue Bilder, und die Volkswohlfahrt, behaupteten sie, sorgte für arme und alte Volksgenossen. In Deutschland sollte nach dem Willen seines großen Führers alles geordnet und sauber sein; denn Deutsche seien fleißig, sauber, tapfer und überhaupt allen anderen überlegen, lernten wir. Dagegen gäbe es anderswo in der Welt minderwertige, untüchtige und gerade darum auch neidische Völker: schlampige Leute wie die Polen mit ihrer sprichwörtlichen polnischen Wirtschaft. Oder die Russen, die uns vor allem ab 1941 als primitive, brutale Typen vor Augen gestellt wurden, mongolische Gesichter, die gespenstisch drohten. Oder die Franzosen, unsere »Erbfeinde«, die überheblich sind, im Grunde aber Leute, die nicht arbeiten können, die sich amüsieren wollen, die ein Lotterleben führen, in dem es nicht sauber zugeht wie bei uns, sondern wo Prostitution und Sittenlosigkeit herrscht. All dies wurde dem Zehnbis Zwölfjährigen als eine unheimliche und bedrohliche Welt geschildert, vor der der Führer und unsere Wehrmacht uns Deutsche schützten. Und in diesem unsinnigen, verqueren Weltbild, das die Schule uns vermittelte, hatten auch die Juden ihren Platz, die nun nicht jenseits unserer Grenzen, sondern im eigenen Land ihr Unwesen trieben, wie behauptet wurde. Heute muss ich mit Beschämung feststellen, dass ich wie meine Altersgenossen nicht auf die Idee kam, diese Zerrbilder kritisch zu überprüfen. Verhängnisvoll war dabei, dass die tägliche Anschauung dies Bild zu bestätigen schien. Denn auf der Straße begegneten die noch nicht verschleppten Juden uns Jungen als das, was faschistische Grausamkeit in jahrelanger Zermürbung aus ihnen gemacht hatte: als gehetzte, rechtlos gemachte, geängstete Menschen. Zumal nachdem sie den entsetzlichen gelben Stern tragen mussten, sahen wir sie als Gestalten, die mit Furcht in den Augen an den Hauswänden entlang schlichen, den Blick gesenkt, in zerschlissenen Kleidern, keineswegs gepflegt und smart, Hungergestalten, die sich angstvoll umsahen. Dies, so sagte man uns, sei die Wesensart dieser Menschen, und sie hätten unser Volk eine Zeit lang in der Hand gehabt und ausgesogen. Ihr seht ja, wie misstrauisch sie sind und wie lauernd in ihrem Blick, aber im Grunde ganz und gar untüchtig. So eine Welt begegnete mir in der Schule und in ihrem gesamten Umkreis.

Gerade zu jener Zeit habe ich übrigens meinen späteren Freund Paul Oestreicher, der heute ein sehr bekannter Theologe der britischen Kirche und Canon von Coventry ist, zum ersten Mal gesehen: er war sieben, ich acht Jahre alt. Ich wusste nicht, dass sein Vater Jude war und er das, was man damals »Halbjude« nannte. Es war ein Sommernachmittag, an dem uns gesagt wurde: Herr Dr. Oestreicher aus Meiningen sei gekommen mit seinem Sohn Paul, und Vater Erich hätte mit dem Dr. Oestreicher etwas zu besprechen. Ihr könnt mit dem Paul im Garten spielen. Wir haben also im sommerlichen Pfarrgarten gespielt und hatten keine Ahnung, dass unsere Väter das Untertauchen der Familie Oestreicher und ihre Flucht aus Deutschland besprochen haben. Solch eine Situation war typisch für unsere Welt damals. Wir haben nichts von dem geahnt, was unsere Eltern im Untergrund getan haben. Vieles habe ich überhaupt erst Jahrzehnte später – und zwar meist durch Dritte – erfahren: Dass sie sich vielfach um Juden gekümmert haben, die Ausreise für manche ermöglicht oder Leute, die in Eisenach wohnten, besucht, ihnen Lebensmittel und Geld zugesteckt haben, auch jüdische Kinder in der Nacht von einem Versteck in ein anderes brachten. Für meine Eltern, vor allem für meinen Vater, war es sehr hart zu erleben, dass wir, seine Söhne, in einer unsinnigen Ideologie aufwuchsen, und dabei vorsichtig sein zu müssen, uns auf allzu direktem Wege politisch anders zu orientieren, weil er so gefährdet war und wir im Grunde mit ihm. Er musste sich sagen: Eine falsche Bemerkung von einem meiner Jungen in der Schule und ich muss gewärtig sein, dass die Gestapo vor unserer Tür steht.

Erst in diesen Tagen hat mein Bruder mir gesagt, was unser Vater damals nur ihm als dem Ältesten anvertraut hatte: Warum er seine Söhne ein Jahr früher als üblich in den Konfirmationsunterricht aufgenommen und schon als 13jährige konfirmiert hat. Er rechnete täglich damit, verhaftet zu werden, und wollte, dass seine Jungen ihn als den in Erinnerung behalten, der sie zur Einsegnung in die Gemeinde geführt hat.

Irgendwie spürte auch ich den Zwiespalt schon; weniger, weil ich skeptisch gewesen wäre gegen die faschistische Ideologie meiner Schule, als vielmehr aus zwei anderen Gründen. Da war einmal die christliche Prägung meines Elternhauses, die sich doch oft und nach meiner Beobachtung zunehmend im Widerspruch zur Welt meiner Lehrer und meiner Lesebücher befand. Die Kirchenpolitik der nationalsozialistischen Regierung war schwankend, aber die Orientierung auf eindeutig unchristliche Werte, ja auf germanische Religion war doch deutlich, dazu auch offen antichristliche, gar antikirchliche Tendenzen. Mein ältester Bruder bekam das einmal kräftig zu spüren. Am Sonntagmorgen wurde gelegentlich Dienst der Hitlerjugend und des Deutschen Jungvolk angesetzt; mein Bruder war Jungzugführer im Jungvolk, der Vorstufe der Hitlerjugend; da war er oft hin- und hergerissen. Denn er war zugleich Helfer im Kindergottesdienst und verschwand deshalb, als die Glocken läuteten, vom Appellplatz, weil er bei seiner Gruppe in der Kirche gebraucht wurde. Einmal lief er dabei dem Kreisleiter der NSDAP über den Weg, wurde festgehalten und ausgefragt: Wo willst du denn hin? Er sagte tapfer: Zum Kindergottesdienst. Und der Kreisleiter brüllte ihn an, wo hier die Prioritäten zu setzen seien; ja, es sei ihm ganz unbegreiflich, wie er denn als Jungvolkführer gleichzeitig so etwas Schwachsinniges mitmachen könne. Solche Spannungen empfand ich auch und die Diskrepanz zwischen meinem Zuhause und dem, was ich in der Schule erlebte und lernte. Manchmal fragte ich mich als Zehn- oder Elfjähriger, warum mein Vater nicht zu den sogenannten Deutschen Christen gehörte, die so ein Zwischenangebot zu machen schienen, bei dem ich die Lehrerwelt und die Elternwelt irgendwie hätte miteinander kombinieren können. Aber schon damals war mir klar, das hätte zu ihm nicht gepasst. Denn ich merkte bereits, dass diese Deutschen Christen eben doch weit entfernt von der mir vertrauten Welt meines Vaters waren und dass andererseits selbst diese angepassten Christen immer weniger der Welt der Lehrer entsprachen. Insofern blieb diese Spannung schon. Der andere Grund war, dass ich von klein auf körperbehindert war. Ich habe den grauen Star von meinem Vater geerbt, der bei mir vielfach operiert worden ist. In der Regel führt er nicht zu einer schwereren Sehbehinderung, dann kam jedoch eine Netzhautablösung hinzu, eine sehr ernsthafte Schädigung des Auges, die, als ich zehn Jahre alt war, zur Erblindung von einem Auge geführt hat. Ich habe zwar tapfer zweimal sehr komplizierte Operationen in Berlin durchgestanden; das waren damals erste Versuche, die Netzhaut wieder anzuschweißen. Aber beide Male ist es gescheitert. Das Auge konnte nicht gerettet werden, und das andere war auch stark gemindert und gefährdet. Das bedeutete, dass ich von klein auf dem Bild eines »deutschen Jungen« nicht entsprochen habe. Nicht nur äußerlich als Junge mit einer damals noch sehr schweren Brille mit dicken Gläsern, sondern vor allem in meiner Leistungsmöglichkeit. Ich hatte immer Atteste, habe am Sport nur teilweise teilgenommen, und vieles durfte ich nicht mitmachen. Grundsätzlich wurde mir von meinen Ärzten eingeschärft: Du musst auf jeden Fall die geringste Erschütterung des Kopfes vermeiden, sonst riskierst du, den verbliebenen Sehrest, also das Augenlicht überhaupt, zu verlieren. Das bedeutete, dass ich allen Kämpfen aus dem Weg gehen musste, in denen Jungen ihre Kräfte miteinander maßen, jedem Fußballspiel und jeder Schneeballschlacht. Das prägte mein Leben außergewöhnlich. Und mir war schon klar, dass dies überhaupt nicht übereinstimmte mit dem Bild von preußischen Grenadieren und von Helden, die ins Feld zogen, und von den deutschen Jungen, die an irgendeiner Heimatfront Großtaten vollbrachten. Flink wie Windhunde, zäh wie Leder, hart wie Kruppstahl, wie Hitler »seine Jungen sich wünschte«, – das war weit von meinen Möglichkeiten entfernt.

Hilflos war ich allerdings diesem Zeitgeist nicht ausgeliefert. Mit fortschreitendem Alter stieß ich stärker in literarische Welten vor, die einen anderen Charakter hatten. Da waren zunächst Dichter, die der Blut- und Bodenideologie nicht fern standen, aber deutlich auch andere Töne und Zwischentöne hatten wie etwa Karl Heinrich Waggerl mit seiner romantischen Bauernwelt und seiner verschmitzten Lebensweisheit. Dann gab es Leute wie Ernst Wiechert oder Werner Bergengruen, die zwar dem Zeitgeist verpflichtet waren, doch zunehmend aus einer inneren Distanz, ja, aus einer inneren Emigration und aus kritischer Sicht ihre Romane und Erzählungen schrieben. Aus diesen Bereichen kam zunehmend auch eine halblegale christliche Lyrik, die schließlich geradezu eine Lyrik im Untergrund war. In den letzten Jahren des Krieges gewann sie große Bedeutung für meine Eltern und ihre Freunde und damit auch für mich. Da war Reinhold Schneider mit seinen Sonetten; eins davon wurde in jenen Jahren so häufig zitiert wie heute Bonhoeffers Strophe von den guten Mächten:

»Allein den Betern kann es noch gelingen,
das Schwert ob unsern Häuptern aufzuhalten
und diese Welt den richtenden Gewalten
durch ein geheiligt Leben abzuringen...«

Das war ein ganz anderer Ton als all die Helden- und beschaulichen Bauerngesänge. Werner Bergengruen schrieb einen aktuellen Gedichtzyklus: »Dies irae«, Tag des Zorns, Tag des Jüngsten Gerichts über unsere Gegenwart. Jochen Klepper schrieb seine Verse, die heute im Gesangbuch stehen: »Die Nacht ist vorgedrungen. / Der Tag ist nicht mehr fern.« Das waren aufregende und tröstliche Zeitgedichte für eine aufregende und trostbedürftige Zeit. Rudolf Alexander Schröder, Siegbert Stehmann, Manfred Hausmann – ihre geistlichen Gedichte schrieb man ab, schenkte man sich zu Weihnachten, tauschte man nach einem Gottesdienst der Bekennenden Kirche oder an einem der Ausspracheabende unter der Hand aus. Es war eine Zeit, in der Gedichte – und zwar ausdrücklich christliche – eine große Lebenskraft besaßen und so zur Lebenshilfe wurden. Mein Verständnis von Lyrik und mein etwas altmodisches Formempfinden für Gedichte ist – bis in meine eigenen Texte hinein – von dieser frühen Erfahrung mitbestimmt. Denn sehr ruhige, eher klassische Formen sprechen mich an. Und meine Eltern sahen das gern. Ich habe erst hinterher erfahren, wie hart es für sie gewesen ist, diese Vorsicht durchzuhalten in der Hoffnung, dass die positiven Impulse, die sie bei uns gesetzt haben, stark genug sind, um uns gegen die herrschende Ideologie jedenfalls einigermaßen abzuschirmen. Mein ältester Bruder wurde Seekadett. Er wollte später einmal zur Handelsmarine, meldete sich darum freiwillig zum Kriegsdienst in der Marine und wurde dort Offiziersanwärter. Er war sicher kein Faschist, aber er hatte keine Schwierigkeiten damit, auf den Führer einen Eid zu leisten. Er wurde 1944 eingezogen und hat dann Schlimmes erlebt, wie viele seiner Altersgenossen traumatische Erfahrungen gemacht, die sie ein Leben lang in Angstträumen verfolgen. Als er nach der Kriegsgefangenschaft nach Hause kam, wollte er Pfarrer werden und hat Theologie studiert. Das war fast eine ganze Generation – wir nannten sie die »Landsergeneration« –, die in den ersten Nachkriegsjahren Theologie studierte, junge und auch nicht mehr ganz junge Leute, die nach solchen Erfahrungen in der Kirche Dienst tun und den Menschen zu einem Neuanfang verhelfen wollten. Bei meinem Bruder liegt es auf der Hand, dass dieser Entschluss nicht aus dem Nichts entstand, sondern dass er mit dieser Lebensentscheidung an den Geist und die Tradition des Elternhauses anknüpfen konnte.

Ebenso hatte der Chor einen wichtigen Anteil an dieser Prägung unserer geistigen Welt. Es gab zwar auch hier gelegentlich Konzessionen an den Zeitgeist. »Zion« oder »Jesse« sollten nicht mehr öffentlich in Erscheinung treten, und so sang die Solistin im Weihnachtsoratorium nicht mehr: »Bereite dich, Zion«, sondern: »Bereite dich fröhlich mit zärtlichen Trieben …«, und wir sangen in der Christvesper: »wie uns die

Alten sungen, von wunderbarer Art.« Aber das blieb für uns im Grunde eher eine Randerscheinung. Die große Kraft dieser Werke, die alte geistliche Musik und der Geist von Bach, auch von Schütz, Brahms, Pepping, all das hatte eine tiefgehende Wirkung.

Abschreckend von der Hitler-Welt war für mich sicher, dass ich dem sogenannten Deutschen Jungvolk angehören musste, der Vorstufe zur Hitlerjugend. Das war für alle Jungen ab dem zehnten Lebensjahr Pflicht, und jeden Mittwoch und jeden Sonnabend war am Nachmittag »Dienst«. An diesen Tagen durfte die Schule keine Hausaufgaben aufgeben. Ich war zwar immer wieder für einige Zeit wegen einer Augenoperation davon befreit. Aber ich habe trotzdem ungezählte Nachmittage als so genannter »Pimpf« dort antreten müssen und bin mit den anderen über den Hof einer Schule gekrochen. Die Devise hieß: Jugend leitet Jugend. Praktisch bedeutete das – und in der Eisenacher Weststadt ging es besonders handfest zu –, dass ein Fünfzehnjähriger über Zwölfjährige zu befehlen hatte und seine Macht genießen und sich austoben konnte. Ich bin oft durch Schlamm gekrochen, wenn unserem Jungzugführer etwas nicht passte. Das nannte sich »Ordnungsübung« und richtete die Jungen auf unbedingten Befehlsgehorsam ab. Denn all das geschah natürlich ohne jede Begründung. Gelegentlich wurden Geländespiele gemacht, die so etwas wie eine erste militärische Vorschule darstellen sollten. Es gab auch einen Theaterring des Jungvolks, in dessen Rahmen wir zu seltenen Anlässen ins Theater geführt wurden. So sehr ich die Dichtung liebte, in diesem Rahmen hätte ich gern auf derartige Besuche verzichtet. Denn ich fühlte mich bei all solchen Unternehmungen dieser Jungvolk-Organisation einfach hilflos ausgeliefert. Für die Zwölfjährigen vom Ehrensteig waren diese Angebote von der Sache her eine völlige Überforderung. Das Schlimmste, an das ich mich in diesem Zusammenhang erinnere, war eine Aufführung der »Pentesilea« von Heinrich von Kleist. Dies überaus schwierige, selbst für die Literaturwissenschaft ja problematische Stück wurde den Jungs vom Jungvolk angeboten, genauer: verordnet. Während sich die Schauspielerin vorn auf der Bühne abmühte, füllte das versammelte Jungvolk die Luft des Theaters mit Wurfgeschossen und Papierschwalben. Dann schloss sich plötzlich der Vorhang, das Licht ging an, und vor den Vorhang trat ein Mann, der uns ermahnte, aufmerksam zuzuhören; das sei große deutsche Dichtung. Das Publikum johlte vor Vergnügen, das Licht ging wieder aus, der Vorhang öffnete sich wieder, und die Jungen johlten immer weiter, damit der Mann wiederkommen und sie wieder ermahnen sollte. Es war ganz entsetzlich. Einige Male erschien er noch und versuchte, sich Gehör zu verschaffen, dann wurde die Vorstellung schließlich abgebrochen. Im Grunde war ich immer fremd in solchen Horden. Ich hatte die Vorstellung, die sind alle viel stärker, viel geschickter, viel hemmungsloser – heute würde man sagen: durchsetzungsfähiger – als ich, und ich war immer froh, wenn ich vom Dienst dispensiert wurde.

Immer mehr wurde unser Leben übrigens durch die ständig häufiger werdenden Fliegeralarme bestimmt. Im Alltag musste ständig mit Unterbrechungen gerechnet werden. Der Unterricht in der Schule musste eingestellt werden, wenn Voralarm gegeben wurde. Wir stiegen dann alle in einen alten Klosterkeller unter dem Holzschuppen unserer Schule, oder wir liefen noch ganz schnell nach Hause. Vor allem in den letzten Kriegsmonaten war es den Lehrern offenbar lieber, wenn wir einfach weg waren. Gottesdienste wurden mit einem Vaterunser und einen Stoßgebet abgebrochen. Selbst die Christvesper am Heiligabend konnte einmal nicht beginnen, weil Alarm war; alle mussten warten, bis endlich Entwarnung kam. Die Matthäuspassion musste unterbrochen werden wie das Sportfest, der Ufa-Film wie der Fahnenappell. Am häufigsten kam Alarm in der Nacht. Es gab dann die Anweisung, wenn nachts länger als zwei Stunden Alarm gewesen war, dann begann der Unterricht eine Stunde später, weil wir dann alle übernächtigt in die Schule kamen. Lange Zeit galten die Angriffe anderen Städten. Eisenach ist verschont geblieben bis in den Herbst 1944. Freilich ging das vielen deutschen Städten so. Der wahrscheinlich größte Teil der Zerstörungen in Deutschland ist erst nach dem Juli 1944 erfolgt. Ein sehr großer Teil alter deutscher Städte stünde heute noch, wenn damals das Attentat gelungen wäre. Das betraf auch Eisenach. Das Nordviertel, ein Industrie- und Neubaugebiet, wurde stark getroffen. Eins der wenigen Mädchen unserer Klasse ist dabei umgekommen; am Morgen sagte man uns: Die Eva kommt nicht wieder, die ist tot. Ihre Klassenkameradin, die zu ihr gehen wollte, erzählte noch, wie sie sie hat liegen sehen, und das Gehirn war aus dem Kopf ausgetreten. Das war für uns eine Schockerfahrung. Einen Tag zuvor hatte das Mädchen noch bei uns gesessen und lateinische Vokabeln in ihr Merkheft geschrieben. In der Innenstadt waren einige Zeit zuvor beim Nachtangriff nur wenige Luftminen heruntergegangen. Die hatten aber dazu geführt, dass das Lutherhaus völlig zerstört wurde; das Bachhaus war allem Wetter ausgeliefert, weil sein Dach verschwunden war, und die Georgenkirche, Eisenachs Hauptkirche und Bachs Taufkirche, brannte aus. Das war auch die Kirche unseres Chores und seiner großen und kleinen Aufführungen. Wir mussten für Jahre in die kleinere, romanische Nikolaikirche ausweichen und haben viele große Aufführungen zweimal hintereinander gesungen, weil die Zuhörer nicht Platz genug fanden: z. B. die Johannes-Passion um vier am Nachmittag und danach noch einmal abends um halb acht. Die Bombenangriffe gaben uns jedenfalls das sichere Gefühl: Jetzt wird es ernst. Auch in unseren Garten ist kurz vor dem Kriegsende eine Bombe gefallen, ein Blindgänger, der in einem tiefen Trichter im Rasen lag. Wir erlebten, wie der Krieg schließlich zu Ostern 1945 über uns hinwegrollte. Die Amerikaner kamen vom Westen heran, und wir verbrachten fast die ganze Zeit im Luftschutzkeller. Zu Anfang der Luftangriffe diente dazu unser Kartoffelkeller, den wir ausgebaut hatten, in dem Stühle standen und ein einfaches Bett für die Großmutter; denn die Großeltern waren aus dem schon stark zerstörten Berlin zu ihren Kindern evakuiert worden. In diesem Keller hatten wir all die Jahre viele Stunden zugebracht, wenn Luftalarm war; unser Vater hatte uns da unten Kügelgens »Lebenserinnerungen eines alten Mannes« und Goethes »Reinecke Fuchs« vorgelesen. Gegen Kriegsende befürchtete er jedoch, dieser Keller sei durch Verschüttung bedroht und deshalb ungeeignet. Er meinte, wir kämen nicht mehr heraus, wenn das Haus darüber zusammengestürzt wäre. In diesen Ostertagen Anfang April 1945 saßen wir stattdessen im Gemeindesaal, der an der Vorderfront des Hauses als eine Art Tiefparterre angelegt war. In den Nächten kamen von unten die Nachbarinnen von Ehrensteig heraufgestiegen, weil sie meinten, dies etwas abgelegene Haus oben auf dem Berge sei sicherer als ihre Häuser unten in der Straßenzeile. So hatten wir ein ganzes Heerlager in unserem Gemeindesaal und warteten gemeinsam auf das Kommende, Ungewisse.

Drei Tage lang standen die Amerikaner vor Eisenach, und wir wussten nicht, warum sie nicht einmarschierten. Gerüchte gingen um, die SS habe Eisenach zur Festung erklärt, was bedeute, dass eine solche Stadt bis zum letzten Mann von Haus zu Haus zu verteidigen wäre. Wir hatten von solchen, wie es hieß, heldenhaften Kämpfen immer wieder Berichte gehört oder in der Zeitung gelesen; aber da ging es um russische oder um polnische Städte beim Rückzug der deutschen Armee. Da wurde Straße für Straße, Haus für Haus verteidigt von angeblich todesmutigen Männern, die ein MG-Nest improvisierten und die Gegner vertrieben, bis sie schließlich selber erledigt wurden und das Haus in die Luft flog. Dass dies einmal unser eigenes Haus sein könnte, das rückte erst jetzt in unseren Blick. Und dann an einem Morgen – ich glaube zwei, drei Tage nach Ostern – klingelte unser Telefon, und jemand sagte: Hängt die weiße Fahne raus. Auf der Wartburg ist weiß geflaggt. Die SS ist heute Nacht abgezogen, die sind weg, und Eisenach ist offen.

Nun zogen die Amerikaner ein, und sofort wurden Plakate ausgehängt »Wer plündert, wird erschossen.« und »Jedes Haus, aus dem geschossen wird, wird sofort gesprengt.« Die Army war sehr vorsichtig, hatte erst einmal drei Tage lang Eisenach beschossen – ohne großen Schaden anzurichten – und war dann zögernd eingerückt, als keinerlei Widerstand mehr zu erwarten war. So haben die Amerikaner größere Verluste vermieden.

Diese Tage waren so etwas wie ein Schlüsselerlebnis für mich, denn über Nacht hatte sich die Welt total verändert. Die Mächtigen von gestern waren plötzlich ängstlich verkrochene Leute. Der Blockwart der NSDAP, zum Beispiel, war der Schuster in unserer Nachbarschaft. Zu dem mussten wir unsere Schuhe hinbringen, wenn sie reparaturbedürftig waren, und die kurzen Lederhosen, die die Jungen damals trugen. Meine Mutter dachte nicht daran, uns diesen Weg zum Schuster abzunehmen. Sie riet uns: »Geht mal zum Gerlach und sagt ihm, ihr braucht die Sachen schnell wieder.« Ich ging sehr ungern dorthin; denn er war ein barscher, strenger Mann und zu uns Pfarrerssöhnen besonders unfreundlich. Darum schrie ich laut »Heil Hitler!«, wenn ich in die Werkstatt trat, und hoffte, das werde ihn etwas gnädiger stimmen. Und jetzt war das mit einem Mal ein gedrückter Handwerksmeister, der zu meinem Vater wie manch anderer kam und bat: »Herr Pfarrer, können Sie mir nicht einen Schein ausstellen? Ich bin der Schlimmste doch nie gewesen. Aus der Kirche bin ich auch nicht ausgetreten. Können Sie mir das nicht bitte bescheinigen?« Einer nach dem anderen war plötzlich still und ängstlich und kippte um. Und ich dachte: So rasch kann es zu Ende sein mit menschlicher Macht. Das, was gestern galt, gilt heute überhaupt nicht mehr. In der Schule, die im Oktober wieder begann, war das besonders spürbar. In der ersten Zeit war Sport vom Stundenplan gestrichen. Die Besatzungsmächte fürchteten, dass er zu falschen Zwecken missbraucht werden könnte. Mein schwächstes Fach fiel also aus. Dagegen war auf einmal Geist gefragt. Bisher taugte vor allem der etwas, der den elegantesten Hüftaufschwung konnte. Wer beim Völkerball als letzter übrig blieb, der wurde hoch geachtet. Das waren die Maßstäbe, nach denen das Ansehen in der Klasse verteilt wurde. Plötzlich war es völlig umgekehrt: Es waren Leute gefragt, die reden konnten, die diskutieren, formulieren und kritisch denken konnten, die Gedichte kannten, und zwar andere als die, die im Lesebuch gestanden hatten. Das war eine ganz neue und befreiende Erfahrung, auf die ich noch zurückkommen werde.

Zunächst aber ein Blick auf einen anderen Bereich: die Kirche. Als die Amerikaner eingezogen waren, zog mein Vater mit Pfarrer Moritz Mitzenheim in den Landeskirchenrat oben auf dem Eisenacher Pflugensberg, und sie setzten kurzerhand die deutsch-christliche Kirchenleitung ab, die unsere Thüringer Kirche in ihrem Einflussbereich vielfach korrumpiert hatte – vor allem durch ihren programmatischen Judenhass. An ihrer Spitze war ein Herr Rönck, der sich Kirchenpräsident nannte. Wir hatten ja als Chorjungen den eigenen Stil der Deutschen Christen erlebt: Zum Beispiel sagten sie nicht »Amen«, weil das ein hebräisches, also ein jüdisches Wort ist. Statt dessen sagten sie: »Das walte Gott« – das war kernig deutsch. Sie trugen auch keinen Talar, ich weiß nicht, warum. Einige habe ich sogar in SA-Uniform amtieren sehen. Erst im Frühjahr 1945, als die Fronten näherkamen, gab es auffällige Veränderungen. Ich erinnere mich, wie wir, vermutlich im Februar 1945, vom Gottesdienst nach Hause kamen – denn wir sangen als Chorjungen auch bei den deutsch-christlichen Gottesdiensten – und meinem Vater atemlos berichteten: »Rönck hat Amen gesagt.« Plötzlich trug er sogar einen Talar und nannte sich Bischof Rönck. Mitzenheim und mein Vater gingen also hinauf zum Landeskirchenrat und sagten: »Wir übernehmen die Kirchenleitung.« Es war weder denkbar, dass die bisherigen Herren die Kirche weiter leiten konnten, noch, dass man einen Synodalbeschluss oder sonst eine allgemeine Beauftragung hätte abwarten können. Eine Synode gab es längst nicht mehr in Thüringen, und irgendwelche Verbindungen ins Land gab es bei Kriegsende auch nicht. Es bestand also gar keine Möglichkeit, jemanden zu befragen, und es musste rasch und entschlossen gehandelt werden. Mitzenheim war der Leiter des Bruderrates der Bekennenden Kirche in Thüringen, ein tapferer, eindrucksvoller Mann im Kirchenkampf, eher der Typ eines Patriarchen und Landesvaters, jedenfalls ein Mann, der keinen Menschen scheute. Aber Mitzenheim kam irgendwie immer durch und sammelte eine große bekennende Gemeinde. Es war völlig klar, dass es seine Aufgabe sein würde, nach dem Ende des Dritten Reiches und der deutsch-christlichen Verirrung für die Landeskirche Verantwortung zu übernehmen. Zusammen mit meinem Vater und zunächst noch mit einem gemäßigten deutschen Christen, den sie als Dritten dazu baten, bildeten sie jetzt den vorläufigen Landeskirchenrat und versuchten, die ersten Schritte in die neue Zukunft zu gestalten. Mein Vater war also Kirchenrat geworden und Mitzenheim Landesoberpfarrer. So schnell wie möglich nahmen sie Kontakt zu den Gemeinden und ihren Pfarrern im Land Thüringen auf und ergänzten die leitenden Gremien vorläufig durch Kooptierung und später durch echte Wahlen und Berufungen. Bis dahin gab es ja bruderschaftliche Leitungen und inoffizielle Verantwortungsverteilung noch aus dem Kirchenkampf. Erst dann wurden die Oberkirchenräte richtig berufen, und Moritz Mitzenheim wurde als Bischof der Agende gemäß eingeführt, und wir standen auf der

Empore und sangen die Bach-Motette »Singt dem Herrn ein neues Lied«.

Doch gab es nicht nur Neuanfang, sondern auch Kontinuität. Auf der einen Seite war es ganz sicher die Stunde der neuen Möglichkeiten und des Neubeginns, also Nullpunktsituation. Nach dem Hitler-hörigen Kirchenregiment war natürlich ein Schlussstrich und völliger Neuaufbau angesagt. Bischof Mitzenheim nahm das mit meinem Vater und vielen anderen entschlossen in die Hand, und er strich die Notwendigkeit und die Chance solch eines Neubeginns immer wieder heraus. Es war ja dann bald auch die Zeit, in der für die ganze Kirche in Deutschland ein neues Gesangbuch und eine neue Gottesdienstordnung erarbeitet wurden. Wir wurden in die neue Form unseres sonntäglichen Gottesdienstes eingeführt, und wir lernten neue Lieder kennen. Gleichzeitig aber war die Kirche auch so etwas wie ein Kontinuum, als sonst alles zusammenbrach oder abgeschafft wurde: Die Gottesdienste gingen 1945 sehr bald einfach weiter. Unser Chor blühte sofort wieder auf. Außer wenigen deutsch-christlichen Pfarrern, die oft gar keine abgeschlossene theologische Ausbildung hatten, amtierten dieselben Pfarrer in Stadt und Land weiter. Die Kirche war wahrscheinlich die einzige Institution, die ähnlich wie die umgebende Landschaft und die Wartburg über der Stadt bruchlos weiterexistierte. Sie wurde von beiden Besatzungsmächten als solche respektiert und hatte dadurch auch Ansehen bei der Bevölkerung, der an allen Stellen sonst der Boden weggebrochen zu sein schien. Zugleich setzte die Diskussion in dieser Kirche ein, wohin der Weg nun gehen solle: zur Wiederherstellung einer konservativ bürgerlichen Kirche wie in den Jahrzehnten vor Hitler oder zu neuen Formen angesichts einer sich ändernden Welt.

Schule nach 1945 oder: Die Russen kommen

Zurück zur Schule. Mein Vater kam eines Tages mit einem Mann nach Hause, den er »Herr Präsident« nannte. Der war von der Gestapo im Eisenacher Gefängnis eingesperrt gewesen, und ich weiß nicht, wie und wo mein Vater ihn getroffen hat. Vielleicht hatte er sich an den Landeskirchenrat gewandt. Jedenfalls wurde er bei uns aufgenommen, da er nicht wusste, wo er unterkommen sollte. Er war wohl vor der NS-Zeit Regierungspräsident in Ostpreußen gewesen, und es stellte sich heraus, dass er ebenfalls ein Religiöser Sozialist war, SPD-Mann und Christ, ein schon älterer, kahlköpfiger, leidgeprüfter Mann. Mein Vater entschied: Der schläft jetzt bei euch in Eberhards Bett, also in unserem Fünf-Betten-Schlafraum. Der älteste Bruder war ja an der Front gewesen, und wir wussten nicht, was aus ihm geworden war, und bangten um ihn. Aber sein Bett war zur Zeit frei, und Präsident Hartke wohnte also bei uns und schlief in diesem Bett, bis er nach Monaten eine eigene Wohnung bekam. Er wurde als Opfer des Faschismus und erfahrener Verwaltungsmann sehr schnell von den Amerikanern als Dezernent für Bildung und Kultur in Eisenach eingesetzt und arbeitete zuerst auf die Wiedereröffnung der Schulen hin. Und das führte dazu, dass er sich von unserem orts- und personenkundigen Vater beraten ließ, wer die Direktorenstellen vor allem der Oberschulen übernehmen sollte. Mein Vater gab alle Leute an, die während der Hitlerzeit zu unserem Ausspracheabend gehört hatten oder sonst zur Gemeinde; denn für die konnte er sich verbürgen. Die wurden dann auch als Direktoren in unseren Schulen eingesetzt. Das war für mich ein großes Glück; denn wir bekamen auf diese Weise einen Direktor, Dr. Hermann Hoßfeld, dem ich sehr viel verdanke.

Er war ein Mann, der aus einer eindeutig christlichen Tradition kam, ein treuer Besucher des Gottesdienstes: Gelegentlich wartete mein Vater mit dem Beginn, weil der Küster sagte: »Dr. Hoßfeld ist noch nicht da.« Am Anfang konnte der kirchliche Religionsunterricht, der jetzt »Christenlehre« hieß, noch in den Räumen der Schule erteilt werden und teilweise auch von Lehrern, freilich von solchen, die das als Gemeindeglieder und Beauftragte der Kirche taten und nicht in ihrer Eigenschaft als staatlich angestellte Lehrer – solange das also noch möglich war, hielt Dr. Hoßfeld auch Christenlehre in unserer Klasse, und wir lasen zum ersten Mal ein Stück Neues Testament auf Griechisch. Meinem Vater war er darüber hinaus in der politischen Überzeugung verbunden, Sozialdemokrat, Mitglied der SPD, der er jetzt beitrat oder schon vor 1933 angehört hatte. Er war Germanist und Altphilologe mit Leidenschaft für seine Fächer. Und er war – jedenfalls für mich – ein hervorragender Pädagoge, eher einer Reformpädagogik als der traditionellen Lernschule verpflichtet, darum auch nicht unumstritten, denn die Stoffvermittlung trat hinter der Persönlichkeitsbildung sicher zurück. Er übernahm unsere Klasse gleich in Griechisch, später auch als Klassenlehrer und vor allem in Deutsch, und war für uns sehr überzeugend, weil wir jetzt plötzlich eine ganz andere Art von Schule erlebten. Ich habe diese ersten Jahre nach dem Kriegsende und zugleich meine letzten Schuljahre bis zum Abitur 1949 als eine sehr gute Zeit in Erinnerung.

Damals versuchten wir auch etwas für uns völlig Neues: eine Art Schülerdemokratie. Wir gründeten einen Schülerrat, der die Interessen der Schülerinnen und der Schüler wahrnehmen sollte. Sehr genaue Vorstellungen von dem, was so eine Interessenvertretung eigentlich erreichen könnte und wie sie zu arbeiten hatte, besaßen wir nicht; wir bauten erst einmal eine Struktur auf, hielten Vollversammlungen der Schülerschaft, nahmen Kontakte zu Schülerräten anderer Thüringer Oberschulen auf und machten uns wichtig. Ich habe mich da sehr stark engagiert, wurde dann auch ein Schuljahr lang Vorsitzender vom Schülerrat unseres Gymnasiums. Es war meines Wissens die einzige Schule in der Sowjetischen Besatzungszone, die noch Gymnasium hieß. Früher hieß sie Karl-Friedrichs-Gymnasium nach einem nicht sehr bedeutenden Sohn von Karl August von Sachsen-Weimar-Eisenach. Hoßfeld setzte jedoch durch, dass die Schule Anfang 1946 den Namen Luther-Gymnasium erhielt. Dieser Name steht auch noch auf meinem Abiturzeugnis. Ein Jahr später wurde die Bezeichnung »Gymnasium« endgültig abgeschafft, zumal in unser klösterliches Schulgebäude eine Lehrerbildungsanstalt einzog.

Wichtiger als mein Schülerratsvorsitz war mir die Schülerzeitung, die ich seit 1948 herausgab und weitgehend selber schrieb. Sie war eine so genannte Wandzeitung; denn das war damals die einzige Möglichkeit angesichts absoluten Papiermangels und keinerlei Technik zum Vervielfältigen oder Kopieren. Diese Zeitung hing mit normalerweise sechs Blättern im Kreuzgang unserer Schule, die ja in einem ehemaligen Dominikanerkloster untergebracht war. Wir waren stolz darauf, dass sie eine jahrhundertealte Tradition hatte, dass sie die Schule war, die schon Martin Luther und Johann Sebastian Bach besucht hatten, und dass wir sie nun besuchten. Das alte Dominikanerkloster, wohl von der Heiligen Elisabeth initiiert, von Landgraf Heinrich Raspe gegründet, war mit einem Refektorium und einem Kreuzgang versehen. In ihm hing jetzt also meine Wandzeitung. »Spectator academicus« hieß sie etwas anspruchsvoll, und sie hatte eine überraschend große Wirkung, wurde von allen Schülern und auch von zufälligen Besuchern und Vorbeikommenden gelesen. Sie verdankte sich und ihre Wirkung im Grunde dem Bemühen, die ersten Schritte auf dem Weg der Demokratie zu gehen, uns freizumachen von den Zwängen des Faschismus. Das bedeutete schon damals, eine ziemlich labile Balance zu halten zwischen dem, was gerade noch möglich war an Kritik der staatlichen Maßnahmen, auch der sowjetischen Besatzungsmacht, und dem, was die zugestandenen Spielräume überschritt. Ich berief mich in meinen Artikeln ständig darauf, dass doch so etwas, wie ich es hier schrieb, in der Demokratie als freie Meinungsäußerung möglich sein müsse, die der Nationalsozialismus ja unterdrückt habe. Meine Leitartikel hatten Überschriften wie: »Wo gibt es noch Freiheit in Deutschland?« – in der ersten Nummer – oder: »Wie stehen wir zur FDJ?« oder: »Und wieder 48« mit Bezug auf die 1848er Revolution. Daneben gab es eine Rubrik »Kritik an der Schule«, in der wir Vorgänge und Regelungen in der Schule kritisch aufspießten. Eine andere Rubrik hieß »De rebus Musarum«. Dort wurde das literarische und das musikalische Leben unserer Schule betrachtet. Solch ein Leben gab es regelmäßig und hatte eine kleine Vorgeschichte. 1948 war Annette von Droste-Hüllshoffs hundertster Todestag, und ich ging zu Dr. Hoßfeld, weil ich ihr Werk, vor allem ihre Lyrik liebte.

Mehrere ihrer Gedichte hatte ich auswendig gelernt – die »Durchwachte Nacht« oder »Im Grase«. Ich fragte Dr. Hoßfeld, ob ich nicht eine Feierstunde für sie gestalten könnte. Er sagte: »Wenn du dir das zutraust, dann versuch es mal.« Mir wurde eine Stunde in der Aula am Ende des Vormittags zur Verfügung gestellt. Ich suchte mir Leute, die ein bisschen Musik machen konnten, und ein Mädchen, das ein paar Gedichte las: Ich überlegte mir eine kleine Rede über die Droste und auch, welche Gedichte ich selber sprechen wollte. Wir hatten dann mit allen Klassen in der Aula eine schöne Stunde. Dr. Hoßfeld, der mich hinterher zu sich holte, sagte: »Das war eine gute Sache. Und ich schlage folgendes vor: Jede Woche beginnt mit einer gemeinsamen Stunde dieser Art. Wir kommen alle in der Aula zusammen, und irgendeine Gruppe in der Schule gestaltet diesen Morgen mit Musik, mit Literatur, mit einem Vortrag, einem Projektbericht oder was sich sonst ergibt. Bist du bereit, dafür die Verantwortung zu übernehmen?« Das gefiel mir sehr gut. Ein Lehrer kam dazu, unser Musiklehrer, und zwei andere, eine Schülerin und ein Schüler. Zu viert planten wir diese gemeinsamen Feiern zum Wochenbeginn. Ich sprach Schüler an: »Du hast dich doch mit Wolfgang Borchert beschäftigt. Mach doch mal eine Borchert-Stunde.« Andere machten Musik. Die fragten selber: »Können wir nicht mal ein musikalisches Programm gestalten?« Es gab, wie sich jetzt zeigte, eine Laienspielgruppe; die spielte an einem Morgen das »Apostelspiel« von Max Mell, einem damals nicht unbekannten christlichen Autor. Und ich übernahm immer wieder selber eine von diesen Stunden mit Themen oder Texten, die mir gut gefielen oder wichtig schienen. Und wenn ich mal niemanden hatte und selber nichts Richtiges wusste, ging ich zu Dr. Hoßfeld und bat ihn, die nächste Montagmorgen-Stunde zu übernehmen. Er hatte eine Themenreihe »Aus der Geschichte unserer Schule«; da erzählte er dann jedesmal ziemlich lebendig und interessant aus dem Leben früherer Jahrhunderte. Natürlich gab es auch Pannen. Ich erinnere mich an eine Lutherfeier zu irgendeinem seiner Gedenktage, die ich mit Rezitation, eigenen Zwischentexten und Musik vorbereitet hatte. Aber ich hatte die Länge nicht richtig bemessen. Wir waren bei weitem noch nicht fertig, da klingelte es zum Ende der Stunde, und dann klingelte es zum Ende der Pause. Ich sagte zwar unverdrossen an: »Jetzt hören wir zum Abschluss noch das Praeludium D-Dur von …« Doch der Musiklehrer protestierte sehr nüchtern: »Das kommt nicht in Frage. Die Stunde hat schon angefangen. Also schnell in die Klassen!« Ein anderes Mal erlebte ich das Umgekehrte. Ich hatte Sonette geschrieben. Reinhold Schneider hatte mich mit seinen Sonetten dazu angeregt, und ich fand, das ist eine schöne Form, die ich auch ausprobieren wollte. Zwölf Sonette schrieb ich, und zwar über jeden Monat des Jahres ein Sonett. Und als ich an einem Sonntagabend ein bisschen in Verlegenheit war, weil ich versäumt hatte, irgendjemanden um einen Beitrag zu bitten, beschloss ich, meine zwölf Sonette vorzutragen. Ich sagte am Anfang: »Das sind Sonette von einem, der sie halt geschrieben hat, und dessen Name spielt jetzt keine Rolle.« Ich wollte sie mal vorstellen, und die Schülerinnen und die Schüler könnten sich dann zu den Sonetten äußern. Was ich nicht bedacht hatte, war, dass ein Sonett kaum länger als eine bis allenfalls zwei Minuten dauert. Zwölf Sonette waren in zwanzig Minuten vorgetragen, und damit war noch mehr als die halbe Zeit übrig. Es war klar, dass kein Mensch in den Bänken sich zu zwölf Sonetten äußerte. Das war eine peinliche Lage. Aber da sprang mir in meiner Not Dr. Hoßfeld bei, der von meinem Plan nichts gewusst hatte, und gab gleichsam aus dem Stand eine Analyse, die, wie ich mich gut erinnere, mit dem Satz begann: »Ich habe den Eindruck, der, der diese Sonette geschrieben hat, muss noch sehr jung sein.« Er zeigte im weiteren Verlauf seiner Rede sehr sorgfältig Stärken und Schwächen auf, und so ging die Stunde doch noch einigermaßen glücklich zu Ende.

Die Sache brach dann sehr unerfreulich ab. Ein halbes Jahr vor unserem Abitur bekam Dr. Hoßfeld zunehmend Schwierigkeiten. Er war bei der Gewerkschaftsarbeit engagiert, war sogar Vorsitzender der Lehrergewerkschaft in Thüringen und hatte darum 1948 eine große Lehrerkonferenz in Eisenach in die Wege geleitet mit einem qualifizierten Programm und internationalen Gästen, bei der ich als Redakteur meiner kleinen Schulzeitung fleißig herumlief, um Interviews und Eindrücke zu sammeln. Jetzt aber geriet er immer stärker unter den Druck der sich neu formierenden Partei und ihrer immer starrer werdenden Programme. Er gehörte nach dem Vereinigungsparteitag wie mein Vater der SED an, wurde dann allerdings eines Tages aller seiner Ämter enthoben und ging mitten in der Nacht über die Grenze. Ich wohnte damals schon in der Familie meines Freundes, da meine Familie nach Jena umgezogen war. Ich saß am Abend im Nebenzimmer und hörte, wie Dr. Hoßfeld noch einmal auftauchte und mit gedämpfter Stimme mit meiner Pflegemutter redete. Ein Satz prägte sich besonders ein: »Auch Erich Hertzsch gehört da nicht mehr mit rein.« Ich wusste aber nicht, worum es ging, und ein bisschen unheimlich war es schon. Am nächsten Morgen wurde in der Schule gesagt, Dr. Hoßfeld sei in den Westen gegangen. Und hinter vorgehaltener Hand: Er ist verschwunden, er war zu gefährdet. So erlebten wir die Schlussphase unserer Schulzeit ohne ihn. Die gemeinsamen Stunden am Montagmorgen wurden sehr bald abgeschafft. Ich schrieb noch eine mehrseitige Nummer des »Spectator« mit dem Untertitel »Illegale Abschiedsnummer«, die nur noch heimlich von Hand zu Hand weitergegeben wurde. Der Leitartikel hatte anzüglicherweise dieselbe Überschrift wie der in der ersten Nummer: »Wo gibt es noch Freiheit in Deutschland?« und sprach vom Schwinden unserer Hoffungen von damals, und ein großer Artikel hatte die Überschrift »Der Fall Hoßfeld. Warum musste unser Direktor gehen?« So etwas empfanden wir alle als spannend und als ein Zeichen unserer Tapferkeit. Tatsächlich waren wir aber in einer schwierigen Lage, ich dabei in besonderer Weise; denn allen war klar, dass ich von Dr. Hoßfeld besonders gefördert worden war. Ein pikantes Detail kam hinzu: In der zentralen Lehrerzeitung »Die neue Schule« der Sowjetischen Besatzungszone erschien der Bericht des Regierungsvertreters Schmidt unter dem Titel: »Nach der Visitation Thüringer Oberschulen.« Ein erheblicher Teil dieses Berichtes war einer Schule in Eisenach gewidmet. Dort habe er unglaubliche Verhältnisse angetroffen, nämlich eine Wandzeitung, die der einfältige Direktor von dort auch noch als eine besondere Errungenschaft vorgestellt habe. Er bringe nur einige Zitate, die zeigten, mit welchen Unverschämtheiten hier unsere »Gymnasiasten« sich mit unserer neuen Ordnung auseinandersetzen. Dem folgte eine Reihe herausgeschnittener Zitate, und die Lehrerzeitschrift mit diesem Artikel ging nun durch die ganze Besatzungszone. Es wurde zwar mein Name nicht genannt, obwohl ich den immer schön an den Schluss gesetzt hatte: Chefredakteur und Herausgeber Klaus-Peter Hertzsch, Klasse 11c oder Klasse 12c. Und genau dieser Herr Schmidt sollte der Regierungsbeauftragte bei unserem Abitur sein. Da wurde mir himmelangst. Ich habe mit meinem Vater gesprochen, ob ich nicht lieber nach Hamburg gehe und mich dort zum Katecheten ausbilden lasse, weil ich kein Abitur machen könnte. Meine Sehbehinderung war inzwischen so stark geworden, dass ich auf die Rücksichtnahme der Schulleitung angewiesen war. Ich war zum Beispiel von Mathematik weitgehend befreit, was durch andere Dinge kompensiert wurde. Das hätte ich im Westen sicher nicht auf Anhieb erreicht, allenfalls in einer Behindertenschule; aber das war alles zu ungewiss, und letztlich wussten nur meine Lehrer in Eisenach, was ich leisten konnte und was nicht. Es erwies sich dann als überflüssige Sorge. Ich kam durch das Abitur; der Regierungsvertreter blieb still und mischte sich nicht ein. Zwei Jahre später erfuhren wir, dass dieser Mann Hals über Kopf in den Westen geflohen war, weil er eine Urkunde gefälscht hatte: Er hatte 1945 verschwiegen, dass er Kreisleiter der NSDAP gewesen war.

Damals waren wir längst sowjetische Besatzungszone. Schon im Juni war der Wechsel von der US-Army zur Roten Armee erfolgt. Den Übergang haben wir vor allem als eine Zunahme der Angst unter der Bevölkerung erlebt. Das hing sicher damit zusammen, dass die Sowjetunion in der Propaganda des Dritten Reiches eine ganz andere Rolle spielte als die USA. Ich erinnere mich an Plakate, die im letzten Kriegsjahr überall aushingen mit der Aufschrift: »Sieg oder bolschewistisches Chaos«. Da gab es eine helle Seite: eine blonde deutsche Mutter, die ein jubelndes Kleinkind mit ausgestreckten Armen in einen blauen Himmel hob – das war der Sieg; und dem gegenüber gab es eine nachtschwarze Bildhälfte, eben das bolschewistische Chaos: eine Fratze, ein gedrücktes Gesicht mit deutlich mongolischer Prägung starrte den Betrachter unheimlich an, an der flachen Militärmütze ein Sowjetstern und quer zwischen den Zähnen ein Messer. Jeder sollte denken: Um Gottes willen – nur nicht solch einer Bestie einmal in die Hände fallen! Die Amerikaner waren smart, kamen mit ihren Jeeps angefahren, verteilten Schokolade an die Kinder, waren lustig. Auch sie waren natürlich nicht nur lustig. Meine Mutter erzählte, wie es einmal nachts klingelte und sie sich sagte: Das kann nur mein Ältester sein, der bei der Kriegsmarine war und von dem wir seit Monaten keine Nachricht mehr hatten. Der, dachte sie, kommt jetzt nach Hause. Sie reißt die Tür auf, sieht tatsächlich in der Dunkelheit einen Mann davorstehen, der etwa so groß war wie mein Bruder, fällt ihm um den Hals und erkennt im gleichen Augenblick mit tödlichem Schrecken, dass es ein schwarzer Amerikaner ist. »Frau«, sagt der, »mitkommen!« Mein Vater ist gleich dazwischen gesprungen, und der Mann zog schließlich ab. Meine Mutter hingegen weinte noch die ganze Nacht vor Schrecken und vor Enttäuschung. Solche Szenen gab es also auch bei den Amerikanern, waren aber die Ausnahmen, während von den Russen bei uns Deutschen ein Angstbild bestand, das sich, denke ich, aus zwei Quellen speiste: Einmal der Verachtung dieser Leute aus dem Osten, die uns in Reportagen und Bildberichten als Untermenschen und halbe Tiere geschildert worden waren. Es gab sehr bald die sogenannten Russenwitze. Die Pointe lief immer darauf hinaus, dass solch ein einfacher Muchik aus der Taiga nach Mitteleuropa kommt und mit den Errungenschaften selbst der einfachsten modernen Technik, einem Lichtschalter oder einer Wasserspülung, nicht zurechtkommt. Das war für viele Deutsche die Charakteristik dieses Volkes. Zum anderen hatten wir Kenntnis davon, wie die deutsche Armee bis zur Wolga vormarschiert war und dann wieder zurück und was das für ihr Land bedeutete und für die Menschen, über die diese todbringende Walze hin und wieder zurück gerollt war. Langsam hatte sich auch herumgesprochen, wie dort ungezählte Juden ermordet worden waren, wie viele russische Menschen umgebracht worden sind, was Hitlers Befehl zur »verbrannten Erde«, zu einem bis auf den Grund zerstörten Land, praktisch bedeutete. Und aus dieser verbrannten Erde kommen die Leute nun zu uns, mussten wir uns sagen; würden sie nicht blutige Rache nehmen? So war die sowjetische Besatzungsmacht zugleich die verachtetste und die gefürchtetste unter den vieren. Allerdings sahen wir kaum etwas von ihnen. Die Sowjetarmee war sehr viel stärker als die Amerikaner an Abstand zur Zivilbevölkerung interessiert. In all den kommenden Jahren war die Rote Armee weitgehend hinter Zäunen kaserniert, in abgesperrten Gebieten oder irgendwo in den Wäldern, wo aus der Hitlerzeit militärische Anlagen standen. Keine Fraternisierung, keine Kontakte außer bei offiziellen, streng programmierten Veranstaltungen. Von der sowjetischen Armee wussten wir nur, dass sie irgendwo da war – hinter diesen Zäunen, in jenen Wäldern – kaum mehr. Nur die Kommandantur kannten wir. Die war in Eisenach ein großes, älteres Verwaltungsgebäude am Theaterplatz. Sie war mit langen Ketten aus Glühbirnen behängt, mit Losungen auf rotem Tuch in kyrillischer Schrift und mit einem großen Stalinbild ausgeschmückt; nachts war das alles beleuchtet in der sonst dunklen Stadt; denn der Strom war knapp und fiel für uns oft aus.

Trotz all dem war zunächst die Grundstimmung – jedenfalls wie ich sie empfunden habe – eher die Vorstellung von einem weißen Blatt: Neuanfang, alles ist offen, alles muss neu gemacht werden, alles müssen wir neu gestalten. Eine interessante Schulreform ist im Gange. Eine Verfassung muss formuliert werden: Wie wird sie aussehen? Die Betriebe werden neu organisiert, die Besitzverhältnisse in der Landwirtschaft neu geordnet zugunsten der Kleinbauern und besonders der Umsiedler aus den Ostgebieten – und all solche Sachen.

Vor allem wurde die Kultur neu aufgebaut, und da gab es in diesen ersten Jahren nach dem Krieg noch viele Freiheiten und neue Erfahrungen. Ich hatte das Gefühl, es ist eine schöpferische Zeit, wo kreative Leute gefragt sind, die bereit sind, etwas einzubringen, die Ideen haben, die Zukunft gestalten wollen. Dies habe ich bis 1948 so erlebt und, ich möchte fast sagen: genossen.

Die Zeit war spannungsreich, aber es waren interessante Spannungen, die ideologischen, philosophischen, politischen Auseinandersetzungen der Zeit. In unserer Schule waren sie noch lange möglich. Unterschiedliche Richtungen kamen in Vorträgen und Diskussionen zu Wort: Marxisten, Liberale, konservative Traditionalisten, natürlich auch Christen. Ich entsinne mich, dass der spätere Landesjugendpfarrer, der zugleich promovierter Biologe war, in der Aula über christlichen Glauben und moderne Naturwissenschaft referierte, dies am Ende mit einer Einladung zur Fortsetzung des Problemgesprächs in der Jungen Gemeinde verband und gerade in unserer Klasse die besten Leute so für die Junge Gemeinde gewann. Bald war jedoch unübersehbar, dass die Macht doch zunehmend in der Hand der marxistischen Partei lag. Und es wurde als besonders belastend empfunden, dass sie dabei stark von der Unterstützung der sowjetischen Besatzungsmacht lebte und ihr nicht nur deren Argumente Stoßkraft verliehen, sondern auch das erklärte Ziel der Sowjetunion, ihre Zone in ihrem Sinne auszurichten. Das ging Schritt für Schritt vor sich. So wurde zum Beispiel im Bereich von uns jungen Leuten die FDJ gegründet, die Freie Deutsche Jugend, die zuerst Antifa-Jugend hieß. Sie war gedacht als eine gemeinsame Massenorganisation für alle jungen Leute. Ausdrücklich bekam sie keine rote, sondern eine blaue Fahne mit dem Emblem einer aufgehenden gelben Sonne. Zunächst waren auch engagierte Leute aus der christlichen Jugendbewegung und der kirchlichen Jugendarbeit im Zentralrat, die die FDJ mit aufbauten. Trotzdem waren wir zurückhaltend. Wir bekamen in einem neuen Schuljahr einen Lehrer für Gegenwartskunde, später hieß das Staatsbürgerkunde. Dieser Lehrer holte uns, die Mitglieder des Schülerrates, 1947 oder 48 zusammen und sagte: »Also Jungs« – Mädchen waren auf dem Gymnasium noch eine seltene Ausnahme –, »wie wäre es, wenn ihr gemeinsam in die FDJ eintreten würdet? Ihr könntet dann gleich die Schulleitung der FDJ übernehmen. Dann wärt ihr auch in einem großen Verband und hättet eine Menge materieller Möglichkeiten. Ihr könntet in unsere Ferienlager gehen und die neuen Einrichtungen nutzen, die wir planen.« Dies haben wir strikt und etwas arrogant abgelehnt. »Nein«, sagten wir, »Massenorganisation, das ist nicht unsere Sache, sondern wir sind eben das Luther-Gymnasium. Wir sind von den Leuten hier gewählt und nicht von den FDJlern.« Dieser Lehrer biss sich die Zähne an uns aus, und wir fühlten uns stark. Später zeigte sich tatsächlich, dass die FDJ immer mehr zu dem gemacht wurde, was zuletzt »Kaderreserve der Partei«, also Nachwuchsorganisation für die SED hieß.

Wir merkten auch, dass Dr. Hoßfeld zunehmend bei uns Stunden ausfallen lassen musste oder sich vertreten ließ. Wir ahnten, dass er in dieser Zeit in Kämpfe verwickelt war, da wir viel mit ihm diskutierten. Das geschah häufig in den Unterrichtsstunden. Natürlich verwickelten wir ihn ganz gern in solche Gespräche – und er ließ sich verwickeln –, wenn wir in Griechisch nicht so gut vorbereitet waren. Aber das war nicht der Hauptgrund. Wir waren wirklich froh, wenn wir mit ihm darüber reden konnten, was Demokratie ist, wo die echte Chance des Sozialismus liegt, wie ein Christ zur Politik steht. Wir merkten dabei zunehmend, wie er unter dem Druck einer Entwicklung hin zu stalinistischen Verhältnissen litt. Eine beunruhigende Erfahrung anderer Art hatten wir mit der den Deutschen gegenüber misstrauischen und darum oft rigorosen Politik der sowjetischen Besatzungsmacht schon im Jahre 1946 gemacht. Damals im Herbst gab es die erste Kommunalwahl in der sowjetischen Besatzungszone. Es blieb die einzige, die nach einer westlichen Wahlordnung verlief. Sie führte dazu, dass in Eisenach die Liberal-Demokratische Partei den Oberbürgermeister stellte und die bürgerlichen Parteien LDP und CDU die Mehrheit hatten. Ich erzähle das wegen Dr. Rollberg, unserem Englisch- und Deutschlehrer, der für mich, für uns neben Dr. Hoßfeld sehr wichtig, war. Dr. Rollberg war ein junger Mann, der einen ganz anderen Stil des Unterrichts hatte als unsere redlichen, aber müde gewordenen alten Pauker. Schon dass er sich am Beginn seiner ersten Stunde bei uns vorstellte, er heiße Hans-Wolfgang Rollberg – Lehrer hatten Spitznamen, dass einer jedoch einen Vornamen hatte und uns den auch nannte, war für uns ganz ungewohnt – und er habe folgende Biografie, zu der auch ein Aufenthalt in Großbritannien gehörte. Er war unser Klassenlehrer, und wir hatten das Gefühl, er gehört zu uns. Nach dieser Kommunalwahl aber kam Direktor Hoßfeld am Montagmorgen zu uns in die Klasse und sagte: »Dr. Rollberg wird nicht mehr zu euch kommen. Ihr bekommt einen anderen Lehrer.« Es stellte sich heraus, dass er in der Nacht von der sowjetischen Besatzungsmacht verhaftet worden war. Der Mann hatte an dieser Stelle anscheinend mit großer Naivität gehandelt, indem er eine Sendeanlage auf dem Dach seines Hauses aufgebaut und damit die Wahlergebnisse an BBC gefunkt hatte, so dass BBC als erste mit Ergebnissen aus Eisenach über die Wahlen in der sowjetischen Zone berichtete, worüber sich alle Leute wunderten, die European Service hörten. Sofort wurde der Sender von der Armee angepeilt; Rollberg wurde der Spionage verdächtigt – die Rote Armee war gerade an diesem Punkt ungeheuer misstrauisch. Er wurde bald in die Sowjetunion deportiert und ist, soweit seine Frau das erfahren konnte, irgendwo in Sibirien, wohl an der Pazifikküste gestorben. Wir haben nie wieder etwas von ihm gehört. Seine Frau kam noch zu uns und hat uns berichtet, wie gern er uns als Klasse gehabt habe. Wir hatten eine Wandtafel, auf die er in seiner letzten Unterrichtsstunde ein paar englische Vokabeln geschrieben hatte, völlig gleichgültige, zufällige Wörter. Für uns aber war es das letzte Lebenszeichen des geliebten Lehrers.

Wir erklärten diese Tafel etwas pathetisch zum »Hieron«, zum Heiligtum »der Klasse 11 C« und schrieben darauf »Darf nicht ausgewischt werden.« Wir drehten die Tafel um und sagten: »Die Rückseite kann nicht benutzt werden.« Erst zum Abitur haben wir die Kreideworte abgewischt, unsere Erinnerung an unseren Lehrer Hans-Wolfgang Rollberg.

In diese Zeit nach Kriegsende fiel es auch, dass wir über Auschwitz und Buchenwald die ersten Berichte erhielten. Ich hatte von all dem bis dahin keine Ahnung. Ich erinnere mich, dass sich unser Hausmädchen irgendwann in der Hitlerzeit beim Bügeln mit einer Nachbarin unterhielt, und ich erzählte den beiden einen politischen Witz, wie sie damals von Schuljungen gern weitergegeben wurden. Und eine von ihnen sagte: »Na, sieh dich vor, mein Junge, sonst kommst du ins Konzertlager.« Das war so eine populäre Verballhornung für Konzentrationslager. Ich erinnere mich deutlich, dass ich ratlos zurückfragte: »Konzertlager? Was ist denn das?« und die Antwort bekam: »Da kommen alle hin, die solche Witze erzählen.« - »Und was passiert denen dort?« - »Na, wie der Name sagt, da wird den ganzen Tag Konzert gemacht.« Ich habe in meiner Einfalt gedacht, das kann ja so schlimm nicht sein, wenn es dort ständig Konzerte gibt. Dass ich dieses Gespräch noch in Erinnerung habe, zeigt mir, dass mir das alles merkwürdig und etwas undurchschaubar vorkam, aber mein normales Schuljungen-Leben überhaupt nicht zu betreffen schien. Eine andere Erinnerung betrifft die Inhaberin einer kleinen Wäscherei, zu der wir unsere Wäsche brachten und über die meine Mutter gelegentlich sagte »Die arme Frau! Ihr Sohn ist in Buchenwald.« Der war dort als SS-Mann bei der Wachmannschaft. Offenbar litt seine Mutter darunter. Und mein Vater sagte: »Das hätte ich von dem nicht gedacht. Er war kein schlechter Konfirmand.« Aber ich verstand überhaupt nicht, wieso sie es so schlimm fanden, dass dieser junge Mann in Buchenwald jetzt irgendeinen Dienst tat. Die ersten Berichte hielten wir 1945 für eine maßlose Übertreibung – ich denke schon deswegen, weil wir gegenüber der faschistischen Propaganda gewohnt waren, alles für Übertreibung zu halten. Wenn die Übeltaten der Amerikaner oder der Russen geschildert wurden, hatten selbst wir Schuljungen schon gelernt, dass man davon einen erheblichen Teil abstreichen musste. Ich habe allerdings relativ schnell mitbekommen, dass die Realität im Grunde noch schrecklicher war. Ich vermute durch den »Totenwald« des Dichters Ernst Wiechert. Wiechert war eine relativ kurze Zeit im Konzentrationslager Buchenwald inhaftiert gewesen und hatte dies in einem autobiographischen Bericht festgehalten. Der schilderte das Erlebte eher undramatisch, nüchtern, eher bedrückend als bestürzend, und gerade dies war für mich glaubhaft. Bald kam noch die für uns neue Literatur der Nachkriegszeit hinzu, »Das siebte Kreuz« zum Beispiel von Anna Seghers oder Kogons »SS-Staat«. Ich denke, da ist uns relativ schnell deutlich geworden, was wirklich in diesen Jahren geschehen ist – übrigens ohne dass wir Fünfzehnjährigen der Überzeugung waren, das sei unsere Schuld. Von Kollektivschuld haben wir, glaube ich, damals nichts empfunden. Wir waren vielmehr der Überzeugung, wir sind belogen und missbraucht worden. Im vorletzten Schuljahr kam noch ein Junge, eigentlich schon ein junger Mann in unsere Klasse: Hans Günter Czech. Er war fünf Jahre älter als wir. Der hat mit uns Abitur gemacht. Mit dem war ich sehr viel zusammen. Seine Mutter war Jüdin, von der sich ihr nicht-jüdischer Mann hatte scheiden lassen. Sie war in Theresienstadt gewesen und hatte dort überlebt. Ihr Sohn war also »Halbjude«, wie man es damals nannte, und war deshalb sehr bald aus der Schule verwiesen und zu Schanzdiensten eingesetzt worden. Ich habe sowohl zu ihm wie bald auch zu seiner Mutter, die schwerkrank aus Theresienstadt kam, intensiven Kontakt gehabt. Er hat sich später das Leben genommen, hat erst eine Weile in Jena Theologie studiert, dann als Gärtner gearbeitet und schließlich versucht, als Erzieher irgendwie weiterzukommen, und ist am Leben gescheitert: ein echtes Opfer des Faschismus. Seine Mutter habe ich bis zum Tode begleitet, denn sie wohnte später in Jena und starb an Krebs. Sie hat mir, dem Siebzehnjährigen, schon in der Eisenacher Zeit sehr genau von dem berichtet, was Theresienstadt war. Davon habe ich also eine unmittelbare Erfahrung zu hören bekommen. Und auch dieser Klassenkamerad hat mir auf langen gemeinsamen Spaziergängen um Eisenach erzählt, wie die Mutter von der Gestapo abgeholt wurde, wie er sich als Halbwüchsiger durch die Arbeitslager durchschlagen musste und wie er dann 1945 zu Fuß von Schlesien nach Theresienstadt aufgebrochen ist, in der Hoffnung, die Mutter dort noch lebendig anzutreffen, und wie er sie in einem kleinen Leiterwagen nach Hause gezogen hat, wo seine beiden Schwestern in den letzten Hitlerjahren umgekommen waren. Das waren erregende Berichte, die zu unserem Leben gehörten, sozusagen als Nachkriegserfahrungen.

Für mich ergab sich dabei eine zwiespältige innere Situation. Darin kam die sozialistische Prägung meines Vaters zum Tragen, und im Grunde stimmte ich ihm zu, dass eine Ordnung sozialer Gerechtigkeit die Zukunft bestimmen müsse. Vor allem leuchtete mir die Verbindung zwischen der christlichen Botschaft und einem sozusagen brüderlichen Sozialismus ein, wie sie den Religiösen Sozialisten vorschwebte, so dass ich im Unterschied zu vielen Leuten in unserer Umgebung eher eine grundsätzliche Orientierung auf solch einen Sozialismus für wünschenswert hielt. Gleichzeitig bezog ich aber auch eine kritische Haltung zu den herrschenden Meinungen. Natürlich hatte ich als Siebzehnjähriger Lust – zum Beispiel mit meiner Schulzeitung – die Welt der Erwachsenen und der Herrschenden herauszufordern und zu provozieren. Doch es gab auch genug Grund, die Entwicklung eines bürokratischen Machtapparates mit Sorge zu sehen. Trotzdem habe ich in den Diskussionen, die unter Oberschülern häufig, leidenschaftlich und bis in die Nächte hinein geführt wurden, mich im Grundsätzlichen immer auf die Seite derer gestellt, die meinten, eine bürgerliche Gesellschaft alten Stils habe abgewirtschaftet. Es ist Zeit, jetzt eine wie immer geartete ganz andere ins Auge zu fassen. Bestimmend war für mich der Eindruck, dass die sozialistische Konzeption ein echter Gegenentwurf zu dem war, was wir gerade hinter uns hatten. Die spätere Totalitarismusthese, hier habe nur ein diktatorisches Regime das andere abgelöst, deckt sich überhaupt nicht mit meinem damaligen Empfinden. Vielmehr bot sich mir das Bild: Dort war Nationalismus – Deutschland über alles –, und hier war Internationalismus – Franzosen, Russen, Südamerikaner und Chinesen, Sartre und Picasso, Neruda und Gorki, Tschou En-Lai und Nehru – das hatte weltweite Dimension. Dort herrschten Gefühle und Faszinationen, Fanatismus und Stimme des Blutes als ausdrücklich positiv bewertete Triebkräfte. Hier galt die nüchterne wissenschaftliche Analyse ökonomischer Mechanismen und ihrer anthropologischen Konsequenzen, Mehrwert, persönliche Aneignung und Selbstentfremdung des Menschen, die zu überwinden war. Dort hieß es: »Führer befiehl, wir folgen dir!« Hier sollte Konsens durch kollektive Beratung erreicht werden. Dort gab es Wehrmacht, totalen Krieg und Hass gegen zahlreiche andere Völker. Hier gab es – jedenfalls in jenen Anfangsjahren – eine deutlich pazifistische Tendenz – Brecht schrieb 1949 »An meine Landsleute«:

»Ihr, die ihr überlebtet in gestorbenen Städten,
habt doch nun endlich mit euch selbst Erbarmen!
Zieht nun in neue Kriege nicht, ihr Armen,
als ob die alten nicht gelanget hätten.
Ich bitt' euch, habet mit euch selbst Erbarmen!

Ihr Männer, greift zur Kelle, nicht zum Messer...

Ihr Mütter, da es euch anheim gegeben,
den Krieg zu dulden oder nicht zu dulden,
ich bitt' euch: Lasset eure Kinder leben!...«

Dies war ein völlig anderer Ton als die brutalen Schlachtgesänge, die bisher durch Deutschland gedröhnt hatten.

Gerade in diesen Tagen ist mir ein Gedicht wieder in die Hand gefallen, das ich in jenen Jahren geschrieben habe und das einen Schüler zeigt, der im Bann solcher Dichter und solcher neuen Erkenntnisse stand:

»Der Jungfrau Wiegenlied 1948.

Ich sitze und singe ein Wiegenlied
und habe doch gar keine Wiege.
Vor Jahren, da sang man ein Siegeslied
und hatte doch gar keine Siege.
Die Wiegen sind längst aus dem Brauch.
Heut schlafen die Kinder in Betten.
Und unter zertrümmerten Städten,
da schlafen sie auch.

Ich sitze und singe ein Wiegenlied
und habe doch gar kein Kind.
Das weiß der Mond, der vorm Fenster zieht,
wo die Väter geblieben sind.
Es hat nicht können sein.
Der Mann ist am Donez erfroren.
Ein Kind wurde niemals geboren.
Die Mutter blieb allein.«

All das war für mich durchaus eine überzeugende Gegenkonzeption zu den Parolen meiner Kinderjahre. Natürlich gab es auch Parallelen, und sie nahmen zu meinem Ärger und zu meinem Schmerz deutlich zu, als sich der Stalinismus der damaligen Sowjetunion in unserem Bereich immer mehr durchsetzte. Was später als »Stalinscher Personenkult« verurteilt wurde, erinnerte ungemein an den Führerwahn. Die Machtkonzentration nahm folgerichtig zu, die Militarisierung und eine äußere und innere Uniformierung, die uns an vergangene Zeiten erinnerten.

So fand ich mich einerseits im Widerspruch zu den Überresten des Faschismus, die latent noch da waren und von denen ich sehr wohl wusste, und zur bürgerlich konservativen Restauration in Staat und Kirche – und andererseits im Widerspruch zu engstirnigen, restriktiven, autoritären Strukturen von Besatzungsmacht und Funktionärsapparat. Dazwischen, dachte ich, musste man als Christ einen Weg finden zu einer gerechteren und gemeinsam getragenen menschlichen Gesellschaft. Wichtig war mir dabei das Darmstädter Wort des Reichsbruderrates der Bekennenden Kirche von 1947, das mein Vater häufig zitierte und in dem es hieß: »Wir sind in die

Irre gegangen, als wir übersahen, dass der ökonomische Materialismus der marxistischen Lehre die Kirche an den Auftrag und die Verheißung der Gemeinde für das Leben und Zusammenleben der Menschen im Diesseits hätte gemahnen müssen. Wir haben es unterlassen, die Sache der Armen und Entrechteten gemäß dem Evangelium von Gottes kommendem Reich zur Sache der Christenheit zu machen.« So etwa sah mein Lebensgefühl aus, als ich das Abitur machte. Die Zukunft zeigte dann, wie kompliziert unsere Welt wirklich war: Die Erfahrungen, die ich dann bald im Studium machte, der Kampf der 50er Jahre gegen die Jungen Gemeinden und die Studentengemeinden; der Austritt meines Vaters aus der SED, deren ideologische Grundlage sich mit seinem Glauben nicht mehr vereinbaren ließ, und manches andere – das erwartete den Abiturienten, als er mit dieser seiner Vision ins Studium hineinging.

Theologie-Studium in Jena oder: Alter und neuer Kurs und der 17. Juni

Mein Vater war inzwischen 1947 als Professor für Praktische Theologie nach Jena gegangen. Die Familie folgte ihm 1948, als eine Wohnung gefunden war. Nur ich blieb, wie berichtet, noch bis zum Abitur in Eisenach und erlebte mit meinem Freund in unserer gemeinsamen kleinen Wohnung unter dem Dach des alten Pfarrhauses ein turbulentes und freizügiges letztes Schuljahr. Unser beider Abiturzeugnis war nicht großartig; aber wir hatten es jedenfalls beide geschafft. Das war 1949, in dem Jahr, in dem die beiden deutschen Staaten gegründet wurden, zuerst die Bundesrepublik, wenige Wochen später die DDR. Ich folgte dann meiner Familie nach Jena, um dort Theologie zu studieren, und war wieder Sohn in der Familie.

Im dritten Semester bekam ich eine Lungentuberkulose und musste ein Jahr lang das Studium unterbrechen. Ich habe am Jenaer Forstweg in der Lungenheilstätte gelegen. Zunächst war ich gefährlich krank. Ich erinnere mich an eine Nacht, in der mich mein starker Husten weckte und ich feststellte, dass der Grund ein Blutsturz war. Die Bettdecke schwamm schon in dunkelrotem Blut, die herangeklingelte Nachtschwester holte den Notarzt, und ich dachte: So also ist es, wenn man sich in Lebensgefahr befindet. Als ich eine entsprechende Spritze bekommen hatte: »Versuchen Sie jetzt zu schlafen. Morgen sehen wir weiter« und das Licht wieder gelöscht war, lag ich wach und hatte das Gefühl, ich schwebe im Ungewissen. Mein Zimmergenosse, ein katholischer Geologiestudent, sagte ins Dunkel: »Beten Sie jetzt!« Ich habe dann fast ein ganzes Jahr lang fest im Bett gelegen. Das war nicht nur schlecht. Ich habe versucht, die Zeit zu nutzen, habe Psalmen auswendig gelernt – jeden Tag einen – und jeden Tag ein Gedicht; beides konnte ich dann später als Pfarrer, wo immer ich sie brauchte, frei zitieren. Ich habe viel nachgedacht, sehr gezielt Radio gehört – ich denke, damals verstanden sich die Sender noch stärker als Bildungs- und Informationsvermittler, weniger als Unterhaltungsinstrumente. Und ich habe mir viel vorlesen lassen. Meine Mutter hatte einen richtigen Wochen-Besucher-Plan ausgearbeitet. Es waren meist dieselben Personen, die in wiederkehrender Reihenfolge kamen und immer auch eine Stunde oder mehr vorlasen: meine Eltern, meine spätere Frau und ihre Mutter, eine Mitstudentin. Sie lasen je nach ihrer Prägung Dostojewski, Selma Lagerlöf, Anna Seghers, den sowjetischen Pädagogen Makarenko oder den katholischen Theologen Romano Guardini – also ein vielfältiges Programm. Wenn ein Buch ausgelesen war, wechselten wir die Lektüre. Jedenfalls war es gut, dass ich, als die Krankheit ausbrach, nicht in irgendeiner fremden Stadt war – in Berlin oder in Leipzig, wie ich ursprünglich geplant hatte. Die Jahre danach blieb ich dann lieber in Jena und war Student an der hiesigen Universität. Ich habe mein Studium im Herbst 1949 begonnen und 1955 Examen gemacht.

Die Fakultät war damals kaum größer als heute; aber der Kontakt zwischen Lehrenden und Lernenden, wie wichtig wir einander auch waren, war nach meiner Erinnerung längst nicht so unmittelbar wie in späteren Jahren. Das galt selbst für meine Eltern, die noch relativ unkompliziert mit den Studierenden umgingen – schon deshalb, weil im Lauf der Jahre drei ihrer Söhne, außer mir mein ältester und mein jüngster Bruder, zu diesen Theologiestudenten gehörten. Irgendwie waren das doch zwei Welten: die der Professoren und die der Studenten. Wir wurden zu offenen Abenden in ihre Wohnungen eingeladen; aber man sollte bei diesen Anlässen schon wissen, was sich nach Ansicht der Professoren gehört. Auch mein Vater lud die Teilnehmer seines Seminars zum Semesterabschluss in unsere Wohnung ein, und ich erinnere mich, wie entsetzt meine Mutter war, »in welchem Aufzug«, wie sie sagte, die Studenten kamen. Und dabei hatten die Jungs gedacht, dass sie ihren hübschesten Pullover ausgesucht hatten und eine ordentliche lange Hose; dass sie einen geschlossenen Anzug mit Krawatte hätten tragen müssen, wenn sie ins Haus des Professors gingen, war für meine Mutter selbstverständlich, aber die Eingeladenen waren auf solch eine Idee überhaupt nicht gekommen, besaßen so etwas meist auch gar nicht.

Meine Professoren im Einzelnen vorzustellen ist nach jetzt fünfzig Jahren kaum sinnvoll. Einige davon sind unter Fachleuten heute noch bekannt: jedenfalls Gerhard Gloege, Professor für Systematische Theologie, und der Kirchenhistoriker Karl Heussi. Gloege war für viele der eigentliche Anziehungspunkt unserer Fakultät. Auch ich habe seine rhetorische Begabung und seine eindrucksvollen Predigten bewundert. Aber ich muss gestehen, dass ich mit seinem Fach mein Leben lang grundsätzliche Schwierigkeiten gehabt habe: mit einer systematischen Darstellung des Glaubens und der Lehre unserer christlichen Kirche in einer Dogmatik und einer Ethik. Woher weiß der das alles so genau, habe ich schon als unerfahrener Student gefragt, und wie kann man eine so sensible, eine so schwer, eigentlich kaum greifbare Wirklichkeit, wie es diese Menschheits- und Gotteserfahrung ist, in solche Systematik fassen, sie derart übersichtlich ordnen?

Sehr viel näher lag mir da das Alte Testament. Hier ging es um Geschichte, um Erfahrungen gelebter Menschenzeit. Hier wurden Geschichten erzählt von lebendigen Menschen, und ihre Gotteserfahrungen gaben glaubhaft Zeugnis, von einem lebendigen Gott. Hier spürte ich Lebenswirklichkeit weit mehr als in den dogmatischen Systemen oder den philosophischen

Spekulationen. Im Unterschied zu meinen Mitstudenten konnte ich gleich zu Studienbeginn mit Vorlesungen und Seminaren in diesem Fach anfangen; denn ich hatte schon vor dem Studium Hebräisch gelernt. Mein Vater hatte, als er längst Oberkirchenrat war, noch lange seine alte Pfarrstelle in Eisenach-West inne. Er bekam zur Entlastung Hilfskräfte, die ihm die tägliche Gemeindearbeit weitgehend abnahmen. Eine Zeitlang war es ein studierter Theologe und promovierter Ägyptologe, der bis zur Einberufung zum Militär an einer Universität als Dozent gearbeitet hatte und nun die Zeit überbrückte, bis man ihn wieder an irgendeine ägyptologische Fakultät berief. Der bot mir an: »Wenn du Lust hast, bringe ich dir Hebräisch bei.« Und das hat er in meinem letzten Schuljahr vor dem Abitur dann getan. Als mein Vater nach Jena gegangen war, übernahm er noch für einige Zeit eine Dorfpfarrstelle bei Eisenach, und ich wanderte einmal in der Woche kilometerweit über die Berge nach Oberellen zum Hebräischunterricht im dortigen Pfarrhaus. Der Hinweg in Sonne oder Wind war immer schön und nach dem Schulvormittag ganz belebend. Aber sooft ich mich in der schnell hereingebrochenen Dunkelheit auf den Rückweg machte, war ich immer ganz froh, wenn zwischen den nachtschwarzen Bäumen in der Ferne endlich die ersten Lichter von Eisenach auftauchten. Zu Beginn meines ersten Studiensemesters bestand ich das Hebraicum, die Universitätsprüfung in Hebräisch, und hatte danach Lust, eine »Einführung in die semitischen Sprachen« zu hören. Ich fand die hebräische Sprache und die benachbarten altsemitischen Sprachen äußerst interessant. Das war eine ganz andere Art, Wirklichkeit wiederzugeben, als in den indogermanischen. Wie hier gleichsam massive Wort-Klötze gebaut wurden, sprachliche Felsblöcke aneinander gereiht wurden und mit Suffixen und Affixen, mit Vor- und Nachsilben ein genauer Sinn ausgeformt wurde, das fand ich faszinierend. Hier wurde die Wirklichkeit offenbar ganz elementar wahrgenommen und wiedergegeben. Und wie sie damals in dieser Sprache ihre Welt- und ihre Gotteserfahrung erzählten!

Die Vorlesungen über das Neue Testament sprachen mich dagegen deutlich weniger an. Es war die Zeit, in der viele Vertreter dieses Faches die Entstehung der Texte des Neuen Testaments ganz unter dem Gesichtspunkt der Eschatologie, der erwarteten Endzeit, sahen. Sie sollten durchweg als spannungsgeladene eschatologische Texte gelesen werden, die mit der vergehenden Alltagswirklichkeit nichts mehr zu tun hatten. Ich hingegen wollte die Evangelien auch als Alltagstexte lesen, die durchaus das normale Leben der Menschen von damals und heute betreffen; und gerade das sollte mir ausgeredet werden. Hätte ich mich darauf eingelassen, wäre mir das Neue Testament eher weggerückt als nahegebracht worden.

Karl Heussi, Kirchengeschichtler und damals schon fast 80-jährig, war sicher der bekannteste unter unseren Professoren. Seine Vorlesungen, in denen er die vergangenen Jahrhunderte schilderte und die Vorgänge deutete, waren brillant. Auch die Profanhistoriker aus der philosophischen Fakultät kamen zu diesen Vorlesungen, und der Hörsaal 1 war oft überfüllt. Geschichte hat mich immer interessiert, weil sie voll ist von erzählbaren Geschichten; ich drängte mich also mit unter Heussis Katheder. Mindestens ebenso gern ging ich jedoch zu den Vorlesungen von Frau Hanna Jursch, die seine Schülerin war, zunächst neben ihm Kirchengeschichte lehrte und später seine Nachfolgerin auf dem Lehrstuhl wurde, und damit, soweit ich weiß, die erste Ordentliche Professorin an einer theologischen Fakultät in Deutschland. Hanna Jursch war zusätzlich Fachfrau für kirchliche und spätantike Kunst und überhaupt den Schönen Künsten sehr verbunden. Ihre Darstellung der Kirchengeschichte war einfacher und ohne die Strahlkraft ihres Lehrers. Im Grunde folgte sie dem Abriss der bloßen Fakten, den Heussi einmal in einem immer neu aufgelegten »Kompendium der Kirchengeschichte« zusammengestellt hatte. Aber sie hatte die Gewohnheit, nicht nur den Stoff zu referieren, sondern sie füllte diesen Stoff mit den literarischen Quellen auf. Sie las Texte im Original und in sehr überlegter Auswahl vor. Das war für mich nahezu ideal. Sie ersparte mir die für mich oft mühsame Lektüre; darüber hinaus las sie gut und in dem Geist der jeweiligen Autorinnen und Autoren. Man lernte interessante, oft auch sehr schöne Texte kennen von Roswitha von Gandersheim, von Martin Luther, von Meister Eckart, von Francke und Schleiermacher und vielen anderen: die Stimmen der Jahrhunderte. Sie war eine Frühaufsteherin und hielt ihre Vorlesungen gleichsam im Morgentau – das hieß im Sommer: zwischen sieben und acht. Die frühe Sommersonne schien, das Fenster war halb geöffnet, von draußen hörte man die Vögel in den Bäumen zwitschern. Und Hanna Jursch las Hildegard von Bingen. Solche Morgenstunden hatten für mich einen ganz eigenen Reiz, und ich stand gern früh auf, um sie nicht zu versäumen.

Das bei weitem interessanteste Fach war für mich jedoch von Anfang an die Praktische Theologie, die zeigt, wie die theologische Wissenschaft in Gemeindepraxis umzusetzen ist. Die Art, wie mein Vater sie lehrte, war sicher ganz anders, als ich es später gemacht habe. Dennoch habe ich sehr viel bei ihm gelernt. Er war noch sehr optimistisch, was die Lehrbarkeit von Praktischer Theologie betrifft. Das bezog sich zuerst auf die Erfahrung der Jahrhunderte. Mein Vater gab zunächst ausführliche Rückblicke auf die Praxis der Kirche in früheren Zeiten und zeigte, was von ihr für heute zu lernen ist. Aber das galt dann für seine eigene Erfahrung ebenso. Er war mit Recht davon überzeugt, ein Kenner der Praxis zu sein und sie darum andere lehren zu können. Er wagte es zum Beispiel, das dreistündige katechetische, also das religionspädagogische Seminar folgendermaßen zu gestalten: Es gab zwei Christenlehre-Klassen, die an einem Nachmittag ins Theologische Institut kamen und dort Woche für Woche ihren Unterricht hatten. Die erste Stunde hielt jeweils ein Student. Das Thema wurde ihm vorgegeben. Die folgende Stunde war dann eine kritische Besprechung dessen, was der Student gemacht hatte. In der dritten und letzten Stunde des Seminars hielt mein Vater mit der anderen Klasse zum gleichen Thema das, was er eine »Musterkatechese« nannte. Er zeigte, wie man es machen muss, und damit auch, wie der Student es hätte machen müssen. Wir gingen auf dem Heimweg gelegentlich in Gruppen, schwatzten miteinander und hatten manches auch an seiner Stunde auszusetzen. Aber das blieb unsere Privatmeinung; ein kritisches Nachgespräch über die Unterrichtsstunde des Professors war im Seminarprogramm nicht vorgesehen. Mein Vater verglich seine Arbeit gelegentlich mit der eines Handwerksmeisters. »Der Tischlermeister«, sagte er, »weiß, wie ein Tisch hergestellt wird. Er arbeitet in der Werkstatt, und die Lehrlinge sehen ihm dabei eine Weile zu, der Meister gibt ein paar Hinweise, sagt ein paar grundsätzliche Dinge, und dann versuchen es die Lehrlinge selber. Der Meister korrigiert die Arbeit, lobt und weist auf Schwächen hin.« So gab er in den Vorlesungen vielfach seine Erfahrungen weiter. Dabei konnte er weitgehend noch damit rechnen, dass die Studierenden nach ihrem Examen eine ähnliche Situation antreffen werden, wie er sie von seinen Gemeinden kannte. Er hatte ja Erfahrungen mit unterschiedlichen Dorf- und Stadtgemeinden. Und er konnte davon ausgehen: So etwa sind Konfirmanden heute, und so feiert man Feste in Thüringer Dörfern. Da wusste er Bescheid und konnte Ratschläge geben, die klug waren und hilfreich, weil erprobt. Das war zwanzig Jahre später, als ich diese Aufgabe hatte, ganz anders. Das Leben in den Gemeinden änderte sich unter den Bedingungen der DDR unentwegt, und wir standen vor immer neuen Gegebenheiten, vor dem Verfall des Überkommenen und vor neuen Formen, auf die wir reagieren und uns einstellen mussten. Als ich studierte, hat mir jedoch seine Methode eingeleuchtet, und es war – ich denke, unabhängig davon, dass es mein Vater war – genau die Art, Theologie zu treiben, die ich mir wünschte. Denn für mich war immer klar und wurde durch das Studium nur gefestigt: Ich will in die Praxis gehen und dort anwenden können, was ich an der Universität gelernt habe. Ich war daher für jede Anregung dankbar, die ich für diese künftige Praxis bekam.

Nur am Rande bemerkt: Da ich nicht mehr wie die meisten meiner Mitstudenten noch die drei alten Sprachen lernen musste – Latein, Griechisch und Hebräisch – konnte ich mir nebenher den Luxus erlauben, ein wenig in die Germanistik hineinzuhören. Ich habe eine Einführung in die Poetik gehört, eine Vorlesung über die Literatur des 19. Jahrhunderts und noch dies und das. Die Schöne Literatur hat ja immer mein Interesse gehabt.

Manchmal werde ich gefragt – und frage mich manchmal selber –, wie ich solch ein Hochschulstudium mit meiner sehr geringen Sehkraft bewältigt habe und auch meine Tätigkeiten danach. Bis ich vierzehn war, konnte ich noch ganz gut lesen; dann ging die Sehkraft noch einmal kräftig zurück, so dass ich seitdem nur noch mit Lupe kleine Texte – ein Gedicht, einen

Brief, eine Überschrift – lesen konnte; von einem längeren Text oder gar von einem ganzen Buch kann seitdem keine Rede mehr sein. Als es 1950 für mich wieder möglich war, nach Berlin zu fahren, kam ich wieder zu Professor Löhlein, der in meinen Kindertagen all diese komplizierten Operationen gemacht hatte. Der stellte fest, dass auch auf dem noch sehenden Auge eine Netzhautablösung im Gange und schon ins Zentrum der Netzhaut vorangeschritten war. Er machte in Berlin-Westend noch einmal eine vorsichtige Operation an der Linse, sagte mir aber deutlich: »Mit fünfundzwanzig werden Sie blind sein. Spontanheilung gibt es nicht bei einer Netzhautablösung, und ich greife nicht mehr ein. Das hat beim anderen Auge ja schon nichts gebracht und beschleunigt womöglich nur den Prozess.« Ich habe damals die tastbare Blindenschrift gelernt, die ich heute noch beherrsche. Ich habe sie aber fast nur dazu gebraucht, blinden Menschen, die ich kannte, Briefe zu schreiben. Ich erinnere mich besonders an eine Frau, die ich in der Lungenheilstätte kennen lernte, Kriegerwitwe, aus Schlesien ausgewiesen, die erblindet war, jetzt also lungenkrank in der Heilstätte lag und später am Krebs starb. Sie wohnte in Weimar. Ich habe sie manchmal dort besucht. Der habe ich, als es zum letzten ging, noch einen Brief in der Blinden-Punktschrift geschrieben, den sie, wie die Schwestern mir berichteten, bis zum Ende auf ihrer Decke liegen hatte und immer wieder las, ein für sie lesbarer Gruß in ihre letzte, dunkelste Einsamkeit. Als Zwanzigjähriger habe ich also versucht, mich auf diese Zukunft einzustellen – in vollem Ernst freilich nicht. Mit neunzehn, zwanzig Jahren hofft man immer noch, es könne auch ganz anders kommen. Und so war es ja auch. Die absolute Ruhigstellung während meiner Tuberkuloseerkrankung hat möglicherweise zu einer Spontanblockade des Prozesses geführt, mit der Professor Löhlein keine Erfahrung hatte und mit der er nicht rechnen konnte. Wenn das zutrifft, dann war diese zweite Krankheit, die mir scheinbar ein Jahr meiner Jugend raubte, geradezu eine Fügung Gottes, um weit Schlimmeres zu verhüten. Zehn Prozent normaler Sehkraft blieben mir so auf dem einen Auge.

Ich habe vorwiegend von dem gelebt, was ich gehört habe, und dabei kam mir zugute, dass ein Universitätsstudium nach wie vor weitgehend von der an sich altmodischen Form der Vorlesung geprägt ist: Eine oder einer spricht, trägt vor, liest vor, und die Studierenden hören zu. Außerdem hatte ich immer Vorleser. Während meines Studiums war das vor allem eine Mitstudentin, die bereit war, mit mir zu arbeiten und mir Texte vorzulesen, die wir beide brauchten. Sie kam – jedenfalls im Sommersemester – schon ganz früh, weit vor dem Beginn der Vorlesungen. Halb sechs in der Morgensonne spielten wir erst einmal ein paar Runden mit einem großen Medizinball, um uns wach zu machen. Danach hatten wir reichlich Zeit zur Lektüre. Diese betraf vorwiegend die Texte, die wir unmittelbar zur jeweiligen Vorlesung oder zur nächsten Seminarsitzung brauchten: der griechische Text und ein Kommentar zur Vorlesung über Neues Testament, einige Abschnitte Luther für die nächste Seminarsitzung, ein Kapitel aus einer Theologie des Alten Testaments für ein Referat, das ich zu halten hatte. Diese junge Frau hat mir sehr geholfen. Dabei sagte sie: »Das kommt mir auch zugute. Ob ich das vorlese oder nur still für mich durchgehe, kommt eigentlich auf dasselbe hinaus.« Mehr noch – es war auch für sie schön, dass wir über das Gelesene reden und diskutieren konnten. Vor dem Examen hat mein Vater dann einen alten Herrn, einen pensionierten Oberst ausfindig gemacht und dafür bezahlt, dass er mir an einigen Vormittagen zwei oder drei Stunden lang vorlas. Das war sicher nützlich, aber auch etwas kurios; denn er verstand nichts von dem, was er vorlas, und stolperte in Büchern zum Neuen Testament über jedes griechische Wort. Er sagte dann jedesmal: »Jetzt kommt hier was Hebräisches. Das kann ich nicht lesen.« Anschließend saß er dann mit uns zu Mittag und erzählte mit der nötigen Bärbeißigkeit von seinen Tagen als aktiver Offizier im Kasino und auf dem Kasernenhof. Immerhin konnte ich auf diese Weise den Grund- und Lernstoff noch einmal durchgehen: Die Geschichte Israels, die Reihenfolge der Konzilien, die Bibelkunde des Neuen Testaments, den Überblick über Barths Dogmatik, wie ich es zum Examen brauchte. Wichtig für meine Literaturkenntnis waren später aber hauptsächlich Blindenschrift- und Hörbüchereien wie die Deutsche Zentralbücherei für Blinde zu Leipzig, der ich viel verdanke. Zunächst stellte sie nur Punktschriftbände her, davon habe ich vor allem in der

Zeit Gebrauch gemacht, als ich in der Lungenheilstätte lag und viel Zeit zu solch einem langsamen Lesen hatte. Dann kam eine Hörbücherei hinzu – erst auf Tonbändern auf großen Spulen, dann bald auf Kassetten –, die heute Tausende von Titeln enthält von der griechischen Antike bis zur Literatur der jüngsten Gegenwart. Auch eine kleine evangelische Hörbücherei gab es in der DDR, bei der ich vieles ausleihen konnte.

Mindestens ebenso wichtig war, dass meine Frau mir sehr viel vorgelesen hat. Wir haben im Lauf der Jahrzehnte eine riesige Menge von Büchern und sonstigen Texten zusammen kennen gelernt. Literatur, die uns gemeinsam interessierte, und solche, die ich für meine jeweilige Arbeit brauchte, oder all den amtlichen Kram, den ein Mensch heute lesen muss. Manches hat sie auch auf eine Tonkassette gelesen; das konnte ich dann abhören, wenn ich einmal Zeit hatte. Und wenn ich dabei auf Reisen war oder im Krankenhaus lag, war es gleichzeitig immer schön, die Stimme meiner Frau bei mir zu haben. Trotz alledem habe ich mich manchmal selber gewundert, wie ich in meiner Tätigkeit als Dozent durchgekommen bin, mit einer so relativ geringen Literaturkenntnis. Denn darauf lief es zuletzt ja doch hinaus. Ich habe vieles durch Erfahrung, durch Gespräche mit Menschen und durch eigene Überlegungen und Gedanken ausgleichen müssen.

Auch die evangelische Studentengemeinde war für mich während meiner gesamten Studienzeit wichtig, und ich nahm an ihrem Leben regelmäßig teil. Studentenpfarrer war zunächst Walter Pabst. Er kam aus der Bekennenden Kirche, hatte während der Hitlerzeit als illegaler Vikar gearbeitet und brachte aus dieser Zeit einen kämpferischen Geist mit. Der zeigte sich besonders in den 50er Jahren, als Partei und Staat eine massive Kampagne gegen die Kirche in Gang setzten. Walter Ulbricht hatte auf einem Parteitag unter, wie es in der Zeitung hieß, »dem Jubel der Delegierten« den planmäßigen Aufbau des Sozialismus ausgerufen, während bis dahin das Programm geheißen hatte, eine antifaschistisch demokratische Ordnung zu schaffen. Ulbricht meinte, zu diesem neuen Programm gehöre eine einheitliche ideologische Überzeugung der ganzen Bevölkerung und deshalb eine möglichst starke Beschneidung, wenn nicht eine Liquidierung der Kirche als einer gesellschaftlich einflussreichen Größe. Vor allem müsse man im Blick auf diese geplante Zukunft bei den jungen Leuten ansetzen. Kirche ohne Nachwuchs war das Ziel. Auf die alten Leute, die noch am Gottesdienst teilnahmen, konnte man allenfalls verzichten; sie waren ohnehin kaum noch zu ändern. Die eigentliche Kampffront waren die Schulen und Universitäten. Die Schule sollte vollständig marxistisch geprägt sein. Auch in all den folgenden Jahren bis 1989 ist niemals mit den Kirchen eine grundsätzliche Aussprache über Bildungsfragen zustande gekommen. Über nahezu alle anderen Bereiche kamen im Laufe der Jahrzehnte Staat-Kirche-Gespräche irgendwann in Gang. Aber die Schule, sagte die Partei, ist ein Gebiet, über das wir mit uns nicht reden lassen. Jeder direkte oder indirekte Einfluss der Kirche sollte von der ideologischen Bildung der Kinder und Jugendlichen ferngehalten werden. Zugleich war die DDR bemüht, sich vor allem außenpolitisch als ein demokratischer Staat zu zeigen, so dass ein völliges Verbot von Religion und kirchlicher Arbeit nicht in Frage kam, wie es in der Sowjetunion ja eine Weile geherrscht hatte und in Albanien bis zum Ende des dortigen Kommunismus durchgehend bestand. Ein offener Kirchenkampf sollte also auch 1952 vermieden werden. Die Argumentation gegenüber der kirchlichen Jugendarbeit, gegen Junge Gemeinden und Studentengemeinden sah deshalb so aus: Es geht hier nicht um Teilbereiche kirchlicher Arbeit, die nach wie vor zulässig, zumindest geduldet sind, sondern es geht hier um republikfeindliche Organisationen. Junge Gemeinde, Studentengemeinde, das sind Tarnorganisationen des Imperialismus mit eigenen Mitgliedschaften und eigenen Programmen. Selbständige Organisationen aber bedürften einer offiziellen Zulassung, und da wir eine einheitliche Jugendorganisation haben und eine Zersplitterung der Jugend ablehnen, würde solch eine Zulassung nicht erteilt. Wenn es also solche Organisationen gäbe, dann seien sie illegal, und wer ihnen angehöre, zeige damit seine Gegnerschaft zu unserer Republik und sei ein Verfassungsfeind. Dass diese jungen Leute nicht strafrechtlich verfolgt werden, liege daran, dass sie offensichtlich von der Kirche zu solchen Handlungen angestiftet und missbraucht werden. Aber da der Besuch einer Oberschule und erst recht ein Studium nicht ein Recht sei, sondern eine Bevorzugung und eine Auszeichnung für besonders Befähigte und Einsatzbereite, könnten sie sich nicht wundern, wenn sie dieser Privilegien verlustig gingen. Mit dieser Argumentation wurde in den Schulen gefragt, wer zu den Veranstaltungen der Jungen Gemeinde gehe, wer dort aktiv mitarbeite. Es meldete sich eine ganze Reihe von tapferen jungen Leuten. Hinzu kam das sogenannte »Bekenntniszeichen«, ein kleines Kreuz auf der Weltkugel aus Leichtmetall. Das konnte man sich an den Pullover stecken, und nicht wenige junge Leute taten das. Das war ähnlich wie Jahrzehnte später der Aufnäher »Schwerter zu Pflugscharen«. Natürlich wurde das Tragen in den Schulen verboten; doch viele hielten sich nicht daran und nahmen die Folgen in Kauf. Sie pochten auf ihr verfassungsmäßiges Recht, einer Religionsgemeinschaft anzugehören, also Christ zu sein, und die Kirche kämpfte für sie und ihr Recht auf weitergehende Bildung. Es gab auch solche, die zur Kirche gingen, es aber in der Schule nicht sagten und oft gerade darum besonders große Probleme bekamen, wenn der Lehrer sie dabei behaftete: »Du bist dort gesehen worden.« Diese oft rigoros geführte Auseinandersetzung – sie ging in einigen Fällen bis zur Verhaftung von Jugend- und Studentenpfarrern – betraf dann auch die Studentengemeinden. Studierende wurden mit Exmatrikulation bedroht, wenn sie solch einer, wie es hieß, republikfeindlichen Organisation angehörten. Vollzogen wurde sie zunächst nur in Einzelfällen, exemplarisch gleichsam, um die anderen unter Druck zu setzen.

Für uns Theologen galten Ausnahmebedingungen; denn von uns konnte man nicht erwarten, dass wir uns von unserer christlichen Überzeugung und ihrer Praxis lossagten. Wir konnten also relativ freizügig zur Studentengemeinde gehen, obwohl auch uns von unseren Dozenten für Marxismus-Leninismus gesagt wurde, wer sich später als Pfarrer nicht ganz ins Abseits manövrieren wollte, der werde sich von solchen feindlichen Organisationen auch als Theologe fernhalten.

Der Studentenpfarrer stärkte die Gemeindeglieder vor allem durch die Auslegung biblischer Texte, wie er es in der Bekennenden Kirche gelernt hatte. Er trat für Gefährdete ein und beriet Geängstigte. Die Kirche hatte eine ganz andere Sicht der Dinge. Jugendarbeit und Studentenarbeit der Kirche sind selbstverständlich ein Teilbereich ihrer Tätigkeit, die durch die Verfassung garantiert ist; von speziellen Organisationen kann keine Rede sein. Die jungen Leute, sagte die Kirche, machen nur von ihrem verfassungsmäßigen Recht als getaufte Glieder ihrer Kirche Gebrauch. Bischof Mitzenheim zog damals durchs Land, der alte, kampferprobte Löwe der Bekennenden Kirche, lud die Gemeinden, vor allem ihre jungen Leute, in die Stadt- oder Dorfkirchen ein und sprach dort zu ihnen. Überall hatte er überfüllte Kirchen. Alle Welt strömte hin, um den Bischof zu hören. Er wies in väterlichem Ton auf Zeugnis, Mahnung und Verheißung der Bibel hin, und er wies mit gelegentlicher Stentorstimme und jedenfalls mit aller Entschiedenheit alle Anschuldigungen zurück. »Da lese ich«, sagte er etwa, »in der ›Jungen Welt‹, dem Zentralorgan der FDJ, folgende abwegige Behauptung, und ich mache darauf aufmerksam, dass Lügen durch Wiederholung nicht wahrer werden.« Seine Rede war handfest und sehr wirksam, das authentische Wort des Landesbischofs, der sich seiner Autorität voll bewusst war. Vor allem die jungen Leute fanden ihn »ganz toll«. Und der Staat machte die Erfahrung, die schon viele vor ihm gemacht hatten: Wachsende Verfolgung machte die Kirche nur interessanter, und das hieß: stärker. Die jungen Leute strömten zu solchen Anlässen in die Kirchen, und die Jungen Gemeinden blieben im Ganzen lebendig und aktiv. Auch die Studentengemeinde erlitt kaum eine Einbuße. Diese Erfahrung war dann einer der Gründe, die dazu führten, dass diese Kampagne schließlich abgebrochen wurde und in dieser Massivität bis zum Ende der DDR nie wieder versucht worden ist. Die Kirchenpolitik wurde flexibler, die Mittel, die DDR-Bürger, vor allem aber die Kinder und Jugendlichen von der Kirche fernzuhalten, wurden sublimer, indirekter, mehr auf Langzeitwirkung angelegt.

Das Ende dieser speziellen Auseinandersetzung mit der Kirche fiel zusammen mit einer erheblich tiefgreifenderen Korrektur, dem sogenannten »neuen Kurs« vom Juni 1953, und war auf diese Weise auch ein Teil dieses neuen Kurses. Moskau hatte offenbar einigen Druck ausgeübt und die Einsicht durchgesetzt, dass die übereilte Parole vom planmäßigen Aufbau des Sozialismus verfrüht gewesen ist und ihre Verwirklichung auf den verschiedenen Ebenen viel zu rigoros durchgesetzt wurde.

Das betraf vor allem den wirtschaftlichen Bereich, Vorgänge von Enteignung, von Leistungsdruck, von Rechtssicherheit und Administration. Da war die Kirche sicher nur ein Nebenschauplatz. Wir hatten ja gelegentlich die Vorstellung, die ganze Wucht der Parteiaktivität konzentriert sich auf uns, aber das ist ein falscher Eindruck gewesen. Wir waren ein Aktionsfeld für staatliche Wachsamkeit, ein nicht unwichtiges, doch bei weitem nicht das zentrale, wie es uns manchmal vorkam. Vielleicht haben wir durch viele Jahre der DDR unsere Bedeutung als Kirche für die SED überschätzt; aber am Ende hat dann die SED unsere Bedeutung für die Entwicklung der DDR unterschätzt. Immerhin betraf der neue Kurs uns erheblich mit. Am 9. Juni 1953 wurde im Politbüro, dem eigentlichen Machtzentrum der DDR, der Beschluss zum großen Umsteuern gefasst. »Wir haben Fehler gemacht«, wurde gesagt, »einen falschen Kurs gefahren. Wir fahren jetzt einen anderen.« Es wurde beschlossen, bereits eingeleitete Maßnahmen zurückzunehmen und manches in Zukunft anders zu machen. Der neue Kurs kam in Gang. Am 10. Juni wurden alle Bischöfe des DDR-Gebietes eingeladen, darunter auch der vorher von der DDR heftig attackierte, preußisch konservative Berliner Bischof Otto Dibelius, und es wurde ihnen erklärt, die Maßnahmen gegen die Jungen Gemeinden und die Studentengemeinden seien ein Fehler gewesen und würden eingestellt, ebenso alle Schul- und Hochschulverweise zurückgenommen. Die kirchliche Arbeit in dieser Hinsicht solle nicht weiter behindert werden. Schließlich kam am 11. Juni die Regierungserklärung, die den neuen Kurs für das öffentliche und wirtschaftliche Leben verkündete und einige konkrete Maßnahmen in der neuen Richtung mitteilte. Doch wie man weiß: Es war zu spät. Am 17. Juni kam der Aufstand, in dem der Druck sich entlud, der sich im alten Kurs angestaut hatte und der sich daran entzündete, dass in der Frage der Arbeitsnormen keine ausreichenden Konzessionen gemacht wurden. Ich berichte das deswegen etwas ausführlich, weil sich manches in der Erinnerung verschoben hat. Ich höre und ich lese gelegentlich, nach dem Aufstand vom 17. Juni sei der Druck auf die Kirche gelockert worden. Das geschah jedoch schon am 10. Juni. Der neue Kurs war nicht eine Folge des 17. Juni, sondern es war eher umgekehrt. Insider sagen sogar, Ulbricht, der Verfechter einer harten Linie, hätte sich in diesem neuen Kurs kaum noch an der Macht halten können; aber der Aufstand vom 17. Juni habe ihm neue Argumente gegeben, wohin man mit einem zu weichen Vorgehen kommt, und habe seine Machtstellung gerettet. Genau aus diesem Grund habe man später Kurskorrekturen zwar immer wieder vorgenommen, doch sie nie wieder so öffentlich und so reuevoll bekanntgegeben.

Diesen 17. Juni habe ich in Erinnerung als einen gewaltigen, eindrucksvollen Strudel von Menschen, der sich in der Innenstadt Jenas bewegte, hierhin und dorthin flutete und mich mitriss, ohne dass wir durchschauten, was vor sich ging. Ich kam erst am mittleren Vormittag von der Lungenheilstätte oben auf dem Berge herunter, in die ich all die Jahre meines Studiums zur regelmäßigen Nachbehandlung gehen musste. Einer der beiden Ärzte war schon im Aufbruch in die Stadt. »Es geht los«, sagte er, »kommen Sie gleich nach, wenn Sie fertig sind.« Es hatte wohl einen Demonstrationszug gegeben, an dessen Spitze Einzelpersonen marschiert sein müssen. Aber als ich dazu kam, hatte ich den Eindruck, es geschieht alles spontan, ungeordnet, ohne eine Führung und ohne erkennbares Konzept. Vor dem Zeiss-Werk in der Innenstadt standen die Straßenbahnwagen einer hinter dem anderen verlassen. Ich sah gerade noch, wie ein Wagenführer die Kurbel abnahm, mit der zu jener Zeit solch eine Bahn gelenkt wurde, sie unter den Arm klemmte und in der Menge verschwand. Unwillkürlich fiel mir die damals oft gesungene Strophe über die Arbeitermacht ein: »Alle Räder stehen still, / wenn dein starker Arm es will.«

Unter den Fenstern der SED-Kreisleitung staute sich eine Menschenmenge. Einige warfen Akten und Schreibmaschinen von oben herunter. Dann hieß es, man solle zur Zentrale des Staatssicherheitsdienstes laufen; dort werde jetzt aufgeräumt. Dann spülte es mich zum Untersuchungsgefängnis, dessen großes eisernes Tor offensichtlich gewaltsam aufgebrochen worden war; Menschen fluteten heraus und hinein. Jemand berichtete mir später, er sei zur gleichen Zeit im Lesesaal der Universitätsbibliothek gewesen. Da sei eine kräftige Arbeiterfrau hereingekommen mit zwei Milchkannen, in denen man die Milch einkaufte, habe ihre Kannen abgestellt und die Bilder von Ulbricht und Pieck von der Wand genommen. Sie warf sie durchs Fenster unter die draußen Wartenden. Als aber ein anderer das Marx-Bild herunterholen wollte, habe sie gesagt »Das Bild bleibt hängen.« Hier schien für sie und wahrscheinlich für viele Jenaer eine Grenze zu sein: Die sozialistische oder jedenfalls die sozialdemokratische Orientierung sollte nach ihrer Meinung nicht beseitigt werden. Jedoch, wie gesagt, eine Planung und Konzeption des Ganzen gab es augenscheinlich nicht. In meiner Erinnerung war es eine Stimmung, die merkwürdig gemischt war aus Volksfest und Saalschlacht, eine Entladung ohne erkennbares Ziel. Als dann die sowjetischen Panzer kamen und ihre Kanonenrohre bedrohlich in die Luft reckten, zerstreute sich die Menge so schnell, wie sie zusammengekommen war. Es wurde ganz still in der Stadt; und als dann die Befehle zu Ruhe und Ordnung mit Strafandrohungen und die Plakate erschienen, auf denen die standrechtliche Erschießung eines angeblichen Rädelsführers bekanntgegeben wurde – ich bin vom eigenen Erleben davon überzeugt, dass es in Jena keine planmäßige Führung gegeben hat – hielt alles den Atem an.

Der neue Kurs ging dann trotzdem weiter, freilich vorsichtiger und deutlich abgeschwächt, weil die Regierung jetzt Angst hatte und, wie gesagt, die Verfechter eines harten Regimes jetzt neue Argumente besaßen. Immerhin, die Kampagne gegen die Junge Gemeinde und die Studentengemeinde blieb abgeblasen. Ich kam auf diese Weise zum ersten Mal in meinem Leben nach Westdeutschland; denn wir durften jetzt zum Kirchentag nach Hamburg fahren, und eine ganze Reihe von Studenten der Studentengemeinde machten von dieser Möglichkeit Gebrauch. Ich wohnte bei entfernten Verwandten, deren sich mein Vater erinnerte. Sie hatten etwas abenteuerliche Vorstellungen von den Verhältnissen »drüben« und dachten, mich mit einer Packung Knäckebrot, die es bei uns in jedem Laden zu kaufen gab, in Erstaunen zu setzen. Der Kirchentag fand im Gelände von Planten und Blomen statt und war ein aufregendes Erlebnis. Wir Ostdeutschen wurden als Helden gefeiert und wie Patenkinder verwöhnt. Ich fasste Mut und meldete mich in einer der riesigen Hallen zu Wort, als dazu aufgerufen wurde. Ich sagte wohl etwas in der Richtung, dass es mit unserem Heldentum so weit nicht her sei und auch wir nicht mehr seien als »unnütze Knechte«, wie es im Evangelium heißt. Aber das wollte man nicht so gern hören. Und als am Ende der langen Reihe der Redner aus der Zuhörerschaft eine kleine Auswahl für ein Podiumsgespräch getroffen wurde, das am nächsten Tag stattfinden sollte, gehörte ich nicht dazu. Ich ging deshalb nicht dorthin, sondern saß mit einer Medizinstudentin aus unserer Würzburger Partnergemeinde am Elbufer, und wir blickten den Schiffen nach, die hafen- oder meerwärts unterwegs waren.

Stipendiat in Zürich oder: Kirchweg im Schnee von Graubünden

Damit sind wir bei dem Kapitel Schweiz. Es begann damit, dass nach Walter Pabst ein neuer Studentenpfarrer nach Jena kam: Heinz Krannich. Für uns Studenten war er vor allem ein geradezu begnadeter Seelsorger, der mit einer glaubwürdigen persönlichen Frömmigkeit und einem hohen Einfühlungsvermögen vielen Studenten in jenen Zeiten geholfen hat. Er machte einige von uns darauf aufmerksam, dass man sich als Theologiestudent beim Weltrat der Kirchen in Genf um ein Stipendium für ein einjähriges Auslandsstudium bewerben konnte. Für uns aus der DDR kam dabei nur ein sogenanntes »neutrales Ausland« in Frage: Finnland, Schweden oder die Schweiz. Für diese drei Länder stellte unsere Regierung – jedenfalls einige Jahre lang – ein Visum zum Studieren aus. Einige von uns aus den sechs theologischen Fakultäten in der DDR haben sich also beim Weltrat der Kirchen um solch ein Stipendium beworben. Ich auch. Wir wurden zu einem Interview nach Berlin eingeladen. Die Grenze nach Westberlin war damals noch offen, und dort ließen sich die Damen und Herren aus Genf von uns berichten, was wir bisher gemacht und was wir für später einmal vorhatten, stellten uns Fragen, sahen sich unsere Zeugnisse an und die Gutachten von Professoren und Pfarrern, die wir uns von ihnen erbeten hatten. Kurz, ich musste mich einen Tag lang in einem sehr feinen kirchlichen Westberliner Gästehaus vorstellen und bekam einige Zeit später den Bescheid: Sie sind angenommen und können Ihr Visum beantragen. Ich hatte mich für Zürich als Studienort entschieden. Ich hatte nämlich die Vorstellung, dass ich in der christlichen Journalistik und Publizistik arbeiten wollte, also evangelische Pressearbeit machen – zumindest nebenamtlich in meinem Pfarramt. Mich darauf vorzubereiten, dafür schien mir die helle, weltoffene Stadt Zürich der beste Ort. Ich hatte auch schon einen Platz in einem Studentenhaus der Reformierten Kirche der Schweiz und freute mich auf dies Schweizer Jahr.

Doch dann schien alles zusammenzubrechen. Mitten im Examen, als wir schon die große Hausarbeit geschrieben und die Klausuren hinter uns hatten, bekam ich einen Rückfall der Tuberkulose. Alle Krankheitserscheinungen waren zurückgekehrt. Ich war wieder ernsthaft krank. Ich habe noch schnell allein mein Examen abgeschlossen. Meine Kommilitonen kamen erst später dran; aber die Fakultät hat meine Prüfung rasch noch vorgezogen, damit ich wenigstens das fertige Examen in der Tasche hatte. An einem Tage ging ich von Professorenwohnung zu Professorenwohnung und ließ mich hintereinander alle sieben Haupt- und Nebenfächer mündlich prüfen. Und dann war ich nur noch krank, und von Zürich konnte keine Rede mehr sein. Ich erinnere mich noch, dass mein Vater mir sagte: »Nimm es nicht zu schwer. Immanuel Kant, vielleicht der größte deutsche Philosoph, ist nie aus seiner Vaterstadt Königsberg herausgekommen und doch weltberühmt geworden.« Aber das war nur ein schwacher Trost. Mit meiner Mutter fuhr ich für einen halben Monat in ein kleines Sommerhaus hoch über dem Saaletal, das meine Eltern für einige Jahre in Orlamünde gemietet hatten. Dort las sie mir Adalbert Stifters sehr ruhigen Roman »Nachsommer« vor. Ich lag still auf dem Liegestuhl und blickte ins Tal, in dem die Wälder sich schon langsam goldgelb und herbstlich färbten und der Septemberhimmel groß und tröstlich über der Landschaft stand. Und dann ging ich in Jena in die Lungenklinik. Statt die Luft der weltoffenen Stadt Zürich zu atmen, lag ich dort mit einem ganz jungen und einem älteren Mann in einem kleinen Krankenzimmer und wusste nicht, was aus mir wird.

Die Sache nahm dann wieder eine überraschende Wendung. Der behandelnde Professor, der meine Eltern persönlich kannte und darum auch meine ursprünglichen Pläne, sagte nach einer sehr gründlichen Untersuchung: »Das ist ein nahezu idealer Fall für eine Operation. Ich denke, diesen Lungenbefund kann man operativ sehr gut entfernen. Wenn Sie ein Visum nach Zürich haben, dann ist das eine Fügung des Himmels. Denn der zur Zeit beste Operateur für solch einen Eingriff ist Professor Brunner in Zürich, ein Schüler des weltberühmten Chirurgen Sauerbruch. Sie sagen keinem Menschen etwas von Ihrer Krankheit, sondern Sie fahren sozusagen zum Studium nach Zürich und melden sich dort sofort im Kantonsspital und überbringen Herrn Brunner mein Gutachten.« Ich bin dann tatsächlich im November 1955 nach Zürich gefahren. Das Evangelische Hilfswerk der Schweiz, dem ich dafür noch heute sehr dankbar bin, erklärte sich bereit, die Kosten für diese Behandlung zu übernehmen. Ich fuhr über die Grenze und ging, in Zürich angekommen, ins Kantonsspital. »Spital« klingt bei uns in Deutschland eher wie eine einfache Unterkunft für mittellose alte Leute, in der Schweiz ist es die selbstverständliche Bezeichnung für alle Krankenhäuser. Und das Züricher Kantonsspital war damals eines der modernsten, vor kurzer Zeit erst fertiggestellt. Es liegt hoch auf dem Zürichberg, die Stadt und den See zu seinen Füßen. Ich bekam ein Zimmer mit einem anderen Patienten zusammen im neunten Stock mit einer Glastür, die zu einem winzigen Balkon führte; man hatte einen weiten Blick von dort auf Stadt und See, das jenseitige Ufer des Sees und die Höhenzüge jenseits der Limmat. Sooft ich zwischen den Untersuchungen freie Zeit hatte, stieg ich in die Stadt hinunter, betrachtete mir die Fachwerkhäuser und Giebelfenster in den schmalen Gassen der Altstadt, schlenderte den Limmat-Quai und die großzügige Uferpromenade am Zürichsee entlang, sah mir die Auslagen in den Schaufenstern der großen Geschäftsstraßen an, und weil dann bald die Adventszeit begann, glitzerte alles von Kerzen und Tannenschmuck, und die Glocken der vielen Kirchen läuteten in den sinkenden Abend über der Stadt. Trotzdem war es keine gute

Zeit für mich. Denn Professor Brunner war ein vorsichtiger Mann, stellte eine Voruntersuchung nach der anderen an, darunter unangenehme wie eine Bronchienspiegelung. Er wolle, so sagte er mir, auf keinen Fall ein Risiko – vor allem im Blick auf mein Augenleiden – eingehen, und er wisse noch nicht, ob eine Operation wirklich sinnvoll und möglich sei. Was ich hätte machen sollen, wenn er die Operation schließlich abgelehnt hätte, das wusste ich überhaupt nicht, und der Gedanke ängstete mich bis in den Schlaf: allein im Ausland schwerkrank und ohne Hoffnung auf Heilung. So sehnte ich mich also nach einer schweren Operation, vor der man an sich begründete Angst hat.

Am zehnten Dezember nahm er die große Lungenoperation vor, die ist ihm offenbar vorzüglich gelungen. Die ersten Tage und vor allem Nächte danach waren sehr hart. Man vergisst leicht, dass der Mensch große Körperschmerzen mit in den Schlaf nimmt; da wandeln sie sich dann um in fast erdrückende Träume, und wenn man aus ihnen erwacht, hat man lediglich den Vorteil zu wissen, dass die keuchende Brust nicht zwischen zwei Bärentatzen in einer Felsspalte eingeklemmt ist, sondern dass man nach einer Lungenoperation sich im schweißnassen Krankenhausbett durch eine harte Nacht quält. Wie habe ich jedesmal die Nachtschwester gesegnet, die in vorgeschriebenen Abständen mit der Morphiumspritze kam! Da wurde dann alles ruhig und freundlich. Aber schon nach wenigen Tagen konnte ich von der Wachstation wieder in mein Zimmer, auch bald ein wenig aufstehen und den Gang entlang gehen, wo abends die Blumensträuße aus den Zimmern in einer Reihe aufgestellt waren und eine lange, vielfarbige Blütenkette bildeten. Und als die Weihnachtstage kamen, genoss ich die Gewissheit, jetzt alles hinter mir zu haben und schöne, stille Festtage zu erleben, zumal mein Zimmergenosse vor dem Christfest entlassen worden war und ich das Zimmer und bald auch den kleinen Park des Hauses für mich hatte. Danach verbrachte ich dann noch drei Monate im Schwarzwald, im Waldsanatorium in Todtmoos zu einer Nachkur schon ziemlich weit oben im Hochgebirge. Es war sehr schön und eindrucksvoll für mich, dort den ausklingenden Winter und den Vorfrühling zu erleben, bei den täglichen Wegen durch hohen und später durch tauenden Schnee zu gehen am Waldsee vorbei, der völlig vereist war und dann langsam aufbrach, über die Höhen der Berge und an der Kirche vorüber durch den Ort in mein ruhiges Zimmer zurück. Vermögendere Patienten hatten an ihrem Zimmer einen eigenen Balkon zur täglich angeordneten Liegekur. Die weniger Zahlenden – für mich zahlte weiter das Hilfswerk – lagen dagegen in einer gemeinsamen Liegehalle die vorgeschriebenen Stunden in Decken eingepackt in der freien Höhenluft. Aber das war eher ein Vorteil; denn wir waren vier oder fünf literarisch Interessierte, ein Buchhändler, mit dem ich noch heute befreundet bin und den ich jetzt gern in Heidelberg besuche, ein Student, ein Lehrer. Der Buchhändler las uns in Fortsetzung die letzterschienenen Romane vor, und an anderen Vormittagen übernahm es einer von uns anderen, aus seinem Fach- oder Interessengebiet Bericht zu geben. Die Hochgebirgssonne schien uns ins Gesicht, und wir diskutierten darüber, was aus der deutschen Literatur, aus den europäischen Staaten und aus der Menschheit dort unten tief im Tal werden soll. Das war eine schöne Zeit für mich, und als ich vor einigen Jahren mit einem Freund durch den Schwarzwald fuhr und wieder nach Todtmoos kam, war ich ganz traurig, dass alles modernisiert und völlig anders geworden war als damals und ich das Waldsanatorium trotz heftiger Suche nicht mehr wiederfand. Schließlich im April 1956 war ich endgültig ausgeheilt und fuhr quer durch den Schwarzwald mit einem abendlichen und nächtlichen Aufenthalt in Freiburg zurück nach Zürich – jetzt also wirklich zum Studium. Die Stadt blühte in allen Gärten und Straßen, das Semester hatte gerade begonnen, ich war wieder Student und dabei ein völlig sorgloser, weil ich alle Examina hinter mir hatte und hören und machen konnte, was ich wollte.

Ich wohnte im Reformierten Studentenhaus an der Rämistraße. Die führt in einem großen Bogen am Zürichberg hinauf. Unser Studentenhaus lag in einem Garten am Hang etwa auf halber Höhe. Die Technische Hochschule und neben ihr die Universität liegen oben auf der Höhe, übrigens dem Kantonsspital gegenüber. Bis zur Theologischen Fakultät hatte ich nur einen kurzen Weg den Zürichberg hinauf, in der Morgenfrühe ebenso schön zu gehen wie am späten Nachmittag, wenn der Schein der Abendsonne über den Dächern der Stadt lag. Im Studentenhaus wohnten etwa zwanzig Studenten – Studentinnen damals noch nicht –, und die Zusammensetzung war international: Zur Hälfte waren es Schweizer aus den verschiedenen Kantonen. Die andere Hälfte bestand aus Leuten aus dem Ausland: Einen quicklebendigen französischen Kunststudenten habe ich in Erinnerung, in dessen Zimmer wir vor dem Abendbrot regelmäßig ein Glas Rotwein tranken und immer wieder Vivaldis Jahreszeiten von der Platte hörten. Ein Inder war da, ein bedächtiger Naturwissenschaftler, der gelegentlich für uns alle die orientalisch gewürzten Gerichte seiner Heimat kochte. Zwei Studenten kamen aus Südafrika, einer aus Italien, dazu immer zwei, drei Westdeutsche. Unmittelbar nach mir hat zum Beispiel Eberhard Jüngel im Reformierten Studentenhaus gewohnt, der heute zu den bekanntesten Theologen Deutschlands gehört. Als wir uns kennen lernten, stellten wir fest, dass er gleich nach mir genau mein Zimmer und mein Bett übernommen hat. Es wurden im Haus verschiedene Sprachen gesprochen, Englisch, Französisch, natürlich auch Schweizerdeutsch, und man ging davon aus, dass die anderen einen schon verstehen, wenn man in der eigenen Muttersprache redete.

Geleitet wurde das Haus vom Studentenpfarrer Hans-Heinrich Brunner und seiner Frau Lilo, mit denen ich dann mein Leben lang gut befreundet war, zumal ich später ja auch Studentenpfarrer wurde, so dass ich die beiden nicht nur gern in mein Haus, sondern ebenso in meine Studentengemeinde in der DDR eingeladen habe. Er ist leider vor einigen Jahren gestorben; aber wenn ich in Zürich bin, habe ich immer ein gastliches Haus und eine gute Zeit in Erlenbach am Zürichsee bei Lilo Brunner. Damals waren die beiden etwas, das es zu jener Zeit – zumal in der Schweiz – noch gab: eine Art Hauseltern für ihre Studenten. Dabei waren beide nicht sehr viel älter als wir, und zumindest mit ihm waren wir alle auf Du und Du. Er legte Wert darauf, dass wir alle gemeinsam frühstückten, und da die Studenten der Technischen Hochschule oft schon um sieben die erste Vorlesung hatten, war das um sechs in der Frühe. Es war ihm wichtig, dass wir mit einem gemeinsamen Lied, dem Blick in einen Bibeltext und einem Morgengebet den Tag anfingen. Ich hätte gern etwas länger geschlafen; doch wenn man erst am Tische saß, war es schön, den Tag mit den anderen zusammen zu beginnen.

Immer einmal meldeten sich übrigens Kirchgemeinden, die für einen Sonntag einen Prediger brauchten, weil ihr Pfarrer krank oder im Urlaub war. Und weil es bei uns immer einige Theologiestudenten in den letzten Semestern gab, die die entsprechenden Seminare absolviert hatten, fand sich meist einer zur Vertretung. Man bekam ein kleines Taschengeld dafür und vor allem das Fahrgeld hin und zurück, dazu ein Mittagessen in einer der Familien dieser Gemeinde. Ich habe mich da mehrfach gemeldet und bin so in einige Kirchgemeinden gekommen und auch ein Stück ins Schweizer Land. Besonders erinnere ich mich an einen Gottesdienst in Glarus: Nicht nur, weil es ein herrlicher Frühlingstag war und die Bergwiesen im Glarner Land rund um die Kirche von Blumen mit einer ungewöhnlich intensiven Farbenpracht übersät waren, sondern auch, weil es eine kleine Verwirrung gab. Der Sigrist, also der Küster, sagte mir vor dem Gottesdienst: »Herr Hertzsch, bei uns gibt es eine Besonderheit. Der Aufgang zur Kanzel ist außen an der Kirche. Sie müssen nach dem Eingangsteil ein etwas längeres Lied von der Gemeinde singen lassen und selber durch den Haupteingang nach draußen gehen, rechts an der Kirchenwand entlang bis zur ersten kleinen Tür. Dort gehen Sie hinein und steigen die Treppe hoch, dann gelangen Sie unmittelbar auf die Kanzel.« Das schien mir nicht schwierig, und als die Gemeinde das vielstrophige Lied begann, ging ich gemessenen Schritts nach draußen, dort um die Kirche und fand hinter der ersten Tür tatsächlich eine schmale Treppe; freilich war ich erstaunt, dass sie, je höher ich kam, immer verstaubter wurde. Es ging dann höher und immer höher und nahm gar kein Ende. Tief unter mir hörte ich noch gedämpft den Gesang der Gemeinde. Schließlich stand ich vor einer senkrechten Leiter, die weiter nach oben führte. »Hallo!« rief da endlich von ganz unten der Sigrist. »Wo wollen Sie denn hin? Kommen Sie runter! Sie sind auf den Kirchturm gestiegen. Gleich kommen die Glocken.« Als ich wieder unten war, murmelte er noch: »Ach, ich habe vergessen, dass zuerst die Tür zum Turm kommt.« Als ich endlich durch die zweite Tür die richtige Treppe fand und auf der Kanzel erschien, saß die Gemeinde etwas unruhig unten, und man fragte sich, wie man mir später erzählte, ob ihr offenbar unerfahrener Prediger vielleicht Angst bekommen hätte und entflohen wäre. Aber nun hörten sie doch meine Predigt. Sie hatten ein bisschen Mühe mit meinem »Schriftdeutsch«, wie die Schweizer das Hochdeutsch nennen; aber sie haben sich Mühe gegeben und schüttelten mir beim Abschied an der Kirchentür ganz freundlich die Hand. So lernte ich ein Stück Schweiz und einige Schweizer Gemeinden kennen.

Hinzu kam, dass meine Schweizer Mitstudenten mich immer einmal über das Wochenende einluden; denn viele von ihnen fuhren an solch einem Wochenende nach Hause. »Hast du Lust«, fragten sie mich, »mal mit zu mir nach Hause zu kommen? Meine Eltern laden dich herzlich ein.« So kam ich in Schweizer Orte und Schweizer Familien im Berner Oberland oder nach St. Gallen und Romanshorn am Bodensee; unvergesslich, wie wir zu zweit bei sinkendem Abend im Ruderboot ganz still über den See trieben. Gut erinnere ich mich auch an einen Besuch in den Bündner Alpen. Heute ist der einstige Student selber Pfarrer in Graubünden. Damals war es sein Vater, und zwar in einem kleinen Ort nahe der Via mala. Wir fuhren über Chur, wo mein Freund aufs Gymnasium gegangen war und mich sach- und ortskundig herumführen konnte, mit einer Kleinbahn in dies entlegene Dorf seiner Eltern. Es war tiefster Winter. Alles dort oben war eingeschneit, und alle Wege waren vereist. »Viel können wir nicht unternehmen«, sagte er. »Es ist zu unwegsam draußen.« Wir saßen also den größten Teil der Zeit im Pfarrhaus bei langsamen Gesprächen und mit Betrachten von Fotos und gemalten Bildern, mit langen Mahlzeiten und Ruhepausen. Es war auch ein bisschen langweilig. Trotzdem hatten diese Stunden eine wunderbare, eigene Atmosphäre, wie sie die Wintermonate dort in den Bauernhäusern und abgelegenen Gehöften wahrscheinlich seit Jahrhunderten bestimmt hat. Ich dachte an das Winterlied von Jacob Michael Reinhold Lenz:

»O stille Winterzeit!
Wenn's auf die Erde schneit!

Der Mensch, er schauet bloß,
Sein Hände ruhn im Schoß,
Und still im Stall stehn Ochs und Kuh
und hörn der großen Stille zu.«

Und dann am Nachmittag sagte der Vater: »Ich habe Abendgottesdienst in einem Filialort meiner Gemeinde. Ihr kommt doch mit?« Na klar kamen wir mit. Wir zogen mächtige Stiefel an, der Pfarrer ging uns voraus, und wir stapften in seiner Spur hinter ihm her. Er hatte eine große Stalllaterne und leuchtete uns, als es zu dämmern begann. Es ging durch eine vereiste Klamm nach oben und dort über weite Schneefelder in den Abend. Er kannte seinen Weg genau, den sonst kaum ein anderer Mensch hätte finden können. Denn es waren Bergwiesen, von kleinen Bächen durchzogen, über die schmale Brücken und Stege führten; die waren jetzt völlig eingeschneit und für Ortsfremde überhaupt nicht erkennbar. Dann kamen wir auf engem Pfad durch ein Waldstück, und als wir zwischen den Bäumen auf eine Lichtung hinaustraten, sahen wir in der Ferne die Lichter des Dorfes. Da hob der Pfarrer seine Lampe und schwang sie mit großer Bewegung des Armes hin und her. Und im nächsten Augenblick begannen vom fernen Kirchturm die Glocken zu läuten. Er erklärte uns: »Der Sigrist sitzt oben auf dem Turm und hält Ausschau, ob der Pfarrer in diesem Winterwetter durchgekommen ist. Und wenn er meine Laterne sieht, dann läutet er, dann wissen die Leute im Ort: In einer halben Stunde beginnt der Gottesdienst. Denn ob das um fünf wird oder halb sechs, das kann ich in diesen Wintermonaten nicht so genau vorhersagen.« Als wir in den Ort kamen, war die Gemeinde versammelt, und wir feierten in der hell beleuchteten kleinen Kirche einen schönen Abendgottesdienst. An diese geschwungene Laterne am Waldrand, die die Ankunft des Evangeliums ankündigt, muss ich seitdem oft denken.

Den Hauptteil meiner Zeit verbrachte ich in der Universität; denn das war ja der Grund meines Aufenthaltes in Zürich. Vor allem hörte ich Vorlesungen bei Gerhard Ebeling, sicher einem der bedeutendsten Theologen jener Jahrzehnte. Er war gerade von Tübingen, wo er Professor für Kirchengeschichte gewesen war, nach Zürich gekommen, um dort Systematische Theologie zu lehren. Ich habe sein erstes Semester in diesem neuen Fach erlebt, gleichsam die Aufbauphase und Uraufführung. Am Abend hielt er dann noch eine kleinere Vorlesung, eine zusammenfassende Übersicht über die Theologie- und Dogmengeschichte der Jahrhunderte. Ich ging jedes Mal innerlich ganz beflügelt aus dieser Abendstunde den Zürichberg hinunter.

Zwei damals bekannte Neutestamentler hielten gemeinsam ein Seminar, bei dem wir kaum zu Wort kamen; denn nach kurzer Zeit waren sie – in aller Regel unterschiedlicher Meinung zu den Problemen der jeweiligen Textstelle – in eine spannende Fachdiskussion geraten, und wir hörten gespannt und staunend zu. Arthur Rich, der Religiöser Sozialist war wie mein Vater, hörte ich in einer Sozialethik, die mir einleuchtete. Und ein älterer Pfarrer, der bei der Erarbeitung des neuen Schweizer Gesangbuchs mitgewirkt hatte, führte uns, eine ganz kleine Gruppe von Interessierten, in die Probleme der Gesangbuchkunde ein. Wir einigten uns bald darauf, dies aus der Universität in seine Wohnung zu verlegen, wo wir um einen runden Tisch mit mächtiger Eichenplatte saßen vor einem braunen Kachelofen und unter einer Lampe mit grünem Schirm. Seine Darstellung war bieder und handfest, für mich aber sehr interessant, weil es eben ein wenig meine geliebte Praktische Theologie war und dabei mit Poesie und Musik zu tun hatte.

Poesie beschäftigte mich auch sonst. Ich habe in Zürich die Gelegenheit genutzt, neben der Theologie auch Germanistik zu studieren. Emil Staiger, ein eher konservativer Literaturwissenschaftler, war damals ein Anziehungspunkt für Germanistikstudenten nicht nur aus der Schweiz. Seine einstündigen Vorlesungen für Hörer aller Fakultäten waren überfüllt; in der ersten Bankreihe saßen lauter etwas bleiche Damen ihm zu Füßen und sahen mit verklärten Blicken zum Meister auf. Als er über die Dramatik des 19. Jahrhunderts von Hebbel bis Hauptmann oder über die Romane jener Zeit Vorlesung hielt, war ich viermal in der Woche sein regelmäßiger Hörer. Ich erinnere mich auch an eine kleinere Vorlesung über Thomas Mann, den er im Grunde nicht mochte. Beinahe regelmäßig am Ende der Stunde sagte er: »Nun bin ich heute sehr kritisch gewesen gegenüber diesem Werk. Aber in der nächsten Stunde wird noch viel des Schönen und Lesenswerten darin zur Sprache kommen.« Darauf haben wir immer gewartet. Doch ich kann mich nicht daran erinnern, dass bei ihm »des Schönen und Lesenswerten« irgendetwas jemals zur Sprache gekommen wäre. Trotzdem war seine Auseinandersetzung mit diesem Werk spannend zu hören. Thomas Manns Werk hatte ich in Jena bei gemeinsamer Lektüre mit Freunden ganz gut kennen gelernt, und ein bisschen hatte ich gehofft, wenn ich tatsächlich nach Zürich käme, ihn dort sehen oder hören zu können. Aber im Sommer 1955 starb er, im Herbst 1955 kam ich in die Schweiz. Dort habe ich ab und zu für den Kulturteil der »Neuen Zeit«, der CDU-Zeitung in Ostberlin, Beiträge aus Zürich geschrieben. Darunter war eine kleine Reportage: »Dichterhäuser am Zürichsee«. Ernst Wiecherts letztes Domizil hatte ich dazu aufgesucht, Gottfried Kellers letztes Wohnhaus und seine Stammkneipe in der Züricher Altstadt, auch das Haus von Conrad Ferdinand Meyer in Kilchberg, in dem mir der Kustos berichtete, dass hier Thomas Mann seinen letzten Geburtstag gefeiert habe. Aber dessen Haus im selben Ort konnte ich nur über den Gartenzaun betrachten; denn ich wagte nicht zu klingeln. Seine Familie wohnte noch dort und hatte wahrscheinlich Mühe genug, sich zudringlicher Besucher zu erwehren. So sah ich lediglich die weißhaarige Katja Mann mit einem Tablett voll Teegeschirr die Gartentreppe hinuntersteigen, die hinab zum See führte.

Das war also Zürich. Ich blieb dort noch zwei Semester. Der Weltrat der Kirchen war großzügig und hat das Semester, das ich in der Klinik zugebracht habe, nicht angerechnet, sondern mir nach dem ersten noch ein zweites Studiensemester bezahlt. Ich blieb bis ins Frühjahr 1957. In dieser Zeit bin ich kurz auch nach Basel gekommen. Ein Studienfreund lud mich ein, mit ihm drei Tage dort zu verbringen. Wir schliefen bei einem seiner Freunde in der Studentenbude auf dem Fußboden und sahen uns tagsüber die Stadt an. An einem Abend gingen wir als Gasthörer ins Seminar zu Karl Barth. Ich wurde ihm vorgestellt als ein Gast aus der DDR. Er begrüßte mich geradezu herzlich und erinnerte sich daran, dass er meinen Vater auf einem Kongress kennen gelernt hatte; dort hatte mein Vater der Grundthese von Barths Referat widersprochen. »Er hatte natürlich unrecht«, sagte Barth freundlich, »aber er ist ein interessanter Mann.« Das war im Januar 1957. Anfang März fuhr ich für eine Woche nach Paris. Darauf hatte ich ein Jahr lang etwas von meinem sehr schmalen Taschengeld gespart. Ich wohnte in einem Studentenhaus im Quartier Latin und schlenderte durch die große Stadt. Sie zog mich in ihren Bann: zwei volle Tage im Louvre und ein Abend Molière in der Comédie-Française, die heilige Düsternis in Notre Dame und das unbeschreiblich goldene Licht in Sainte Chapelle, dazu ein Tag in Versailles in den Gärten des Sonnenkönigs, ein anderer in Chartres unter den riesigen Fenstern des Münsters – Frankreich im Frühling. Danach wurden wir Stipendiaten noch einmal in Genf zum Gespräch mit dem Weltrat der Kirchen zusammengeholt. Ende März kehrte ich in die DDR zurück.

Predigerseminar Eisenach oder: In Gieba singen die Frösche

Ich ging gleich nach Eisenach ins Predigerseminar. Denn nach der Universitätsausbildung gibt es ja noch die zweite Ausbildungsphase in der Kirche, zu der damals auch die Kurse im Predigerseminar in der Eisenacher Bornstraße gehörten, einem Haus am Berghang mit Zwei- und Einbettzimmern, gemeinsamen Waschräumen, und die Unterrichtsräume und das Treppenhaus waren holzgetäfelt. Diese Monate habe ich als eine helle und muntere Zeit in Erinnerung. Zu der Zeit war der theoretische Teil der kirchlichen Ausbildung noch ein zusammenhängender Block von etwa einem halben Jahr. Gut war diese Zeit, weil wir eine interessante und sehr lebendige Gruppe waren. Sie bestand aus Leuten, die etwas jünger waren als ich. Sie hatten zwar mit mir zusammen studiert, aber einige Semester unter mir. Denn ich war ja durch die Tbc und die Züricher Zeit zwei Jahre länger Student gewesen. Trotzdem kannten wir uns gut, zum Teil schon aus gemeinsamer Schulzeit in Eisenach und gemeinsamem Singen bei Erhard Mauersberger im Bachchor. Ludwig Große gehörte zu unserer Gruppe, der später Oberkirchenrat wurde und mit dem ich in und nach der DDR einige kirchenpolitische Schlachten geschlagen habe und dem ich ein Leben lang in Freundschaft verbunden bin. Ein anderer wurde später Leiter einer großen diakonischen Einrichtung, der Samariteranstalten in Fürstenwalde, deren Aufbau und Neugestaltung ich intensiv miterlebt habe, weil ich dort oft zu Gast war und mich nach meinen Kräften an der Arbeit mit den Behinderten beteiligt habe. Die meisten von uns sind jedoch Gemeindepfarrer in Thüringer Städten und Dörfern geworden und geblieben. Eine Besonderheit dieser Ausbildungszeit war es damals, dass alle außer mir schon als Vikare ihre eigenen Gemeinden hatten, zu denen sie an den meisten Wochenenden heimfuhren, um dort ihren Dienst zu tun. Diese Gewohnheit hatte ihren Ursprung in der unmittelbaren Nachkriegszeit, als die Generation der Kriegsteilnehmer, gestandene Männer oft schon mit Frau und Kindern, endlich an eine sinnvolle Arbeit gehen wollte; sie fanden in den vielen verwaisten Pfarrstellen ein Pfarrhaus für ihre Familien und waren bereit, gleichsam sofort ins Wasser der Praxis zu springen, mehr durch Versuch und Irrtum zu lernen als durch weitere Ausbildungsgänge.

Da aber Ende der 50er Jahre noch viele Pfarrstellen möglichst schnell zu besetzen waren, hatte man diese Gewohnheit beibehalten und sie mit dem theoretischen Teil im Predigerseminar verbunden. So hatten also jetzt auch die etwa Drei- oder Vierundzwanzigjährigen, mit denen ich gemeinsam im Predigerseminar gewesen bin, ihre eigenen Gemeinden und mussten sich oft tapfer durchkämpfen. Sie machten das mit großem Einsatz und fanden diese Herausforderung in der Regel ganz spannend. Meist am Freitag fuhren alle davon, am Montag trafen sie wieder in Eisenach ein und erzählten von den Abenteuern als angehende Pfarrer ihrer Gemeinden. Manchmal saßen sie auch unruhig im Predigerseminar, wenn der Unterricht ihnen weit weniger wichtig schien als die Probleme und Aufgaben, die sie daheim in Gemeinde oder Familie zu bewältigen hatten. Sie wussten ja, wie dort immer gefragt wurde: Wann kommt er endlich wieder? Nur ich hatte, eben aus der Schweiz zurück, noch keine eigene Gemeinde und fuhr oft mit einem von ihnen mit in die seine. Meist fuhr ich mit Friedhelm Kalkbrenner nach Gieba im östlichen Thüringen. Wir kannten uns schon aus Eisenacher Schülerzeiten und hatten auch Kontakt während unseres Jenaer Studiums. Jetzt begann er als Pfarrer in einem Thüringer Bauerndorf mit seinen Traditionen und Gewohnheiten, und da ich dies sein Leben, da ich die Kirchenältesten und die Konfirmanden, den Schullehrer und die Postfrau allmählich kennen lernte, kam ich gern dorthin mit und tat auch dieses und jenes in der Gemeindearbeit. Friedhelm war allein in seinem großen Pfarrhaus; denn seine Frau war plötzlich und sehr jung gestorben. Ich hatte sie ganz gut gekannt; denn sie studierte mit uns in Jena Theologie, eine bezaubernde junge Frau, die auch von Literatur und Musik einiges verstand und mit der wir manchmal im Café oder beim Wein gesessen und über tausend Dinge gesprochen hatten. Als ihr Mann nicht lange nach ihrer Hochzeit seine Pfarrstelle in Gieba übernahm und das Pfarrhaus für sie beide vorbereitete, fuhr sie über Westberlin noch für ein paar Tage nach Paris, um einen Hauch dieser weiten Welt mit in die kommende Zeit zu nehmen. Sie kam von dort in ihr neues Zuhause, legte sich hin, um sich nach der langen Reise erst einmal richtig auszuschlafen, und ist aus diesem Schlaf nicht wieder erwacht. Der Grund war, wie sich dann zeigte, ein unerkannter Gehirntumor. Seitdem war Friedhelm Kalkbrenner allein. Erst Jahre später hat er wieder geheiratet. In diesem Pfarrhaus, das er für seine Frau eingerichtet hatte, verbrachte ich manche Zeit und sah seine Gemeinde wachsen. Wir führten ein etwas romantisches Leben, aßen zwar in der Regel beim Schullehrer, dessen Frau dem jungen Pfarrer damit helfen wollte, und tauschten mit ihm die neusten Witze aus, kochten uns manchmal auch selber dies und das, tranken Tee und Wein zu vielen Tag- und Nachtzeiten, und weil er ein Tonbandgerät hatte – damals eine aufregende Neuheit –, schleppten wir es in der Nacht mit einem ungeheuer langen Kabel zum Teich hinter dem Pfarrgarten und nahmen den überlauten Gesang der Frösche auf, während die Uhr vom Kirchturm da hinein die vierte Nachtstunde schlug. Einmal war auch ein anderer aus unserer Gruppe mit zu Besuch – später war er unter anderem der Pressepfarrer der Kirchenprovinz Sachsen –, der ein sehr guter Klavierspieler war. Schon in Eisenach auf dem Gymnasium war er mir für unsere Montagmorgen-Stunden sehr nützlich gewesen. Der spielte also zu nächtlicher Stunde Bach, Chopin und Bartok, während wir beide zwischen den Musikstücken Gedichte sprachen: ich Goethe, Droste-Hülshoff und Peter Huchel und er Trakl und Benn. Auch das nahmen wir auf Tonband auf und haben die Aufnahme noch manchmal gehört und uns an solche romantisch durchwachte Nächte erinnert. Zugleich war Gieba eine Gemeinde im Aufbau. Die Dorfbewohner waren sehr angetan von ihrem jungen Pfarrer und seiner Initiative. Im ehemaligen Schafstall des Pfarrgehöfts baute er mit den Gemeindegliedern einen schönen mittelgroßen Gemeinderaum aus, in dem man während der kalten Jahreszeit Gottesdienst feiern und auch sonst vieles gemeinsam tun konnte: Junge Gemeinde halten, Frauennachmittag, Singkreis, Bibelstunde. Die jungen Leute kamen, viele Gemeindeglieder wurden aktive Mitarbeiterinnen und Mitarbeiter, ein Kirchenältester wurde Mitglied der Landessynode, ein erfahrener Landwirt und später leitender Mitarbeiter in der LPG. Es gab Lektoren im Gottesdienst und Köchinnen, wenn ein Gemeindefest zu feiern war. Das war für uns eine intensiv erlebte und gestaltete Zeit mit einem Grundgefühl von Anfang, von Aufbruch. Vieles lief sehr gut, und wir hatten das Gefühl, wir können etwas, und wir werden gebraucht. Ich habe ja am Anfang schon erzählt, dass ich später für Gieba ein Krippenspiel geschrieben habe, das als »Thüringer Krippenspiel« veröffentlicht wurde und in vielen Gemeinden gespielt wurde und weiterhin wird. Ich kannte ja die Giebaer Kinder und Jugendlichen, die da mitspielen würden, und die Giebaer Erwachsenen, die es sehen würden, und hatte sie beim Schreiben mit im Blick.

Also Predigerseminar. Ich sagte schon, dass ich in einer Gruppe von ganz interessanten und aktiven Leuten war. Das war auch nötig. Denn das Lehrangebot des Predigerseminars war nach unserer Meinung eher trocken und nicht sehr anregend. Der damalige Rektor war ein redlicher Mann, doch eher ein Theoretiker, der zur Gemeindepraxis nicht sehr viel Hilfreiches sagen konnte – und die interessierte uns in dieser unserer Lebensphase nun einmal vor allem. Außerdem sollte uns einiges zum Archivwesen und allgemein zu Kirchenrecht und -verwaltung beigebracht werden. Dafür kamen die Mitarbeiter vom Landeskirchenamt; die waren in aller Regel keine begnadeten Lehrer für kritische junge Leute. Kurz gesagt, das war oft ziemlich langweilig. Wir haben das über uns ergehen lassen, indem wir uns bei der Teilnahme an diesen Vorlesungen abgewechselt haben. Aber das war nicht der eigentliche Inhalt unserer gemeinsamen Tage dort, sondern wir haben uns die Zeit selber gestaltet. Das offizielle Programm war großzügig angelegt mit längeren Intervallen und Freiräumen zum Literatur- und Selbststudium. Diese Zeiten haben wir genutzt zu gemeinsamen Arbeitsprojekten, zur Lektüre und Diskussion interessanter theologischer oder literarischer Texte, manchmal zu gemeinsamem Posauneblasen oder zur kritischen Besprechung unserer ersten Gemeindepredigten. Wir haben auch im Café gesessen oder sind ein Stück in die nahen Wälder gegangen, haben uns auf einen Felsen am Berghang gesetzt und über unsere Pläne für die Kirche von morgen geredet. Und in der Stadt Eisenach waren wir ebenfalls unterwegs. Als diese gemeinsame Zeit zu Ende ging und wir im November 1957 von Bischof Mitzenheim alle in der Eisenacher Georgenkirche ordiniert worden waren, haben wir den Plan zu unseren regelmäßigen Treffen gefasst. Davon erzähle ich später.

Studieninspektor im Theologenkonvikt oder: Kirche träumen

Ich stellte nun freilich eine Ausnahme dar, weil ich noch keine Gemeinde hatte, sondern in diesen Kurs nach meiner Rückkehr erst nachträglich hineingeschoben worden war. Landesbischof Mitzenheim bat mich zum Gespräch auf den Pflugensberg und sagte: »Du machst jetzt in dieser Gruppe mit.« (Er redete mich mit Du an, weil er mich noch aus meiner Zeit als Schuljunge kannte, und ging davon auch später nicht ab, selbst als ich schon Professor war.) »Du nimmst mir das doch nicht übel?« sagte er. Zunächst wurde also entschieden, dass ich gleich ins Predigerseminar kommen sollte. Nun aber war man ein bisschen in Verlegenheit, was man mit mir machen sollte. Einerseits hatte der Landeskirchenrat die Vorstellung, dieser Mann ist schwerbehindert mit seinen schlechten Augen, und dem kann man nicht viel zumuten. Andererseits war er immerhin im Ausland und hat vielleicht Fähigkeiten erlernt für besondere Aufgaben in unserer Kirche. So war zunächst als Pfarrstelle für mich im Norden Thüringens ein ganz kleiner Ort im Gespräch, von dem man annahm, da würde ich mich wohl einigermaßen zurechtfinden. Zugleich dachte man über irgendeine Sonderaufgabe nach, die meiner Qualifizierung entsprechen könnte. Dazwischen schwankte die Kirchenleitung einige Zeit. Schließlich wurde ich gefragt, ob ich in Jena bleiben und im Theologenkonvikt arbeiten wollte. Dort gab es die Stelle des Studieninspektors, die regelmäßig mit einem jungen Theologen besetzt wurde. Auch diese Stelle hatte ihren Ursprung in der unmittelbaren Nachkriegszeit. Damals, 1947, war diese ursprünglich private Villa von der Landeskirche gekauft und in ein Wohnheim für Theologiestudenten umgewandelt worden. Gleichzeitig war es eine Art theologische Vorstudienanstalt, weil es verschiedene Leute gab, die aus unterschiedlichen Gründen nicht sofort an der Fakultät immatrikuliert wurden, sondern ein Jahr auf der Warteliste standen. Für sie bot der Studieninspektor im Konvikt erste Einführungskurse ins Studium der Theologie. Diese speziellen Aufgaben erübrigten sich dann allmählich mit wachsender Normalisierung der Verhältnisse. Trotzdem blieb die Stelle erhalten, weil sich zeigte, dass es gut war, wenn im Haus einer für die Studienberatung, für das geistliche Leben, die Hausordnung und auch für ein paar Sonderangebote für die etwa 25 Studenten da war, die im Hause wohnten. Diese Aufgaben übernahm ich nun und dazu manches, was mir nützlich schien für das Haus und seine Bewohner.

Gleichzeitig wurde mir die Versorgung einer Gemeinde übertragen: Cospeda, ein Dorf bei Jena oben auf der Höhe, dort, wo das Schlachtfeld beginnt, auf dem Napoleon gegen die Preußen die Schlacht bei Jena und Auerstedt geschlagen und gewonnen hat. Der Aufstieg war jedesmal ein aufwendiger Fußweg, erst zwei Kilometer bis zum Stadtrand und dann eine dreiviertel Stunde kräftig bergan, ehe ich bei meiner Gemeinde war. Viel mehr, als dafür zu sorgen, dass die Gottesdienste regelmäßig angeboten wurden und für die Kinder Christenlehre stattfand, viel mehr wurde allerdings von mir nicht erwartet. Denn es war die typische Dorfgemeinde im Umfeld einer größeren Stadt, in der das kirchliche Leben sich oft mit einer sehr schwachen Sparflamme begnügt, weil entsprechend Interessierte ohne große Mühe die reicheren Angebote der Stadt wahrnehmen können. Ich habe meine Predigten immer sorgfältig vorbereitet; aber ich habe nie gewusst, ob überhaupt jemand zum Gottesdienst kommt. In den ersten Wochen hatte ich noch einen, der sicher da war, einen stämmigen Landwirt mit großen, kräftigen Händen: das war mein Organist. Seine Fähigkeiten auf diesem Instrument waren sehr gering. Er spielte jeden Choral grundsätzlich in einer Tonart durch, obwohl die meisten in ihrem Verlauf in andere Tonarten wechseln. Das war oft höchst merkwürdig anzuhören. Aber immerhin: er war am Sonntagmorgen da, und ich habe oft mit ihm vor der Kirche gestanden, die stille Dorfstraße hinuntergeblickt und Ausschau gehalten: Kommt heute jemand oder kommt niemand? Manchmal kamen dann zwei Leute, manchmal drei, und wir hielten Gottesdienst. Nach einigen Wochen wurde er krank und starb rasch. Es war die erste Bestattung, die ich in meinem Leben gehalten habe. Da war das ganze Dorf auf den Beinen, die Kirche war voll, und wir haben seiner dankbar gedacht. Von da an hielt ich am Sonntagmorgen allein Ausschau, und wenn Gemeindeglieder kamen, mussten wir ohne Orgelbegleitung singen. Ein zweites Dorf gehörte zu meiner Gemeinde, eine halbe Stunde Fußweg entfernt. Da gab es eine Familie mit vielen Kindern. Mit denen konnte ich rechnen, denn die Kirche gehörte zu ihrem Leben. Wenn sie kamen, füllte sich die kleine Kirche schon einigermaßen. Vater, Mutter, Großvater im Kirchenschiff mit den kleineren Kindern und die größeren auf der Empore. Aber manchmal sagte Herr Speer: »Nächsten Sonntag verreisen wir mal, Herr Pfarrer.« Dann war es so gut wie sicher, dass ich mir an diesem Sonntag den Weg dorthin sparen konnte. Ab und zu nahm ich meinen kleinen Bruder mit nach Cospeda, der noch als Schuljunge zu Hause bei unseren Eltern wohnte, damit ich ein bisschen Beistand hatte und einen Zuhörer mehr. Ich habe damals die Erfahrung gemacht, was es bedeutet, die Predigt trotzdem jedesmal sorgfältig vorzubereiten, auch wenn man damit rechnen muss, dass dann niemand da ist, der sie hören will. Freilich muss man in Rechnung setzen, dass die Situation immer etwas anders ist, wenn der Pfarrer – möglicherweise mit seiner Familie – am Ort wohnt und nicht nur gelegentlich mal auftaucht und seine eigentliche Arbeit anderswo hat. Und immerhin habe ich ein junges Paar getraut und zum ersten Mal eine richtige Thüringer Bauernhochzeit als Pfarrer erlebt. Bei dieser Gelegenheit und am Erntedanktag war fast das ganze Dorf in der Kirche. Also, für ganz überflüssig hielten sie den Pfarrer dann doch nicht. Einen relativ schnellen Erfolg hatte ich mit der Christenlehre. Sie wurde anstatt eines schulischen Religionsunterrichts angeboten, fand im Pfarrhaus statt und war freiwillig. Ich muss allerdings gestehen, dass ich überhaupt keinen Lehrplan hatte, nach dem ich mich gerichtet hätte. Denn zunächst hatte ich nur ein Grüppchen von Jungen und Mädchen verschiedenster Jahrgänge, nach welchem Schuljahresplan hätte ich mich da richten sollen? Was habe ich gemacht? Ich habe den Kindern die Geschichten von Josef und seinen Brüdern ausführlich erzählt, wie sie uns in Eisenach unser Vater erzählt und vorgespielt hat. Auch ich hatte dafür eine faszinierte Zuhörerschaft. Wir saßen im Kreis, und ich erzählte. Und bald kam ein Mädchen hinterher zu mir und sagte: »Die Marion ist nicht getauft, aber die würde auch gern kommen. Kann die nicht mit zuhören?« - »Klar«, habe ich gesagt, »die Marion kann gern kommen.« Sie blieb nicht die Einzige, und so wuchs allmählich meine Hörerschaft. Als die Josefgeschichte langsam zu Ende ging, machte ich eine große Rückblende auf die Geschichten von Abraham und Jakob und hatte wieder viel neuen Erzählstoff. Ich hatte den Plan, allmählich mit den Kindern ein Projekt zu überlegen: Geschichten von Josef und seinen Brüdern zu spielen, mit Liedern und Szenenbildern und für die Jungen mit ein paar technischen Einfällen zu versehen, und dann die Erwachsenen zu einer Aufführung einzuladen. Erfahrungsgemäß kommen zu solch einem besonderen Gottesdienst ja mindestens die Eltern und die Großeltern, um ihr

Kind zu erleben, und in solch einem kleineren Dorf, wo jeder jeden kennt, kommen dazu auch andere Interessierte. Ich dachte mir, Schritt für Schritt über Kinder die Eltern und andere Erwachsene zu erreichen. Aber so weit kam es nicht: Denn schon nach einigen Monaten wurde ich zum Landesbischof eingeladen, und er sagte mir: »Wir haben uns gedacht, es ist doch sehr mühsam, wenn du immer nach Cospeda hochsteigen musst. Jetzt kommt der Winter, da ist es sicher oft glatt und unwegsam. Wir denken, das soll jetzt jemand anderes übernehmen, der dann auch oben im Pfarrhaus wohnt.« Ich nahm also Abschied von meiner ersten Gemeinde, vor allem von den Kindern. Ich habe heute noch einen rührenden Brief von ihnen, in dem es mit einer abenteurlichen Orthographie und in einer steilen Kinderschrift heißt: »Lieber Herr Hertzsch, wir senden Ihnen schöne Grüße, und es war immer schön bei Ihnen. Ihre Christenlehrekinder von Cospeda.« Und dann folgte eine ganze Reihe von krakeligen Unterschriften. Diese Kinder und ich, wir haben uns gegenseitig in guter Erinnerung.

Der Schwerpunkt meiner Tätigkeit lag im Konvikt. Im Grunde musste ich mir meine Arbeit dort selber suchen und organisieren. Die Dienstanweisung für den Studieninspektor war sehr allgemein gehalten. Und die Hausordnung war gänzlich überholt und nicht mehr anwendbar. Ich habe lange mit den Studenten und dem Landeskirchenrat über eine neue nachgedacht und verhandelt. Der alten war kaum etwas Brauchbares für meine Tätigkeit zu entnehmen, was eher ein Vorteil war: selber entscheiden zu müssen und zu dürfen, wie meine Arbeit aussehen sollte. Verpflichtet war ich jedenfalls, Fortbildungsangebote zu machen. Aber da die Fakultät inzwischen wieder voll besetzt war mit Professoren, Dozenten und Assistenten, die oft mehr Angebote machten, als die relativ kleine Studentenzahl überhaupt wahrnehmen konnte, bestand kaum eine Bedarfslücke. Ich half mir – und ich denke: auch den Studenten – mit sehr speziellen, ja ungewöhnlichen Angeboten, die ich ihnen machte. Ich will einige nennen. Da gab es einen Kurs, den die Studenten »Anstandsstündchen« nannten. Es war tatsächlich eine Art Knigge für künftige Pfarrer. Wir sprachen da über Verhaltensregeln im Umgang mit Menschen in verschiedenen Situationen. Den Anstoß dazu gaben mir einige

Studenten, die eben nicht aus Pfarrhäusern oder Arztfamilien kamen, sondern aus dem, was man damals »einfache Verhältnisse« nannte, wie der Sohn einer verwitweten Putzfrau oder der Junge aus einer kinderreichen Arbeiterfamilie. Dass die uns immer besonders lieb waren, muss ich nicht extra sagen; denn sie brachten in der Regel einen sehr realistischen Lebensbezug ins Studium und später ins Pfarramt mit. Die gestanden mir also, dass sie sich oft unsicher fühlten, wenn sie zum Beispiel zu einem Professor in die Wohnung kamen, wenn sie zu einer festlichen Tafel oder zu einem offiziellen Gespräch geladen wurden. Und sie würden später ja mit Bürgermeistern zu verhandeln haben, bei einer Hochzeit eine kleine Tischrede zu halten versuchen, sich beim Landesbischof vorstellen müssen. All solche Situationen und viele andere sprachen wir durch: Wie man mit einem umfangreicheren Essbesteck umgeht, wie man diesen oder jenen anredet, wie man einen offiziellen Brief formuliert, welche Kleidung man sich da oder dort anziehen sollte. Natürlich kann man alle Regeln auch durchbrechen; aber man kann das nur bewusst tun, habe ich ihnen gesagt, wenn man sie kennt. »Wer die Form beherrscht, darf sie durchbrechen.« Und manche haben mir später berichtet, dass dieser Kurs für sie nützlich war, weil sie gelernt haben, was anderen ganz selbstverständlich schien.

Ein anderer Kurs hieß »Kirche träumen«. Wir haben uns eine Kirche von morgen ausgemalt. Dabei haben wir uns gesagt: Wir sehen einmal völlig davon ab, ob so etwas wirklich – zumal in der DDR – möglich ist; statt dessen stellen wir uns einfach einmal vor, was wir uns erträumen würden, tauschen interessante Ideen aus, und vielleicht sind sie dann zumindest Anstoß für neue realistischere Möglichkeiten. Eine Idee war zum Beispiel, eine Evangelische Illustrierte herauszubringen. »Evi« sollte sie heißen und in den Pfarrämtern zu haben sein, aber auch bei christlichen Ärzten im Wartezimmer und anderswo ausliegen. Ich hatte einen Friseur, der zur Landeskirchlichen Gemeinschaft gehörte und mir beim Haareschneiden mit gedämpfter Stimme von den Geschehnissen in der Gemeinschaft erzählte; der, dachte ich, würde »Evi« auch auslegen. Selbstverständlich müsste unsere Zeitschrift gut aufgemacht sein. Nun war allerdings die Presse in der DDR aufs

Ganze recht eintönig und meist sehr langweilig. Da gab es also eine sichere Marktlücke. Wir stellten uns vor, dass es in der Evangelischen Illustrierten einen Fortsetzungsroman gibt, wie es in den Zeitungen üblich war, »Don Camillo und Peppone« etwa, Graham Greenes Romane oder »Das Wunder des Malachias«, Bücher, die damals viel gelesen wurden. Reportagen aus der Ökumene, aus Afrika und Asien stellten wir uns vor mit Bildern von Landschaften und Menschen aus fernen Ländern, für DDR-Bewohner von besonderem Interesse, weil sie kaum in solche Gegenden reisen konnten. Ein bisschen kirchliche Kunst, ein biblisches Kreuzworträtsel, Weihnachten im Erzgebirge mit schönen Fotos und Interviews mit dem sächsischen Bischof Gottfried Noth und einem Liedermacher wie Gerhard Schöne und eine Menge anderer Dinge sahen wir für unsere »Evi« vor.

Ein weiterer Traum war das Team-Pfarramt für unsere Dorfgemeinden. Wir stellten uns vor, der Pfarrer ist nicht mehr der Einzelkämpfer, der alles allein bewältigen muss, sondern mehrere tun sich zusammen zu gemeinsamer Arbeit für eine Region mit mehreren Kirchspielen. In der Mitte dieser Region steht ein kleiner Gebäudekomplex, das Regionalpfarramt, das Zentrum der gemeinsamen Arbeit. Hier wohnen zwei oder drei Pfarrfamilien, zwei Diakonenfamilien, ein Kantor mit seiner Familie oder auch einige Alleinstehende in diesen Berufen, die dann gleich nicht mehr so allein wären. Die sollten sich die Aufgaben teilen und jede und jeder das übernehmen, was ihrer, was seiner Begabung besonders entsprach. In der Woche würden sie in die einzelnen Gemeinden ausschwärmen und ihre pastorale, katechetische oder diakonische Arbeit tun. Am Sonntag würden dann alle im Gemeindezentrum zusammenkommen und Gottesdienst feiern. Ein mittelgroßer Bus sollte angeschafft werden, der die Kirchenbesucher aus den Dörfern abholte. In den einzelnen Orten gab es dann irgendwo eine Haltestelle »Kirchen-Bus«. Die Leute wissen, zehn nach neun ist der Kirchenbus bei uns, zehn Minuten später im Nachbardorf. Sie steigen ein, und im Gemeindezentrum versammelt sich nun nicht eine Gemeinde von drei oder vier Leuten oder von zehn oder zwölf wie jetzt in den kleineren Dörfern, sondern da ist eine Gemeinde von vierzig oder sechzig Menschen zusammen, und man hat das Gefühl, zu einer echten Gemeinschaft zu gehören. Solch einen Zentralgottesdienst kann man schön ausgestalten mit den verschiedenen Mitarbeitern und allerhand technischen Möglichkeiten. Ein Kirchenkaffee schließt sich im Foyer des Zentrums an. Vielleicht sollte durch diese Vision auch ein bisschen die Befürchtung der jungen Leute abgebaut werden, dass sie einmal in einer einsamen Pfarrstelle ganz auf sich selbst gestellt wären. Wenn ich mir meine Lage in Cospeda vorstellte, dann konnte ich diese Befürchtungen gut nachempfinden.

In Thüringen gibt es sehr viele kleinere Dörfer, und das Leben dort ist sehr viel anders als in der Gemeinschaft des Studiums und des Konvikts. Die Vorstellung, dass man gemeinsam an die Arbeit geht und nicht allein ist, war für manche etwas Ängstliche schon ermutigend. Darum waren sie sehr bei der Sache, sich all das schön auszumalen. Später ist in unseren Kirchen manches in dieser Richtung versucht worden, und bis heute spielt der Gedanke einer regionalen Zusammenarbeit mit Recht eine wichtige Rolle. Unserem Traum gleichen diese Überlegungen jedoch kaum. Denn es ist sehr schnell deutlich geworden, dass solch eine strikte Zentralisierung etwas Entscheidendes übersah: dass die Menschen gerade in den Dörfern ihre Pastorin, ihren Pfarrer im Ort haben und mit ihnen zusammen leben wollen. Unser Konzept hätte gewirkt wie eine kirchliche Poliklinik, wo die Leute mit einem Auto und einem Aktenkoffer angereist kommen, ihre spezielle Aufgabe erfüllen und wieder verschwinden wie ich in Cospeda. Da fehlte etwas Entscheidendes: der alltägliche Lebensbezug. Im Bund unserer DDR-Kirchen ist all das in den 70er Jahren intensiv diskutiert worden, als wir im Zusammenhang mit einer neuen Ausbildungskonzeption und einer möglichen Neuprofilierung der kirchlichen Berufe das Stichwort von der »Gemeinschaft der Dienste« als Leitbegriff hatten. Doch da gingen wir längst davon aus, dass die Pastorinnen und Pfarrer und alle kirchlichen Mitarbeiter nicht außerhalb der Gemeinden zusammen wohnen sollten, sondern verteilt über die Orte der Region, so dass überall, wo es möglich war, eine oder einer mit der Familie wohnen und etwas darstellen sollte, was wir »kirchliche Bezugspersonen« nannten. Sie sollten in den verschiedenen kirchlichen Berufen und mit ihren verschiedenen Begabungen eng zusammenarbeiten, aber mit ihren Familien in den einzelnen Gemeinden wohnen und alle die Grundfunktionen des Pfarramts ausüben können. Auch diese realistischere Konzeption ist nie umgesetzt worden; vielleicht, wenn die Wende nicht gekommen wäre, wäre es doch unsere Zukunft in den Kirchen der DDR geworden. Damals im Konvikt jedenfalls haben wir all das noch nicht gewusst und noch nicht bedacht, sondern unsere eigene Kirche geträumt.

Aus aktuellem Anlass kam dann noch ein weiteres Kursangebot hinzu. Ich nannte es »Aktuelle Apologetik«, aber es ging mehr um Diskussionsschulung. Auslöser war die Tatsache, dass am Ende der 50er Jahre eine neue antikirchliche Kampagne gestartet wurde, diesmal nicht wie bei den massiven Angriffen 1952/53 durch Kriminalisierung kirchlicher Aktivitäten und Arbeitszweige, sondern in Form einer Auseinandersetzung auf ideologischem Gebiet. Man ging in den Angriff mit einem kämpferischen Atheismus. In der Stadt erschienen große Plakate, auf denen zu Veranstaltungen eingeladen wurde, die sich gegen den religiösen Irrglauben richten sollten. »Hat Gott den Menschen geschaffen oder hat der Mensch Gott geschaffen?« hieß da etwa das Thema des Abends. Der alte Ludwig Feuerbach ließ grüßen. Dazu wurde als Auftaktveranstaltung in den großen Saal des FDGB-, also des Gewerkschafts-Hauses eingeladen. Diesem Anlass widmete sich nun mein neuer Kursus. Wir beschäftigten uns mit den Argumenten, die dort vermutlich vorgetragen werden sollten, und überlegten, was dazu von uns zu sagen wäre. Spannend war das, weil wir unsere Argumente gleich in der Praxis ausprobieren konnten. Am Abend der ersten Veranstaltung ging ich mit einer Gruppe von Studenten in den großen Gewerkschaftssaal in der Bachstraße. Dort machten wir dann eine überraschende Erfahrung. Der Saal war reichlich gefüllt. Ich weiß nicht, wie viele dorthin zu kommen verpflichtet und wie viele wirklich interessiert waren. Jedenfalls trafen wir ein großes Publikum an, dazu oben auf der Bühne an einem langen Tisch die Veranstalter und den Referenten, den wir später ausführlich kennen lernen sollten, weil er an der Theologischen Fakultät – oder Sektion, wie wir damals hießen – Dozent für Marxismus-Leninismus wurde. Der bewies nun, dass der Mensch Gott geschaffen habe und nicht umgekehrt. Und dann war Diskussion angesagt. Dazu erhob sich einer nach dem anderen oben auf dem Podium und leistete seinen Beitrag. Da sprach nun der Dekan der Philosophischen Fakultät und bestätigte als Fachphilosoph, dass das eben Vorgetragene zutreffend sei. Ein handfester Arbeiter erhob sich und erklärte, dass die Kirche schon immer das Volk verführt habe. Und so einer nach dem andern: ein Vertreter der FDJ, ein Vertreter der Bauernpartei, ein Gewerkschaftler und der Reihe nach weiter, und alle sagten eigentlich dasselbe. Auch ein Mann von der CDU saß da oben, und der sagte: »Ja, einerseits natürlich ..., aber andererseits habe der Referent selbstverständlich völlig recht.« Ich glaube, dass sich schließlich auch unten aus dem Publikum jemand meldete und seinerseits bestätigte: »Was der Genosse Sowieso eben gesagt hat, genau das meine ich auch.« Damit schien dem Leiter das Programm abgearbeitet zu sein. Routinemäßig fragte er trotzdem: »Hat noch jemand etwas zu sagen?«, und daraufhin meldete ich mich und erlebte – und das war die überraschende Erfahrung –, dass das Publikum in Verwunderung und das Podium in deutliche Verwirrung geriet. Auf so etwas war man ganz offensichtlich nicht gefasst gewesen. Nach einigem Zögern erhielt ich das Wort und sagte so freundlich wie möglich, also, mir leuchte das Gesagte nicht ein und zwar aus folgenden Gründen. Auf dem Podium guckten sie sich alle etwas verlegen an, und ich hatte leichtes Spiel, weil der Überraschungseffekt auf meiner Seite war. Da redete einer etwas, das vorher nicht abgesprochen war, und die Zuhörerschaft fand das aufregend, und nicht wenige klatschten deswegen Zustimmung. Später, als junger Dozent, habe ich eine ähnliche Erfahrung gemacht, als ein »Lehrstuhl für wissenschaftlichen Atheismus« in Jena eingerichtet wurde und eine Diskussion mit seinem Inhaber, Professor Olof Kloor, angesetzt wurde, bei der ich den Part des Theologen übernehmen sollte. Das verlief ganz ähnlich. Von der Veranstaltung damals im FDGB-Haus habe ich noch eine Pointe besonders in Erinnerung. Jemand aus dem Podium hatte vorher mit einem Mann namens Meyer-Erlach argumentiert, der bis zum Kriegsende Praktischer Theologe an der Jenaer Fakultät gewesen war, ein eingeschworener Hitleranhänger und -propagandist, der an unserer Universität sein Unwesen getrieben hat. Da sehe man doch, hatte der Redner gesagt, wohin diese christliche Ideologie gehöre. Ich sagte ihm darauf, mit Meyer-Erlach zu argumentieren, sei ganz abwegig. »Denn Herr Meyer-Erlach spielt in der Geschichte unserer Kirche dieselbe Rolle wie Berija in der Geschichte der KPdSU«. Berija war nämlich jahrzehntelang als erbarmungsloser Chef der Sicherheitspolizei einer der mächtigsten Männer der Sowjetunion gewesen, jetzt aber in der Chruschtschow-Ära kürzlich als Feind und Schädling des Sozialismus abgeurteilt worden.

Dieser Augenblickseinfall brachte mir noch einmal spontanen Beifall aus dem überraschten Publikum und einen deutlichen Punktsieg. Erkennbar jedenfalls wurde, dass die Veranstalter auf eine Argumentation mit verteilten Rollen vorbereitet waren, nicht aber auf eine wirkliche Diskussion mit Argument und Gegenargument. »Wir müssen«, sagte der Versammlungsleiter darum, »nun allmählich zum Ende kommen.« Und die Veranstaltung wurde rasch geschlossen. Die Kampagne wurde fortgesetzt, aber das Interesse ließ deutlich nach, und die weiteren Veranstaltungen wurden wenig besucht. Wir haben trotzdem immer in der Zeitung nachgesehen, wann wieder so eine Veranstaltung stattfinden sollte, und oft zogen wir dorthin, um mitzureden. Ich erinnere mich, dass einmal zu solch einem Anlass ins damalige Haus der Volkssolidarität eingeladen wurde. Und als ich die Treppe hinaufstieg, sah ich, dass auch der Referent von damals auf demselben Wege war. »Ach«, sagte er etwas verstört, »sind Sie auch wieder da?« - »Selbstverständlich«, habe ich gesagt, »wo Sie sind, da brauchen Sie doch einen Gesprächspartner.« Dann hat mich fast gerührt, dass er sagte, er habe hier eine Mappe mit Unterlagen, Dokumenten und Argumentationsmaterial mitbekommen; aber er habe den Eindruck, so richtig zuverlässig sei vieles davon nicht. Ob ich ihm nicht den Gefallen tun könne, das mal durchzusehen und aus meiner Kenntnis zu sagen, was davon brauchbar sei und was nicht. Die Sache erledigte sich jedoch von selber; denn die Kampagne ebbte bald ab und mündete in die alltägliche atheistische Propaganda ein, die zur normalen ideologischen Schulung der Partei gehörte.

Noch von einem letzten Konviktskursus muss ich berichten, vielleicht dem wichtigsten. Das war eine Einführung in die Literatur des 20. Jahrhunderts, in die Belletristik der damaligen Zeit. Ich habe Schriftstellerinnen und Schriftsteller vorgestellt, deren Werk ich auf irgendeine Weise kennen gelernt hatte und wichtig fand. Das geschah sehr locker, beinahe im Plauderton. Zum Beispiel war ich ja von Zürich aus acht Tage lang in Paris gewesen. Ich hatte dabei auch literarische Eindrücke erhalten, hatte die Welt der damals modernen Franzosen wie Giraudoux und Sartre ein wenig kennen gelernt, war in der Comédie Française gewesen und erzählte nun den Studenten, wie heute so ein Molière-Stück wie »Le bourgeois gentilhomme« in der Comédie inszeniert und mit Ballett versehen wird und was davon bei den heutigen Dramatikern noch nachwirkt. Das waren also keine akademischen Vorlesungen, sondern eher Anregungen zum Lesen. Ich hatte meine ganze Bibliothek ins Konvikt mitgenommen, sie in meinem Inspektorenzimmer aufgestellt, in jedes der Bücher meinen Namen geschrieben und gesagt, jeder, der ein Buch lesen will, kann es bei mir ausleihen. Ich hatte vor allem eine Menge Taschenbücher von Fischer, Rowohlt und dtv, die damals in der DDR sehr gefragt waren und an die man nicht leicht herankommen konnte. So wurde im Konvikt viel gelesen. Die Studenten ließen sich von mir manches für ihre Lektüre oder für ihren eigenen Büchereinkauf empfehlen; denn auch in der DDR kam eine Menge interessanter Bücher heraus. Und mein Kurs sollte die Studenten zu solchem Interesse anregen. Später ist daraus eine Vorlesungsreihe geworden, die während meiner Professur an der Universität eine wichtige Rolle gespielt, ja eine kleine Berühmtheit gewonnen hat.

Neben diesen Kursen habe ich noch einiges andere gemacht. Es gab tägliche Andachten, für die der Studieninspektor die Verantwortung trug: am Morgen, ehe die Ersten frühstückten, und am Abend nach einem gemeinsamen Abendessen, zu dem in der Regel alle Bewohner des Hauses zusammenkamen. Da konnte man Dinge besprechen oder ansagen, die alle betrafen. Ich habe auch Versuche gemacht, das Haus umzugestalten und irgendwie anders einzurichten. Ich empfand es als einen Mangel, dass es keine Arbeitsräume gab, in denen die Bibliothek ihren Platz hatte und in denen still und ungestört gearbeitet werden konnte. Ich hatte die Vorstellung, dass die jungen Leute lieber ihr Schlafzimmer mit mehreren teilten und dafür zwei ruhige und gut eingerichtete Arbeitsräume hätten. Ich stellte mir vor, wie sie dort still und fleißig an ihren Arbeitstischen und unter ihrer Leselampe sitzen würden. Das war aber eine falsche Konzeption, wie sich bald zeigte. Die Leute wollten schon damals lieber in Zweierzimmer und am liebsten noch in Einzelzimmer wohnen, dort arbeiten, schlafen und sich gegenseitig besuchen als solche spezielle Arbeitsmöglichkeiten haben; die gemeinsamen Arbeitsräume standen meist leer und wurden bald wieder zu Studentenzimmern. Immerhin war mein Plan der Bibliothek zugute gekommen; denn die habe ich als erstes völlig erneuert, was dringend nötig war. Ich fand dort Unmengen von Büchern vor, in drei großen Schränken eher aufgehäuft als geordnet. Wenn man die Schranktür öffnete, fielen sie einem schon entgegen. Doch bereits bei flüchtigem Hinsehen zeigte sich, dass diese Bücherei fast nur aus ausgedienten Pfarrerbibliotheken bestand, die die Witwen der verstorbenen Besitzer dem Konvikt geschenkt hatten; das war im Grunde mehr eine bequeme Form der Entsorgung gewesen. Das meiste war für ein zeitgemäßes Theologiestudium unbrauchbar. Das wenige Verwendbare haben wir aussortiert, vieles verschenkt, Spezialbibliotheken oder dem Antiquariat angeboten, das meiste weggeworfen. Das war eine sehr mühsame Arbeit, aber ich hatte einige Studenten, die mir dabei halfen. Ganz langsam bekamen wir Grund in die Sache. Und dann bin ich nach Westberlin gefahren und habe das gemacht, was man heute »Einwerben« nennt. Es gab dort kirchliche Stellen, die für die DDR-Kirchen theologische Bücher bereitstellten; denn die wenigen christlichen Verlage in der DDR fingen gerade erst an, fachtheologische Literatur herauszubringen, und auch der Staat rechnete damit, dass theologische Fachbücher weitgehend aus dem Westen eingeführt wurden. Es gelang mir also, die wichtigsten theologischen Lexika und Handbücher einzuwerben, dazu die notwendigsten Fachbücher. Unsere Bibliothek wurde langsam zu einer brauchbaren kleinen Freihandbücherei.

Außerhalb des Konvikts machte ich erste pastorale Erfahrungen über die Episode in Cospeda hinaus. Ich hatte einen regelmäßigen Predigtauftrag in einer der Jenaer Kirchen, machte erste Seelsorgeerfahrungen – vor allem mit Studenten, für die diese Lebensperiode eine Zeit des Umbruchs und der Selbstfindung ist – und überlegte mit anderen Programme für Veranstaltungen der Evangelischen Akademie Thüringen.

Damals habe ich auch meine erste Rundfunkpredigt gehalten. Ich hatte angefangen, in der Thüringer Kirchenzeitung »Glaube und Heimat« mitzuarbeiten, hatte schon aus Zürich kleine Skizzen über das Leben und die Kirchgemeinden der Schweiz geschrieben und steuerte nun gelegentlich geistliche Betrachtungen bei. Dadurch wurde der Rundfunk auf mich aufmerksam und lud mich zur Mitgestaltung des kirchlichen Programms ein. Es gab ja erstaunlicherweise in der gesamten Zeit der DDR sowohl auf dem Deutschlandsender als auch auf Radio DDR jeden Sonntag eine evangelische, katholische oder freikirchliche Sendung. Sie wurde »kirchliche Morgenfeier« genannt, hatte aber durchaus gottesdienstlichen Charakter mit Schriftlesungen, Predigt, Gebet und Segen. Ich habe die Morgenfeier immer mit den Worten eröffnet, mit denen unser Gottesdienst beginnt: »Im Namen Gottes des Vaters und des Sohnes und des Heiligen Geistes. Amen.« Danach habe ich jedesmal einen Psalm gesprochen. Bei meinen ersten Morgenfeiern habe ich sogar die Hörerinnen und Hörer aufgefordert: »Wir sprechen jetzt, wo immer Sie mir gerade zuhören, gemeinsam das Vaterunser und sind so über alle Entfernungen hinweg miteinander verbunden.« Ich habe das später unterlassen, weil ich feststellte, in wie vielen Situationen Menschen diese Sendung hörten, in denen ein plötzlich lautes Sprechen des Herrengebets unmöglich gewesen wäre. Mir lag jedoch daran, dass wir uns als Hörergemeinde fühlten. Hinzu kam ein kirchenmusikalisches Programm, das in der Regel in irgendeiner DDR-Gemeinde von einem Kantor mit seinem Chor zusammengestellt und zu anderer Zeit aufgenommen worden war. Es waren also keine Live-Sendungen, sondern Wortteil und Musikteil wurden in Berlin zusammengefügt. Ich predigte ein- bis zweimal im Jahr im Rundfunk, reichte zwei Wochen vorher mein Manuskript ein, fuhr dann zum Studio

Weimar und erlebte die etwas unwirkliche Situation, in einer Sprechkabine zu einer imaginären Gemeinde zu sprechen, dabei durch die Glasscheibe nur den Techniker vor Augen, der bei der Aufnahme seine Zigarette rauchte und ab und zu den Raum verließ. Ich musste mir immer ein paar konkrete Menschen vorstellen, zu denen ich jetzt reden wollte. Am nächsten Sonntag hörte ich dann das Ergebnis. Mit der Genehmigung meiner Predigtmanuskripte habe ich – im Unterschied zu anderen, die mir davon berichteten – überraschenderweise so gut wie nie Probleme gehabt. Ich habe aus all den Jahren nur ein oder zwei Fälle in Erinnerung, bei denen ich um die Änderung meines Textes gebeten wurde, und die waren eher lächerlich. Einmal ging es um den adventlichen Text »Siehe, dein König kommt zu dir«. Ich wollte in der Einleitung etwa folgendes sagen: Könige kommen in unserem täglichen Leben eigentlich nicht mehr vor. Wir kennen sie allenfalls noch aus Illustrierten, aus Geschichts- oder aus Märchenbüchern. Ich wurde gebeten, diese Bemerkung zu streichen. Es könne ja sein, dass zum Beispiel das britische Königshaus sich gekränkt fühlte, wenn im DDR-Rundfunk gesagt würde, Könige seien eine anachronistische Erscheinung. Die Gefahr, dass die Queen oder eine ihrer Hofdamen diese Morgenfeier des DDR-Rundfunks hörten, schien mir äußerst gering, aber ich verzichtete ohne Groll auf diesen Satz. Dagegen hatte ich beim Einreichen eines anderen Predigtmanuskripts begründete Sorge um eine Stelle, an der mir lag, weil sie ein Problem der DDR-Bevölkerung mit ihrer Regierung ziemlich deutlich ansprach. Da ging es um das Jesus-Wort aus dem Matthäus-Evanglium: »Die Menschen müssen Rechenschaft geben am Tage des Gerichts von jedem unnützen Wort, das sie geredet haben.« Dazu wollte ich sagen: Zu diesen unseren unnützen Worten gehören auch die unwahren. Das betrifft nicht nur den, der selber die Unwahrheit sagt, sondern »wer seine Mitmenschen zwingt, ihn zu belügen, so dass sie ihm wider besseres Wissen aus Angst die willfährigen Antworten geben, der betrügt sich selbst am schrecklichsten, und seine Zukunft ist voll Schuld.« Dieser Satz aber wurde nicht beanstandet, sondern erstaunlicherweise so im DDR-Rundfunk gesendet. Es gab also für uns Prediger eine gewisse Freiheit im sonst sehr streng kontrollierten DDR-Radio, und ich habe tatsächlich immer meine eigenen Texte ohne fremden Eingriff formuliert und gesprochen; sonst hätte ich mich sicher bald nicht mehr an dieser Rundfunkarbeit beteiligt. Diese Morgenfeiern wurden offenbar von vielen Menschen in der DDR, aber auch im Westen und von deutschsprachigen Leuten in unseren östlichen Nachbarländern gehört. Das waren vorwiegend solche Menschen, die krank oder zu alt waren, um am Gottesdienst ihrer Gemeinde teilnehmen zu können. Es gab auch Hörerinnen und Hörer, die hier zum ersten Mal etwas von dem hörten, was die Kirche zu sagen hatte, und die das interessant fanden. Manche trauten sich auch nicht, zum Gottesdienst ihres Ortes zu gehen, weil sie Lehrer oder leitende Mitarbeiter im staatlichen Betrieb waren und fürchteten, als solche kritisch beobachtet zu sein, und sich scheuten, sozusagen als Kirchgänger ertappt zu werden, die hörten auf diese Weise doch ihre sonntägliche Predigt im Landessender. Hier lag aber auch das Problem einer Rundfunkpredigt – und liegt es noch heute. Denn das Zuhörerspektrum war sehr groß. Von der frommen alten Frau im Erzgebirgsdorf, die ihr Leben lang mit ihrem Heiland gelebt hatte und nun bettlägerig nicht mehr aus dem Hause gehen konnte, bis zu einem Fernfahrer, der auf der Autobahn unterwegs war und versäumt hatte, den Sender rechtzeitig zu wechseln. Diese alle zugleich zu erreichen scheint mir nicht möglich, zumal man keinen von ihnen tatsächlich vor Augen hat. Ich wandte mich also in erster Linie an Menschen, die von der Kirche schon etwas erwarteten und vom Evangelium wenigstens eine Ahnung hatten, ohne dass sie zur treuen Kerngemeinde gehören mussten. Das schloss nicht aus, wie mir Hörerbriefe zeigten, dass auch andere von der Predigt im Ganzen oder von einzelnen Aussagen in ihr – manchmal sogar nachhaltig – angesprochen wurden.

Ich muss noch einmal zum Konvikt zurückkommen: Für diese Morgenfeiern gab es ein Honorar. Ja, man konnte sagen: Es war in der DDR das bestbezahlte Gotteswort; denn 150 Mark waren beim DDR-Preisniveau und den niedrigen Pfarrergehältern eine stolze Summe. Als ich im März 1958 meine erste Rundfunkpredigt hielt, waren wir im Konvikt gerade dabei, unsere beiden Gemeinschaftsräume zu renovieren. Wir hatten die Möbel neu bezogen, den Clubraum neu tapeziert und überhaupt allerhand Wirbel gemacht. Wir brauchten nur noch Gardinen für das Fenster und die Glastür zum Balkon. Doch dafür fehlte das Geld. Einen Haushaltsposten dafür gab es nicht. Da kamen mir die 150 Mark sehr zustatten. Wir stellten fest, dass sie gerade für die Gardinen reichten, kauften sie und vervollständigten unsere Renovierung damit. Einige Monate später, als wir wieder ein Projekt hatten, kamen dann die Studenten und fragten: »Na, Herr Hertzsch, könnten Sie nicht mal wieder eine Gardinenpredigt halten?« Und wenn man so will, habe ich noch manche Gardinenpredigt gehalten.

Diese zwei Jahre im Konvikt waren die Zeit, in der ich fast alles zusagte, worum ich gebeten wurde: hier eine Predigt außerhalb Jenas, dort einen Vortrag, wieder woanders einen Gemeindeabend oder ein Gespräch mit einer Jungen Gemeinde, dazu Mitarbeit in evangelischen Akademien anderer Landeskirchen. Das waren für mich sehr interessante Zeiten. Denn ich war viel unterwegs und lernte Gemeinden und Menschen, Städte und Landschaften kennen. Schließlich nahm mich dann die Wirtschaftsleiterin des Konvikts zur Seite und sagte: »Herr Hertzsch, es ist ja schön, dass Sie so vieles machen, aber irgendwann sollten Sie auch im Konvikt sein. Frühere Inspektoren hatten eine sehr viel größere stabilitas loci. Ich wäre dankbar, wenn ich Sie etwas häufiger hier sehe; denn es ist zum Beispiel wieder dies und das vorgekommen; es wäre gut gewesen, wenn Sie da anwesend gewesen wären.« Andererseits hatte ich den Studenten im Konvikt auch immer etwas Interessantes zu erzählen, und auf manche Unternehmungen nahm ich welche von ihnen in die Gemeinden mit.

In dieser Zeit habe ich meine Frau Sigrid geheiratet. Ich habe zuvor im Konvikt gewohnt, hatte dort mein Zimmer als Inspektor. Jetzt bekamen wir – und da hatten wir Glück – in einem Haus direkt gegenüber vom Konvikt eine kleine Wohnung. Das Haus ist so an den steilen Hang gebaut, dass unsere Wohnung von der hochgelegenen Straße aus tief im Keller lag, vom Tal aus gesehen aber in einer gewissen Höhe erschien und sogar mit einem kleinen Balkon versehen war. Weiter unten am Hang waren jedoch die Bahngleise, so dass wir Tag und Nacht die Züge vorbeidonnern hörten, die von Erfurt nach Dresden fuhren. Es war für uns erstaunlich zu erleben, wie schnell man sich an diesen wiederkehrenden Lärm gewöhnen kann und ihn fast schon vermisste, wenn etwa der Nachtexpress von Erfurt nach Prag einmal größere Verspätung hatte. In unserer ersten gemeinsamen Wohnung hatten wir zwei Zimmer, eine Katechetin wohnte in zwei anderen kleinen Räumen dieser Wohnung. Die Küche hatten wir gemeinsam. Und im Januar 1958 an einem grimmig kalten Wintertag heirateten wir. Die Trauung war in der Stadtkirche St. Michael. Mein Vater hielt eine Predigt, die sicher gut überlegt und eindrucksvoll war; ich muss jedoch gestehen, dass meine Aufmerksamkeit geteilt war, weil ich ständig dachte: Hoffentlich erkältet sich meine Sigrid nicht in ihrem schönen, aber wenig winterlichen Brautkleid – denn in der großen, ungeheizten Kirche war es bitter kalt. Trotzdem war es eine festliche Trauung und ein schöner Hochzeitstag, vor allem abends vor dem Kaminfeuer im Haus von Freunden. Ich kannte meine Frau schon von früher. Ihre Mutter war Ärztin und gehörte zum Kreis derer, die die Abendvorlesungen meines Vaters für Hörer aller Fakultäten und seine Predigten schätzten und darum regelmäßig hörten. Sie wurde unsere Hausärztin und ein häufiger Gast im Haus meiner Eltern. Sie hatte eine Tochter und einen Sohn, der später ein überaus geschätzter Landarzt in verschiedenen Thüringer Gegenden war.

Später, als ich in der Lungenheilstätte lag, gehörte auch Sigrid Reichwage zum Kreis derer, die mir in regelmäßigem Wechsel vorlasen. Und als ich dort entlassen war und mein Studium wieder aufnahm, haben wir beide diese gemeinsame Lektüre fortgesetzt. An jedem Sonnabend, an dem wir beide in Jena waren, trafen wir uns. Einmal kam ich zu ihr, in der Woche darauf kam sie zu mir. Wir haben miteinander Tee getrunken, sind auf eine der umliegenden Höhen gestiegen, und dann las sie vor, und wir führten unsere Gespräche. Meine Frau ist Germanistin, hat eine Dissertation über Franz Mehring als Literaturkritiker geschrieben und hatte lange vor mir ihren Doktortitel. Eine Zeitlang war sie Mittelstufenlehrerin in Jena für Deutsch und Geschichte, und als ich nach Zürich ging, ging sie nach Potsdam an die Pädagogische Hochschule. Dort hat sie für das Lehrerfernstudium Lehrbriefe redigiert, ist jeden Morgen durch den Park von Sanssouci zu ihrer Arbeitsstelle gegangen und war ganz gern dort im Brandenburgischen; denn sie ist in Norddeutschland geboren, und etwas von der herben Schönheit dieser nördlicheren Landschaften ist sicher auch in der Mark Brandenburg zu spüren. In dieser Zeit haben wir uns – sie in Potsdam, ich in Zürich – über die räumliche Trennung hinweg verlobt. Wir haben uns Briefe geschrieben und für die Zukunft geplant.

Als ich aus Zürich zurück war, haben wir uns immer einmal in Jena oder in Berlin getroffen; denn es gehörte damals ohnehin zu meinem Leben, dass ich regelmäßig im Abstand von etwa zwei Monaten für zwei oder drei Tage Urlaub nahm und nach Berlin fuhr. Die Grenze nach Westberlin war ja noch offen. Ich benutzte also jeweils diese Tage, um mich gleichsam aufs Laufende zu bringen, was die Theater, die Kunstausstellungen, was der Büchermarkt gerade brachten. Ich ging nach Westberlin und sah mir wichtige neue Filme an, ging in die Buchhandlungen in Charlottenburg und schrieb mir Titel auf, die ich mir von meinen westdeutschen Freunden wünschen wollte, schaute mir an, was die aktuellen Ausstellungen von den Tendenzen der bildenden Kunst deutlich machten; natürlich war es auch schön, einfach so durch die Großstadt zu schlendern. Ich ging ins Theater – mehr in Ost- als in Westberlin. Im Osten fand ich die Theater interessanter, vor allem Brechts Berliner Ensemble, wo Helene Weigels Mutter Courage vielleicht der tiefste Theatereindruck meines Lebens wurde, dann das Deutsche Theater in der Schumannstraße, wo Wolfgang Heinz einen unvergesslichen »Faust« mit Fred Düren inszenierte. Ich denke, auch das war zeittypisch. Wer es irgend konnte, nahm die Möglichkeit wahr, im damaligen Berlin Eindrücke zu sammeln vom Kulturleben und Baugeschehen, von politischen Entwicklungen und literarischen Trends in West und Ost. So auch die Jenaer Studenten. Ich habe mein Leben lang nie die Überlegung angestellt, ob ich nicht lieber nach dem Westen gehen wollte – nicht gerechnet natürlich die Zwangslage, als mein Abitur unmöglich schien. Aber diese offene Tür zu haben, dieses Fenster in eine andere Welt zu nutzen, eine andere Konzeption von deutscher Gegenwart und Zukunft ständig im Blick zu behalten und mit der in unserem Staat zu vergleichen, das war mir schon wichtig. Es war nicht meine Welt. Ich hätte dort nicht ständig leben wollen; dazu war sie mir zu fremd und in ihren Forderungen zu ungewohnt. Zudem war Berlin-West und -Ost immer in einer Ausnahmesituation, hektischer und zwiespältiger als die normale Provinz hüben und drüben. Aber spannend und blickweitend waren diese Besuche immer. Solange meine Verlobte in Potsdam wohnte, haben wir uns bei diesen Gelegenheiten dort oder in Berlin getroffen und die Abende nach ihrer Arbeitszeit gemeinsam genutzt. Als meine Zeit im Konvikt zu Ende ging – ich bin nur zwei Jahre lang Studieninspektor im Konvikt gewesen –, vor allem aber, als wir unsere Wohnung bekommen und eingerichtet hatten und meine Frau von Potsdam wieder nach Jena zog, wurden diese Berlinreisen seltener.

Studentenpfarrer in Jena oder: »Du hast uns hier unseren Platz gegeben«

Die nächste Station für mich war das Studentenpfarramt. Sieben Jahre bin ich Studentenpfarrer in Jena gewesen von 1959 bis 1966, und das war sicher eine der interessantesten und schönsten Zeiten meines Lebens. Wir zogen aus unserer kleinen Wohnung am Berghang ins Pfarrhaus des Studentenpfarrers in der Humboldtstraße im Westen Jenas, der stark befahrenen Ausfallstraße nach Weimar, und ich hatte eine neue Aufgabe: Pfarrer zu sein, Prediger, Berater, Seelsorger, Partner für all die jungen Menschen, die in Jena studierten und Erwartungen an die Kirche hatten. Die Studentengemeinden spielten in diesen Jahren in der DDR eine ungleich größere Rolle als in späteren Zeiten. Es gab an allen Universitätsorten der DDR hauptamtliche Studentenpfarrer für die Studierenden an den sechs traditionellen Universitäten – Rostock, Greifswald, Berlin, Leipzig, Halle und Jena – und in Dresden an der Technischen Universität. Dazu hatten wir eine ganze Reihe von nebenamtlichen Studentenpfarrern an Orten, in denen es Fachschulen oder Musik- oder Bauhochschulen und Ähnliches gab.

Das Gewicht der Studentengemeinden erklärte sich daraus, dass sie zu einer sehr eng geführten Ausbildungskonzeption an unseren Universitäten so etwas wie ein Alternativ- oder Ergänzungsangebot bedeuteten. Ich sage »eng geführt«, weil die Universität sich als eine sozialistische Universität verstand, die auf der Grundlage des Marxismus-Leninismus ihre sämtlichen Wissenschaften betreiben wollte. Das hieß zuerst, dass es ein sogenanntes »Marxismus-Leninismus-Grundstudium« gab, das für alle Studierenden – das heißt auch für die Theologen – verpflichtend war und bei der Zensierung der Semesterabschlüsse, beim Staatsexamen, bei den Promotionen nicht unerheblich ins Gewicht fiel. Das dort Gelehrte hatte geradezu kanonische Bedeutung, sollte gleichsam die unangefochtene Grundlage des allgemeinen Denkens etwa so darstellen wie die Bibel für die mittelalterliche Gesellschaft. Zwei Stunden in der Woche Vorlesung, zwei Stunden Seminar in diesem Fach waren Pflicht, somit ein erheblicher Teil der Wochenstudienzeit. Wirklich belastend war, dass die Darstellungsweise dieses an sich nicht uninteressanten Stoffes eng und ganz schematisch war. Den Studierenden war all das bereits zu erheblichen Teilen auf der Oberschule begegnet und schon dort als schlichter Lernstoff pflichtmäßig zur Kenntnis genommen worden. Eine lebendige, kritische, inhaltliche Auseinandersetzung mit dem Marxismus regte das nicht an. Denn die Dozenten waren meist Leute, die den Marxismus nur aus zweiter Hand hatten. In den Zeiten, als ich Studentenpfarrer war, war immerhin ein bedeutender Marxist wie Ernst Bloch in Leipzig, und Hans Mayer, und Robert Havemann lehrte in Berlin noch eine interessante, marxistisch geprägte Weltsicht. Aber da man an allen Universitäten eine Menge Dozenten für dieses Fach brauchte, wurden zunehmend trocken linientreue Ausbilder eingesetzt. Die gaben das weiter, was die offiziell anerkannte reine Lehre war. So ausgebildete Dozenten waren ängstlich, dass sie von der geltenden Lehre abweichen könnten und hielten sich darum genau an den Buchstaben dessen, was ihnen einst beigebracht worden war. Aus der Theologiegeschichte fällt einem dazu Vergleichbares ein. Diese Leute waren darum oft nicht gesprächsfähig, weil sie im Grunde auf Anfragen nicht selbständig zu reagieren wagten, sondern nur die vorgegebenen Materialien vermitteln konnten. Und nun sollte das jeweilige Fachstudium – außer dem theologischen – auf dieser Grundlage aufgebaut werden. Dieser Forderung entsprachen die Professoren sehr unterschiedlich. Vor allem Mediziner entzogen sich oft mehr oder weniger dieser Forderung. Zum Beispiel der Internist, Professor Brednow, der mir seinerzeit die Lungenoperation in Zürich geraten hatte, hätte sich um die Welt nicht an irgendeine Vorgabe gehalten, von der aus er seine Medizin hätte lehren sollen. International anerkannten Medizinern wurden hier auch Freiräume eingeräumt, weil man nicht auf sie verzichten wollte. Bei den Naturwissenschaftlern war das schon eingeschränkter. Ich erinnere mich an eine handfeste Kampagne gegen einen anerkannten Mathematikprofessor, der übrigens der Studentengemeinde nahe stand und unsere Arbeit förderte; ihm wurde eines Tages der Zutritt zu seinem eigenen Institut verboten, und er wurde schließlich wegen bürgerlich-reaktionärer Gesinnung seines Amtes enthoben. Die Studenten protestierten öffentlich dagegen; aber das änderte nichts an der Maßregelung, und er wich schließlich in den Westen aus. Die Vertreter der Geisteswissenschaften schließlich – oder wie man damals in der DDR sagte: der Gesellschaftswissenschaften wie Pädagogik, Philosophie, Literaturwissenschaft oder Jura – hatten kaum irgendwelche Spielräume, weil ihre Fächer als hochgradig ideologieabhängig galten und sie deshalb die richtige vertreten sollten. So gab es an der Universität zwar Hochschullehrer, die den Marxismus-Leninismus als allgemeine Grundlage ihrer Wissenschaft mehr oder weniger ignorierten; aber es gab kaum solche, die sich kritisch und konstruktiv mit ihm auseinandersetzten. Und an dieser Stelle lag zumindest eine der Erwartungen an unsere Studentengemeinden. Dabei meinten wir »kritisch« durchaus im eigentlichen Wortsinn des griechischen Wortes »krinein«, das ja »beurteilen, unterscheiden« heißt. Es ging uns nicht einfach um eine ideologische Gegenkonzeption, zumal wir immer Wert darauf legten, dass christlicher Glaube nicht eine menschliche Ideologie unter anderen ist. Es ging uns vielmehr um eine kritische Bearbeitung und Gegenüberstellung aller menschlichen Denkgebäude – und dies letztlich vom Evangelium her. Ich zitiere für die Sicht und die Sichtung der politischen Konzeptionen gern das Apostelwort: »Prüft alles und das Gute behaltet«, was, denke ich, einschließt: Und das Schlechte und Falsche weist zurück oder verändert! Den Studenten sollte deutlich werden, dass der Marxismus und die daraus abgeleitete sozialistische Option eine sicher ernst zu nehmende Konzeption war, bei weitem aber nicht die einzig mögliche, und dass es daher wichtig und sinnvoll ist, über all solche Fragen nachzudenken, zu diskutieren und einen eigenen Standpunkt zu gewinnen. Im Grunde forderte das der Sozialismus von seinem dialektischen Ansatz her ja selber und hätte das nicht vergessen dürfen. Wir waren also keine wie auch immer verdeckte Widerstandsgruppe im Umkreis der Hochschule, sondern eine Gemeinde, die im Rahmen ihrer Gesamtaufgabe ein Forum für solche Diskussion und Standortfindung bot.

Man muss freilich dazu sagen: die Studentinnen und Studenten an den Universitäten der DDR gehörten nicht zu den Unterprivilegierten und Zurückgesetzten im Lande. Es gab sicher neben ihnen immer junge Leute in der DDR, die durchaus das Zeug zum Studieren gehabt hätten, aber aus verschiedenen, in aller Regel politisch-ideologischen Gründen nicht auf die Universität kamen. Das begann schon beim Auswahlprozess nach der zehnten Schulklasse, der darüber entschied, wer zur Erweiterten Oberschule zugelassen wurde, die zum Abitur führte. Das war eine rigorose Auslese, da man vernünftigerweise nicht viel mehr Akademiker ausbilden wollte, als voraussichtlich gebraucht wurden. Die Frage war nur, nach welchen Kriterien hier ausgewählt wurde. Die allermeisten gingen jedenfalls nach der zehnten Klasse zur Berufsausbildung oder auf eine Fachschule. Mein Sohn zum Beispiel war in einer Klasse von vierunddreißig Schülerinnen und Schülern. Davon konnten zwei für die Erweiterte Oberschule vorgeschlagen werden. Dabei gab es noch einen sozialen Schlüssel. Die Mehrzahl oder mindestens die Hälfte der Vorgeschlagenen mussten Arbeiter- oder Bauernkinder sein. Damit sollte das bisher bestehende Übergewicht von Abiturienten und Akademikern aus bürgerlichen Kreisen ausgeglichen werden. In unserer Gegend wohnten aber viele Professoren und Zeiss-Wissenschaftler, deren Kinder in die Bertolt-Brecht-Schule gingen. Da kam in der Klasse meines Sohnes neben einem Arbeiterkind also nur noch der Primus in Frage. Mein Sohn Martin war weder Arbeiterkind noch Primus und ist deshalb nicht auf die Erweiterte Oberschule gekommen. Er wurde zunächst Buchhändler, später Rettungsassistent in der Schnellen Medizinischen Hilfe, und ich muss sagen, wir haben das nicht als großes Unglück empfunden. Denn im Unterschied zu meiner Schulzeit und zu dem, was wir heute als Bundesbürger erleben, war es weder ungewöhnlich noch ehrenrührig, dass der Sohn des Universitätsrektors Koch wurde und Pfarrerstöchter Sekretärin lernten. Es gab noch einen anderen Weg zum Abitur, und gerade in der Studentengemeinde hatten wir viele, die diesen Weg zum Studium gegangen waren: Berufsausbildung mit Abitur. Sie erlernten einen praktischen Beruf und wurden zugleich zur Hochschulreife geführt, und hier war die Zulassung offensichtlich leichter zu erreichen. Schließlich wurden die Kriterien in verschiedenen Bezirken auch unterschiedlich streng angewandt. So war die Zusammensetzung der Studentenschaft immer eine gewisse Mischung. Für alle, die studierten, galt aber, dass sie auf irgendeine Weise die Hürden zur Universität genommen hatten und dass die Universitätsleitung davon ausging, sie genügten einigermaßen den Maßstäben, die für die Zulassung an eine sozialistische Universität anzulegen waren.

Damit blieb ein kirchliches Angebot für die Studenten dieser Universitäten ein überaus sensibler Bereich, weil ja in dem Bildungskonzept der Schule wie der Hochschule eine andere Orientierung nicht vorgesehen und darum unerwünscht war. Kriminalisiert und mehr oder weniger untersagt wie am Anfang der 50er Jahre war die Teilnahme am Gemeindeleben nicht mehr. Aber sie bedeutete für die Studierenden schon eine Entscheidung mit gelegentlicher Risikobereitschaft und einiger Selbstsicherheit. Das hieß übrigens – was für mich immer eine Belastung war –, dass wir in erster Linie die Hochbegabten hatten, auf die man an der Universität, selbst wenn sie eigene Wege gingen, nicht gern verzichten wollte. Aber die, die sich mit den Anforderungen ihres Faches quälten, die Mühe mit dem Studium hatten und nur mühsam durch die Prüfungen kamen, die etwas weniger Begabten, die Hilfe und Ermutigung gerade besonders nötig hatten, die konnten sich das oftmals kaum leisten. Manche sagten mir das auch offen: »Ich würde mich gern stärker am Leben der Studentengemeinde beteiligen, aber ich muss sehen, dass ich mit meinem Studium durchkomme und mit meinen oft schwachen Leistungen nicht noch anderweitig ungünstig auffalle.« Man kann nicht sagen, dass keiner von denen bei uns gewesen wäre; denn die Studentengemeinden waren damals recht groß. Wir hatten in Jena einen Gemeindeabend am Dienstag, zu dem hundertfünfzig bis zweihundert Zuhörer kamen, Studenten fast aller Fakultäten, dazu Schwesternschülerinnen, Absolventen der Optikerfachschule und andere. Solche etwas vorsichtigen Leute konnten bei unseren Veranstaltungen in der relativ großen Menge einigermaßen unauffällig verschwinden. Aber sich etwas stärker und aktiver am Leben der Gemeinde zu beteiligen, gar das Amt eines Vertrauensstudenten zu übernehmen, der mit drei anderen für ein Semester in die Leitung der Gemeinde gewählt wurde, das konnten sich tatsächlich nur Leute erlauben, die im Studium besondere Leistungen aufwiesen. Das waren meist Studentinnen und Studenten, die kreativ denken konnten und ein klares Urteilsvermögen entwickelt hatten. Das prägte oft auch ihre Einstellung zur DDR. In der Regel waren sie keine gefühlsbetonten, prinzipiellen Gegner der DDR, sondern sehr gescheite Kritiker, die zu differenzieren verstanden, die eine gewisse Identifikation mit Zielen der Politik und der Verfassung zumindest für möglich hielten, genau darum aber unbestechlich waren in ihren Forderungen an eine Politik, die dem hätte gerecht werden können.

Eine kritische Situation erlebten wir im Jahr 1961 unmittelbar nach dem Bau der Mauer in Berlin, der einen tiefen Einschnitt in unser aller Leben bedeutete. Denn der Weg nach Westberlin, wo wir einen Blick auf das werfen konnten, was in dieser anderen Welt vor sich ging, war plötzlich abgeschnitten. Ungleich härter traf es diejenigen, die überzeugt waren, ihren Weg in der DDR nicht mehr gehen zu können. Bis dahin hatte man nach Berlin fahren und dort über die Sektorengrenze gehen können. Und wenn man nicht das Pech hatte, von der Volkspolizei bei einer Stichprobe herausgegriffen zu werden, war man in Westberlin in einem der Aufnahmelager und wurde von dort in die Bundesrepublik ausgeflogen.

Dass dies nun nicht mehr möglich sein sollte, belastete viele Menschen.

Für die Studenten in meiner Gemeinde war dies jedoch nicht das größte Problem. Ich hatte meist junge Leute vor mir, die in der DDR lebten und in aller Regel auch die Absicht hatten, in der DDR zu bleiben und tätig zu werden. Ich will an dieser Stelle ein paar Sätze sagen zum Weggehen aus der DDR oder zum Dort-Bleiben. Einer meiner Brüder, der an der Technischen Universität Dresden studierte, sagte mir einmal, er habe eine ganze Reihe von Kommilitonen, von denen er wisse, sie haben bereits ihre Verträge mit Bayer Leverkusen in der Tasche. Die studierten relativ auskömmlich in der DDR, während sie im Westen ganz schön hätten jobben müssen. Und wenn sie fertig sind, dann wandern sie mit einer durchaus soliden technischen oder naturwissenschaftlichen Ausbildung nach drüben. Das war bei den Studierenden, mit denen ich zu tun hatte, in aller Regel anders. Besonders deutlich, denke ich, wurde das in unserem Mittagsgebet. Wir hatten nämlich ein tägliches Mittagsgebet in der Friedenskirche, die am Weg von der Universität zur Mensa liegt. Jeden Tag von viertel nach eins bis halb zwei hielt dort die Gemeinde ihr Mittagsgebet. Jeweils eine Studentin oder ein Student der verschiedensten Fakultäten übernahm die Leitung dieses Gebets für eine Woche. Die Leute kamen aus der Mensa oder waren auf dem Weg dorthin, und zwischen Essen und Seminar kamen sie zum Mittagsgebet. In den besten Zeiten waren das vierzig, sechzig, ja bis zu achtzig Studenten. Dabei spielte auch eine Rolle, dass man so etwas wie einen festen Treffpunkt hatte. Wenn einer ein Buch ausborgte, konnte er sagen: »Ich bring's dir dann zum Mittagsgebet zurück.« Man traf dort Vereinbarungen oder tauschte Neuigkeiten aus, solange man vor der Kirchentür zusammenstand. Aber es war völlig klar, dass dies nur ein Nebeneffekt war. Nur ein »Ständerling«, wie ihn die Korporationen gelegentlich haben, wäre kein ausreichender Grund gewesen, dorthin zu kommen. Es ging wirklich um diese Viertelstunde in der Tagesmitte, in der ein Bibelabschnitt gelesen, ein Lied gesungen, ein Gebet gesprochen wurde. Wir hatten gemeinsam eine Ordnung festgelegt und Texte formuliert. Im Mittelpunkt stand ein Gebet mit wechselnden Tagesbitten – an einem Tag für die Kirche, an einem anderen für die Familie, für das Studium, für den Weltfrieden, für die Gesellschaft – und einigen Bitten, die jeden Tag wiederkehrten. Und zu diesen gehörte ein Satz, den ich als einzigen noch im Wortlaut in Erinnerung habe: »Du hast uns hier unseren Platz gegeben. Wir wollen mit deiner Hilfe ihn nicht verlassen.« Es war für diese jungen Leute also durchaus eine geistliche Entscheidung, hier zu bleiben und die Aufgabe wahrzunehmen, die sich ihnen in der DDR stellte. Ich hatte als tuberkulosekranker Student in der Lungenheilstätte erlebt, dass innerhalb von vierzehn Tagen beide Ärzte in den Westen gegangen waren und plötzlich niemand mehr da war, der uns, unsere Befunde und unsere Krankheitsgeschichte kannte. Ich habe also aus eigener Betroffenheit verstanden, wieso die Medizinstudenten in unserer Gemeinde gesagt haben: Wir bleiben hier, soweit es irgend möglich ist. Ein kleiner Vorgriff: Das war sicher der Grund, warum ich zwei Jahrzehnte später – in den 80er Jahren – Mühe gehabt habe, mich als Theologe und Pfarrer eindeutig mit den sogenannten »Ausreisewilligen« zu identifizieren. Schon diese Bezeichnung hat mir nie eingeleuchtet. Denn »ausreisewillig«, das klang so, als seien die anderen alle Ausreiseverweigerer, sozusagen ausreisestörrisch, also unwillig gewesen, endlich auszureisen. Ich denke, man hätte sagen sollen: Ausreisebegehrende oder Ausreisefordernde, und sie forderten damit ein Menschenrecht ein. Auf der anderen Seite habe ich auch Leute verstanden, die gesagt haben: Ich würde am liebsten weggehen, aber ich halte das nicht für verantwortbar. Unsere Kirchgemeinden litten zeitweilig geradezu unter einem Aderlass, wenn ganze Familien plötzlich weg waren: die Frau im Gemeindekirchenrat fehlte, der Mann im Gottesdienst, die Kinder in der ohnehin kleinen Christenlehregruppe. Es kommt ja oft vor, dass es in den Gemeinden einzelne Personen oder ganze Familien gibt, die das Gemeindeleben stark mittragen und prägen. Und nun hieß es also: die sind von einer Nacht auf die andere weg, und jetzt die und jetzt die. Es war schon verständlich, dass junge Leute an der Universität gesagt haben: »Du hast uns hier unseren Platz gegeben, wir wollen mit deiner Hilfe ihn nicht verlassen.«

Für diese Studenten war der Umstand, dass der Staat, der

nun nicht mehr so stark unter dem Druck des langsamen Ausblutens stand, keineswegs mit seinen Bürgern jetzt freundlicher und großzügiger umging, wie sie erhofft und erwartet hatten, das größte Problem. Das politische Klima wurde sogar rauher, die Maßnahmen des Staates wurden härter. Zu den ersten Folgen gehörte eine deutliche Militarisierung. Zusammen mit der »Sicherung der Staatsgrenze« in Berlin gab es einen »Kampfauftrag der FDJ«, der die Jugendorganisation verpflichtete, »alle Jungen« im entsprechenden Alter dafür zu gewinnen, »sich freiwillig zum Dienst in der Volksarmee bereitzuerklären«. Diese Forderung war in sich schon ein Widerspruch; denn eine hundertprozentige Freiwilligkeit aller Jungen ist tatsächlich nicht denkbar. Dieser Kampfauftrag brach nun über Nacht über die Studenten herein und über die Studenten in unseren Studentengemeinden in besonderem Maße. Die allermeisten christlichen Studenten waren nicht bereit, sich zum Waffendienst zu melden. In der DDR gab es bis zum Frühjahr 1962 keine allgemeine Wehrpflicht. Das hieß auch, dass die Nachkriegs-Parole »Nie wieder ein Gewehr in die Hand nehmen!«, also eine eher pazifistische Grundtendenz in der Tradition von Erich Maria Remarque bis zu Wolfgang Borchert das Denken vor allem intellektueller junger Leute noch immer weitgehend prägte, zumal die DDR-Schule noch lange solche Töne durchaus im Programm hatte. Es gab zwar längst die »Kasernierte Volkspolizei«, die später »Nationale Volksarmee« hieß. Das war aber eine Armee mit freiwilligen Berufs- und Zeitsoldaten. Und jetzt plötzlich sollten sich alle Studenten zu diesem Dienst bereiterklären. Das Semester begann bei uns im September nach den großen Sommerferien, in die die Schließung der Grenze in Berlin gefallen war. Die Studenten kamen nach Jena und sahen sich sofort mit dem Kampfauftrag konfrontiert. Der Druck ging für sie vor allem von der staatlichen Auffassung aus, dass Studium nicht ein Recht ist, sondern eine Auszeichnung der Besten. Die Argumentation, die wir im Ansatz ja schon im Kampf gegen Junge Gemeinden und Studentengemeinden 1952/53 kennen gelernt hatten, sah folgendermaßen aus: Die Besten werden dadurch bevorzugt und ausgezeichnet, dass sie von der Masse der Werktätigen auf die Universität delegiert werden. Sie bekommen dort, vom Arbeiter-und-Bauern-Staat finanziert, relativ großzügige Bedingungen, ein gebührenfreies Studium, ein Stipendium selbstverständlich, auf dem damals möglichen Niveau Wohnheimplätze und soziale Absicherung verschiedener Art, vor allem eine hochqualifizierte Berufsausbildung. Aber dafür übernehmen sie auch eine enorme Verpflichtung den Werktätigen und ihrem Staat gegenüber zu hohen Leistungen und erhöhter Einsatzbereitschaft für die Gesellschaft. Und mit dieser Auffassung wurden nun die jungen Männer konfrontiert. Ihnen wurde gesagt: Es ist natürlich möglich, sich jetzt nicht freiwillig zu melden. Aber es ist klar, dass damit die Voraussetzungen für euer Studium nicht mehr gegeben wären. Denn das Mindeste, was man von Studenten einer sozialistischen Universität erwarten kann, ist, dass sie bereit sind, diesen ihren großzügigen Staat im Notfall auch mit der Waffe zu verteidigen. Vor ihnen stand also die Entscheidung: Unterschreibe ich oder setze ich mein Studium aufs Spiel? Unseren Semesteranfangsgottesdienst in der Stadtkirche St. Michael habe ich noch deutlich vor Augen. Dieser Gottesdienst war immer gut besucht; aber diesmal fasste die große Kirche die Studentengemeinde kaum. Alle standen unter einer ungeheuren Spannung und warteten darauf, was ich in der Predigt sagen würde. Den Predigttext habe ich noch in Erinnerung. Wir hatten beschlossen, in diesem Semester an den Gemeindeabenden das Johannesevangelium zu bedenken, und so stand nun plötzlich an diesem Semesteranfang der Bericht aus seinem sechsten Kapitel, dass viele sich von Jesus abwandten, und seine Frage an die Jünger: »Wollt ihr auch weggehen?«

Was ich im Einzelnen in meiner Predigt gesagt habe, weiß ich heute nicht mehr. Aber der Text legt nahe, was damals, als viele von uns vor solch einer ernsten Entscheidungsfrage standen, unsere einzige Antwort sein konnte, nämlich das, was Petrus im Text antwortet: »Herr, wohin sollten wir gehen? Du hast Worte des ewigen Lebens.« Ich habe jedenfalls deutlich in Erinnerung, dass diese Gewissheit uns sehr getröstet und ermutigt hat: Er hat auch für uns Worte des ewigen Lebens, die alle aktuellen, der Zeit unterworfenen Bedrängungen überdauern werden, so dass dann viele Studentinnen und Studenten ihre Kerzen anzündeten, als sie ihre Fürbitten sprachen, und wir zusammen eine große Abendmahlsfeier hielten.

Das war die Großveranstaltung, eine übervolle Kirche mit lauter jungen Leuten, die nach dem Schock des Mauerbaus grundsätzlich wissen wollten: Was sagt nun unser Pfarrer, oder genauer: Was sagt nun das Evangelium zu unserer Lage? Davor und danach hatte ich so gut wie Tag und Nacht junge Männer bei mir im Studentenpfarramt. Die kamen einer nach dem anderen und fragten sich und mich: »Was mache ich?« Der konkrete Zeitpunkt des Militärdienstes stand nicht zur Debatte, denn es galt nur, die grundsätzliche Bereitschaft mit der Unterschrift zu besiegeln. Das Studium wurde nicht unterbrochen. Im Gegenteil, es sollte sofort weitergeführt werden, sobald man die Unterschrift geleistet hatte. Ich habe in diesen Tagen und Wochen eine große Anzahl von Gesprächen mit den jungen Männern geführt und habe versucht, sie persönlich und spezifisch zu beraten. Mein Rat fiel deshalb unterschiedlich aus, nachdem wir oft lange Zeit miteinander gesprochen, ja gearbeitet haben. Es gab solche, die mir sagten, es falle ihnen zwar sehr schwer, aber grundsätzlich seien sie schon bereit, auch Waffendienst zu leisten. Sie fragen sich jedoch, wie sie vor ihren Freunden dastünden, wenn sie die Unterschrift leisten würden. Andere haben mir buchstäblich unter Tränen gesagt, sie wären unendlich gern Arzt geworden, und ich wusste, dass sie dazu auch die beste Begabung hatten, aber ihr Gewissen verbiete ihnen klar, solch eine Unterschrift zu leisten. Jedem von ihnen habe ich versucht, zu seiner eigenen Entscheidung und zu dem Weg zu verhelfen, den er gehen konnte oder musste. Die schließlich verweigert haben, sind zwar unter heftigen Druck geraten. Ihnen wurden harte Konsequenzen angedroht, aber weil es letztlich doch nicht übermäßig viele waren und die meisten von ihnen in ihrem Fach Beststudenten waren, ließ man sie schließlich in Ruhe. Bei anderen wurde die angedrohte Exmatrikulation erst ausgesprochen, dann wieder zurückgenommen. Es hat auch Leute gegeben, die sich, wie das damals hieß, ein Jahr lang »in der Produktion« – also als zeitweilige Arbeiter in einem volkseigenen Betrieb – »bewähren« mussten. Einen vollständigen Überblick über alle Maßregelungen hatte ich jedoch nicht.

Viele haben mir zu jener Zeit oder später gesagt, dass ihnen dies Gespräch mit mir eine große Hilfe war. Doch es gab auch

Enttäuschungen und Hilflosigkeit. Ich habe gerade in diesen Tagen einen Brief bekommen von einem ehemaligen Jenaer Studenten, der mir berichtet, er habe damals unter diesem Druck gestanden und sei deshalb zu mir gekommen, ich habe ihm aber weder Rechtsbeistand geleistet noch ihn trösten können. Ihm Rechtsbeistand zu leisten war für mich freilich nicht möglich. Die Rechtslage war klar. Studium galt nicht als einklagbares Recht, sondern als Auszeichnung, die an bestimmte Vorbedingungen geknüpft war. Diese Rechtssetzung konnte ich kritisieren und verurteilen, jedoch nicht ändern. Das konnten allenfalls die Landeskirchen auf höchster Regierungsebene, und das ist später ja geschehen, als sie die Möglichkeit eines waffenlosen Dienstes in Einheiten von Bausoldaten durchsetzten. Aber dass ich ihn nicht habe trösten können, das ist mir schon nahe gegangen.

Die Ereignisse jener Zeit haben sich nach der Wende noch auf ganz andere Weise bei mir gemeldet. Ich habe nämlich das Protokoll einer Gruppe von drei Leuten der SED-Universitäts-Parteileitung kennen gelernt, die zum Studentenpfarrer Klaus-Peter Hertzsch geschickt worden sind und die der Parteileitung Bericht gaben über das Gespräch. Dies Protokoll bekam ich allerdings nie selber in die Hand, sondern es wurde mir vorgelegt von einer Evaluierungskommission nach der Wende, in der die Lehrtauglichkeit der bisherigen Professoren in Ostdeutschland überprüft werden sollte. Der Vorsitzende dieser Kommission hatte diesen alten Bericht und las mir in Auszügen vor, was diese Herren dreißig Jahre zuvor mit mir geredet haben wollten. Schon die äußere Form dieser Befragung durch die Evaluierungskommission war unerfreulich. Ich war in den Senatssaal geladen worden und dachte, dort wird nun ein Gespräch mit mir geführt. Statt dessen saßen an einem langen Tisch Damen und Herren, und ich hockte ein gutes Stück von ihnen entfernt auf einem einzeln gestellten Stuhl, wurde befragt und hatte zu antworten. So wurde ich 1991 mit diesem Gesprächsprotokoll von 1961 konfrontiert. »Was sagen Sie dazu?« Da wurde zunächst berichtet, ich habe die drei »freundlich an der Haustür empfangen«. Schon das war der Kommission verdächtig. Ich sagte ihr, dass ich gewohnt bin, alle Leute möglichst freundlich zu empfangen. Und dann, sagte der Vorsitzende, hätte ich in diesem Gespräch zwei oder drei fragwürdige Aussagen gemacht. Auf die Frage, ob es unter den Studenten pazifistische Tendenzen gebe, soll ich geantwortet haben, mir seien solche Tendenzen nicht bekannt. Sobald ich aber etwas in dieser Richtung hören würde, würden sie darüber informiert. Das war eine so irrsinnige Behauptung, dass sie mir zunächst fast die Sprache verschlug. Nie im Leben hätte ich diesen Funktionären so etwas zugestanden. Diese Herren haben offenbar ihren Auftraggebern irgendeinen kleinen Erfolg vorzeigen müssen. Das hätte diese spätere Untersuchungskommission sich sicher selber sagen können. Bei meiner zweiten angeblichen Aussage lag es ein bisschen anders. Das Gedächtnisprotokoll der drei Herren berichtet, ich habe mich energisch für eine allgemeine Wehrpflicht eingesetzt. Daran ist wohl so viel wahr, dass ich ihnen gesagt habe: Diese Forderung der Universität an die jungen Leute ist in doppelter Weise unerträglich. Zum einen wird hier eine Forderung gestellt, die keine Möglichkeit lässt, dass Menschen nach ihrem anders geprägten Gewissen handeln können. Und zum anderen ist nicht zu übersehen, dass es hier offensichtlich um eine Scheinfreiwilligkeit geht, die die Sache noch unerträglicher macht. Dann wäre es immer noch ehrlicher, wenn eine allgemeine Wehrpflicht bestünde, der die Betroffenen sich entziehen oder sich stellen können. Aber ihnen zu unterstellen, dass sie sich dazu freiwillig gemeldet haben, obwohl es in vielen Fällen ganz offensichtlich nicht zutrifft, das ist heuchlerisch. Das, wie ich mich deutlich erinnere, habe ich damals in Wirklichkeit gesagt, und so wurde das dann in diesem Protokoll wiedergegeben.

Dieser – sagen wir: immerhin halboffizielle – Besuch einer SED-Gesandtschaft beim Studentenpfarrer war ein völlig einmaliger Vorgang – abgesehen einmal von gelegentlichen Besuchen von Mitarbeitern der Staatssicherheit bei mir. Denn die Existenz einer Studentengemeinde wurde offiziell nach wie vor grundsätzlich ignoriert. Offenbar hielt man die Situation doch für sehr labil und hatte erkannt, dass der Studentenpfarrer hier durch Predigt und Beratung einen erheblichen Einfluss auf die Studenten hatte. Auch zu anderen Studentenpfarrern sind ähnliche Delegationen gekommen, wie wir uns später gegenseitig berichteten. Irgendwie hatte damals jeder von uns mit staatlichen Stellen zu tun.

Im Frühjahr 1962 kam dann die Allgemeine Wehrpflicht. Und die Dinge klärten sich ein wenig. Die Frage beschäftigte uns aber weiterhin; denn nun wurden militärische Lehrgänge zum obligatorischen Bestandteil des Studiums. Wir Studentenpfarrer, die wir alle im und unmittelbar nach dem Krieg aufgewachsen waren, mussten uns auf eine neue Situation einstellen. Wir waren ja die Generation, die unter dem Eindruck der totalen Zerstörung fast ganz Europas den Schwur: »Nie wieder Krieg!« und darum »Nie wieder eine Waffe in die Hand!« tief verinnerlicht hatten. Jetzt aber war die Diskussion über Pazifismus oder Verteidigung neu zu führen. Denn es gab einleuchtende Argumente: Hätte die Sowjetunion zum Beispiel oder hätte Großbritannien, hätten die Hitlergegner auf jeden bewaffneten Widerstand verzichten und damit jedenfalls die Juden in ihren Ländern der unausweichlichen Vernichtung preisgeben dürfen? Das war schon eine ernsthafte Frage. Auf der anderen Seite betonten die jungen Leute in den Gemeinden einhellig, es gehe ihnen nicht darum, den Waffendienst lediglich in der DDR-Armee, also der NVA zu verweigern, sondern sie lehnten grundsätzlich einen Waffendienst zumindest im Zeitalter der Atombewaffnung ab. Später, als der Bund unserer Kirchen in der DDR gegründet worden war, war die Frage von Friedensdienst, von Verteidigung und Verweigerung ein Dauerthema unserer Synode wie unserer Gemeinden. Die Bundessynode vertrat keinen total pazifistischen Standpunkt; aber man einigte sich mehr oder weniger auf eine Formulierung, die, glaube ich, von Bischof Werner Krusche aus Magdeburg stammte, dass der Waffendienst zur Verteidigung zwar für Christen möglich sei, dass jedoch die Verweigerung jeder Waffe »das deutlichere Zeichen« ihres Friedenswillens ist. Beim Staat wurde immerhin die Schaffung von waffenlosen Baueinheiten durchgesetzt, die allerdings immer noch im Gesamtgefüge der Armee ihre Aufgaben hatten, so dass in den 80er Jahren schließlich ein »Sozialer Friedensdienst« unsere neue Forderung war. Schließlich haben ja auch die Friedensgruppen der Kirche und unsere Friedensgebete entscheidenden Anteil an der Wende gehabt.

Studentenpfarrer in Jena oder: Jeder einmal in Tautenburg

Selbstverständlich war in unserer Studentengemeinde dieses Thema bei weitem nicht das einzige und nur zeitweise das beherrschende. Das gesamte Angebot dieser Gemeinde sollte der Öffnung und Erweiterung des Denk- und Diskussionshorizontes dienen, sollte nicht reine Einübung in Opposition und Ablehnung bedeuten, sondern den aktiven Gewinn möglicher Lebensgrundlagen für junge Leute, die in der Entwicklung sind, die sich in einem Gesprächs-Prozess, einem Bildungs-, einem Selbstfindungs-Prozess befinden. Sie brauchten zu dem, was ihnen an der Universität an Fachwissen und Allgemeinbildung vermittelt wurde, weitere Perspektiven, einen größeren Horizont. Ich habe es, am Rande bemerkt, unter diesem Blickpunkt immer für gut gehalten, dass auch für Theologen das sogenannte ML-Grundstudium, also das Studium des Marxismus und des Leninismus, zum Studienpensum gehörte. Ich habe den Studenten gesagt: »Seid froh, dass ihr das so unmittelbar und sozusagen direkt vom Fass bekommt, von Leuten, die mehr oder weniger selber daran glauben. Ihr könnt später auf eurem Dorf ganz anders mit eurem Peppone, eurem Bürgermeister oder Schulleiter umgehen, wenn ihr wisst, was für ihn die reine Lehre ist. Ihr könnt euch mit ihr selbständiger kritisch auseinandersetzen, wenn ihr sie erst einmal ernsthaft zur Kenntnis genommen habt, besser, als wenn ihr die Gegengründe gleich mitserviert bekommt.«

Andererseits ist nicht zu leugnen, dass die Studentengemeinde auch ein bisschen als Enklave des Westens galt. Unser Programm enthielt tatsächlich eine Menge Dinge, die sonst nicht angeboten wurden. Literatur wurde zum Beispiel vorgestellt und diskutiert, die in der DDR nicht oder kaum verlegt wurde. Das war dann schon ein Beitrag aus einer anderen Welt, die hier ganz bewusst bei uns zur Sprache kam. Zu Lesungen hatten wir darum nicht nur Johannes Bobrowski zu Gast, sondern auch Ilse Aichinger mit ihrem Mann Günter Eich. Da hatten wir jedesmal ein überfülltes Haus. Ilse Aichinger war ganz entzückt und sagte: »So etwas habe ich im Westen nur in den Zeiten unmittelbar nach dem Krieg erlebt.« Die jungen Leute saßen auf dem Boden hinter ihr und ihr zu Füßen, als sie beide ihre Texte lasen. Wir hatten diese Veranstaltung nur ganz klein und ungenau als einen Abend über die »Gruppe 47« angekündigt. Trotzdem sprach es sich in Windeseile herum, und die Professoren riefen an: »Wir haben gehört, Herr Pfarrer, dass bei Ihnen die beiden sein sollen. Ist das wahr?« Was wollte ich denn sagen? Da kamen noch sämtliche Germanisten angezogen. Allerdings muss sicher gesagt werden: Im Mittelpunkt unserer Arbeit stand eindeutig die Beschäftigung mit biblischen Texten. Das galt für Jena wie für alle anderen Studentengemeinden in der DDR. Heute kann man sich das kaum noch vorstellen. Der Dienstagabend, der zentrale Gemeindeabend, hieß ganz herkömmlich »Bibelstunde«, die Bibelstunde der Studentengemeinde. Und gerade diese Bibelstunde besaß eine große Anziehungskraft. Mein Vorgänger Heinz Krannich hatte mit den Studenten und der kirchlichen Bauabteilung Räume in einer alten Villa im Jenaer Westviertel zu einem Gemeindeheim ausgebaut. Dort kam die Gemeinde jetzt zusammen. Wir mussten aber kräftig weiterbauen. Wände mussten durchbrochen und große Falttüren eingesetzt werden, damit wir nach beiden Seiten in weitere Räume hinein so erweitern konnten, dass, wenn der Abend gut besucht war, zweihundert Leute dort Platz fanden.

Wir haben uns jeweils für ein Semester ein biblisches Buch ausgesucht und in einer Kapitelauswahl, die ich vorschlug, Dienstag für Dienstag darüber nachgedacht. Das gab dem Semester sein Gepräge: ein Johannes-Semester, ein Hiob-Semester, ein Römerbrief-Semester, ein Semester mit Gleichnissen Jesu oder mit Psalmen oder auch einmal, über ein Semester verteilt, ein einzelner zentraler Bibeltext: Jesu Bergpredigt, die für die jungen Leute in der DDR eine ganz große Bedeutung hatte, die sieben Bitten des Vaterunser oder die zehn Gebote. Ich habe geredet, habe die Texte erläutert, ausgelegt, aktualisiert, auf die Probleme unserer Zeit und unseres Landes angewandt. Danach gab es zwei Möglichkeiten: entweder in einem der Räume an schnell aufgestellten und gedeckten Tischen zusammenzusitzen, Tee zu trinken und über dies und das zu reden, oder mit mir noch eine Stunde in einem anderen Raum im Kreis über den Text des Abends zu sprechen.

Das war in der Regel ein kleinerer Kreis von etwa dreißig lebhaft diskutierenden und fragenden Leuten. Die meisten anderen wollten vor allem zuhören. Sie wollten etwas zur Kenntnis nehmen, wollten die Bibel und deren Lösungen für die Fragen des Lebens einfach kennen lernen. Für Gespräche darüber hatten wir noch viele andere Gelegenheiten im Gemeindeprogramm.

Eine Sache muss ich hier erzählen: Nach der Wende hat jemand im Keller der SED-Bezirksparteileitung in Gera unter all den Akten einen Bericht gefunden über die Studentengemeinde Jena im Frühjahrssemester 1965 und hat ihn mir zu lesen gegeben. Daraus erfuhr ich, wie unsere Arbeit in der Perspektive dieses Berichterstatters aussah. Das war eine außerordentlich interessante und zum Teil verrückte Lektüre für mich: Da gab es ganz zutreffende Beobachtungen, unsinnige Fehlmeldungen und dazu die abwegigsten Interpretationen und Kombinationen. Da wurde zum Beispiel berichtet, jeden Dienstagabend wird von dem Herrn Hertzsch eine Bibelstunde gehalten, in der er einen Bibeltext auslegt. Tatsächlich benutze er diese Texte nur dazu, kritische oder auch feindliche Äußerungen gegen die Republik unterzubringen. Und die Studenten kämen im Grunde nur dorthin, um diese Spitzen zu hören. Allerdings sei er so geschickt, dass man das nicht so richtig greifen könne; es sei eben eine ganz besondere Art der Bibelauslegung, um die Meinung der, wie es hieß, »gläubigen Studenten« zu beeinflussen. Offenbar hatten solche Berichterstatter keine Ahnung davon, wie aktuell und wie jeweils zeitkritisch das Evangelium aus sich selbst heraus ist, wie es allein dadurch, dass es eben verkündigt und ausgelegt wird, in jede Gegenwart neu und kritisch hineinspricht. Zu meiner Überraschung hieß es in diesem SED-Bericht, ich sei im Grunde ein schüchterner, kontaktschwacher Mensch. Besonders belustigt hat mich die Mitteilung, es gäbe da einen innersten Kreis, in den niemand hereinkäme, gleichsam einen Geheimzirkel von einigen Studenten, die sich darum auch nur in meinem Amtszimmer zusammenfänden. Das waren einfach die vier Vertrauensstudenten, immer zwei Studentinnen und zwei

Studenten, die jeweils für ein Semester als Gemeindeleitung gewählt wurden und mit denen ich einmal in der Woche zur Planung und Arbeitsbesprechung zusammenkam. Wir haben vorher gemeinsam Abendbrot gegessen und haben dann über die anstehenden Termine und geplanten Veranstaltungen der Gemeinde geredet und die Aufgaben unter uns verteilt. Gelegentlich haben wir auch über Bibeltexte gesprochen oder über literarische Neuerscheinungen, sofern wir nach dem Dienstlichen noch Zeit hatten. Zuletzt haben wir jedenfalls miteinander gebetet; denn zur Fürbitte gab es immer genug Anlass, aber zum Danken meistens auch. Das war das ganze Geheimnis dieses »Geheimzirkels«. Für mich persönlich bedeuteten diese Vertrauensstudenten übrigens eine Begegnung mit sympathischen und oft eindrucksvollen jungen Leuten; mit vielen habe ich bis heute noch Kontakt. Und ich freue mich immer, wenn ich irgendwo in eine Gemeinde oder eine andere Stadt komme und dort Frauen und Männer antreffe, die einmal als Vertrauensstudenten mit mir zusammengearbeitet haben und die heute als Pastorinnen, als Pfarrer oder als Mitglieder im Gemeindekirchenrat, in einer Synode, in sonst einer Aufgabe in ihrer Gemeinde mitarbeiten. Unter den vier Vertrauensstudenten gab es immer eine Theologiestudentin oder einen Theologiestudenten und drei Studierende oder Fachschüler anderer Fachrichtungen, darunter ein erheblicher Teil Medizinerinnen und Mediziner. Mein erster Vertrauensstudent war Peter Spengler, der später Thüringer Landesjugendpfarrer war, mein letzter war Peter Zimmermann, heute Oberkirchenrat in Weimar. Der Leiter der evangelischen Erwachsenenbildung in der Thüringer Kirche oder der Propst von Halle und Naumburg in der Kirchenprovinz Sachsen hatten ebenso einmal zu einem solchen Vertrauensstudenten-Team gehört. Vor allem aber zahlreiche Nichttheologen vom Chefarzt in Dresden bis zur Lehrerin in einer Thüringer Kleinstadt, von der praktischen Ärztin in Berlin-Mitte bis zum Dozenten für Landwirtschaftswissenschaft in Jena, die ihre Aufgaben in der DDR wahrnahmen und sich zugleich in ihren Ortsgemeinden einsetzten. Für die Partei war dies ein engster Kreis, der ihnen unheimlich vorkam und der geschärfte Aufmerksamkeit erforderte.

Zurück zu unserem Gemeindeleben: Wir hatten vier- bis fünfmal im Semester, jedesmal am letzten Dienstag im Monat einen Studentengottesdienst in der großen gotischen Stadtkirche St. Michael immer mit einer Abendmahlsfeier sehr vieler Studenten; denn es waren die Jahre, in denen die jungen Leute – jedenfalls in der DDR – das Abendmahl als intensive Gemeinschaftserfahrung entdeckten, so dass ihnen in vielen Jungen Gemeinden und eben auch Studentengemeinden daran lag, dass in verschiedenen Formen das Herrenmahl gefeiert wurde.

Gemeinschaftstiftende Gruppen spielten überhaupt eine wichtige Rolle. Wir hatten eine ganze Reihe von Arbeitskreisen. Es gab einen Medizinerkreis, durch mehrere Semester geleitet von einem damaligen Medizinstudenten, der heute in Jena Professor für Gynäkologie ist und eine ungewöhnliche Fähigkeit besaß, interessante Programme zu gestalten und gute Referenten zu gewinnen, so dass gelegentlich die Hörerzahl in seinem Medizinerkreis die des Dienstagabend noch übertraf; heute ist er neben seiner Arbeit in der Klinik Organisator und Leiter des Studium Generale an unserer Jenaer Universität und füllt mit seinen Programmen immer wieder die gesamte Aula. Vor allem im Gespräch miteinander waren die Studenten in einem Naturwissenschaftlerkreis und in einem Bibelarbeitskreis. Es gab auch einen Helferkreis für alte Menschen. Meine Schwiegermutter war ja Ärztin und nannte uns aus ihrer Praxis alt gewordene Patientinnen oder Patienten, für die ein Besuch und ein wenig praktische Hilfe wichtig war. Eine Medizinstudentin übernahm die Organisation, und eine ganze Reihe von Studentinnen und Studenten machten mit. Sie berichteten fast einhellig: Wir haben uns vor allem darauf eingestellt, ihnen Einkäufe zu besorgen, sauber zu machen oder Kohlen aus dem Keller in die Wohnung zu schaffen, aber das spielte dann eine geringe Rolle; vieles davon, sagten sie, besorgen schon die Wohnungsnachbarn oder die Volkssolidarität. Ganz wichtig dagegen war ihnen, dass wir Zeit hatten, ihnen, die oft unter ihrer Einsamkeit litten, bei einer Tasse Kaffee zuzuhören, wenn sie über ihr langes Leben berichteten, und ihnen von uns selber etwas zu erzählen. Für die jungen Leute waren das oft wichtige Stunden und prägende Erfahrungen. Diese Gruppen und Arbeitskreise, zu denen immer auch kurzzeitig Wechselnde kamen, sorgten dafür, dass Studierende mit verschiedenen Interessen und Lebensstilen eine entsprechende Möglichkeit fanden, am Gemeindeleben teilzunehmen. Ich war froh, dass uns dies auch gelang, als eine innerkirchliche Konkurrenzsituation drohte.

Es zeigte sich, dass einige Theologiestudenten, die vom Jungmännerwerk kamen, eine eigene Arbeit mit Studenten beginnen wollten. Ihre Frömmigkeitsprägung war noch stärker bibel- und Jesus-bezogen als die der meisten in unserer Gemeinde. Ihr Anliegen, dem in Jena Raum zu geben, war in Ordnung. Ich war selber mehrfach bei den großen Ostertreffen dieses Werkes als Prediger oder Referent beteiligt. Aber aus unserer westdeutschen Partnergemeinde Tübingen kannten wir die Rivalitäten zwischen der dortigen Studentengemeinde und der Studentenmission Deutschlands, die jeweils ihr eigenes Leben führten und eher in Spannung zueinander lebten als in Kooperation. Angesichts unserer Lage in der DDR hätte ich eine solche Aufspaltung für verhängnisvoll gehalten und war froh, dass ich mich mit den Initiatoren einigen konnte: Ihr kommt in unser Haus, wir arbeiten unter einem Dach. Damals wurde in der Medienlandschaft beider deutscher Staaten gerade das »Zweite Programm« erfunden und eingeführt: ZDF hieß das dort und Fernsehen der DDR Zweites Programm hier. Wir einigten uns darauf, dass es auch bei uns ein »Zweites Programm« der Gemeinde gibt. Jeweils am Donnerstag fand das statt mit eigenverantwortetem Programm, an dem ich mich immer wieder einmal beteiligte. Das ging ganz gut, bis dies Zweite Programm schließlich nach einigen Semestern immer mehr in unser Gemeindeleben hineingewachsen war.

Und zu all dem kam Tautenburg. Das hatte eine Vorgeschichte: Peter Spengler hatte einen Teil seines Vikariats bei mir in der Studentengemeinde absolviert. Wir fanden, dass wir irgendwo in der Umgebung ein kleines Freizeit- und Tagungshaus brauchten, um vor allem gemeinsame Wochenenden anbieten zu können. Wir hielten Ausschau, ob bei einem der nähergelegenen Dorfpfarrhäuser nicht eine ausbaufähige Scheune oder sonst ein Nebengebäude zu finden war. Peter Spengler bezog dann seine erste eigene Pfarrstelle, und wir hatten vereinbart, er solle sich dort sofort umsehen, ob sich da nicht etwas Geeignetes anböte. Er ging nach Tautenburg, schön im Jenaer Umland gelegen; aber er berichtete gleich betrübt: »Es gibt nur einen kleinen Holzverschlag, wo allenfalls vier Karnickel wohnen könnten, aber keine Scheune, kein Nebengebäude, kein Garnichts.« Bis meine Frau und ich bei einem Besuch bei Spenglers mit ihnen eher zufällig auf den Dachboden gingen, um von da oben die schöne Aussicht über das Tautenburger Tal mit seiner Burgruine zu betrachten. Und plötzlich fiel uns auf, dass hier zwei Mansardenzimmer sind mit allerhand freien Raum; wenn man nur zwei oder drei einfache Wände einzieht, kann man daraus ein schönes kleines Heim hoch über den Wäldern und Wiesen ausbauen. Die Familie Spengler unterstützte uns großzügig bei diesem Vorhaben. Wir hatten einen jungen, sehr guten Architekten in der Bauabteilung des Landeskirchenrats; der entwarf den Plan und hat uns sehr geholfen. Das Heim war nicht groß: ein gemeinsamer Schlafraum für Mädchen und einer für Jungen, insgesamt 15 Betten, dazu ein sehr schöner Gemeinschafts-, ein Arbeits- und Gesprächsraum, eine große, helle Diele, in der wir essen konnten, eine sehr geschickt eingefügte nicht sehr große Küche, unten im Erdgeschoss ein Waschraum mit mehreren Waschbecken. Schwierig wurde es, als wir feststellten, das Pfarrhaus hatte kein WC, sondern nur ein Trocken-Klosett, und uns war völlig klar, so ein Heim würde uns sofort von der Hygiene-Aufsicht geschlossen werden: ein kirchliches Heim, das nicht den sanitären Anforderungen genügte. Wir mussten nun im Grundstück eine Klärgrube bauen und die Zuleitung dazu unter dem Hausfundament durchführen. Einen erheblichen Teil der Arbeiten übernahmen die Studenten selber. Fast jeden Sonnabend war ein Arbeitseinsatz in Tautenburg, und wechselnde Gruppen von Studentinnen und Studenten machten sich an die Arbeit. Es war erstaunlich, wieviel Zeit und Kraft sie der Gemeinde zur Verfügung stellten. Für die Klärgrube gab es eine Menge Erdarbeiten, und ich denke noch mit einiger Beklemmung daran, wie zwei Mecklenburger Pastorensöhne – einer von ihnen der erwähnte spätere Dresdner Chefarzt – sich tief in der Erde unter dem Fundament aufeinander zuarbeiteten. Man hörte ganz tief im Boden dumpfe Mecklenburger Laute wie: »Mehr rechts, Dösbaddel!« Als sie endlich wieder glücklich auftauchten, fragte ich, ob sie schon mal was von Arbeitsschutzbestimmungen gehört hätten, und bekam die Antwort: »Herr Pastor, es gibt doch Schutzengel.« Ich gestehe, dass diese Auskunft mich nicht sonderlich beruhigte. Aber es ging in all den Monaten des Baus tatsächlich alles gut und ohne Unfälle, und es wurde ein bildschönes kleines Heim. Ich habe dabei auf einen eigenen Stil geachtet und darauf, daß es in den Kleinigkeiten sorgfältig ausgestattet wurde. Von Vorteil war, dass ein Großteil der Helfer einen Beruf gelernt hatte – Berufsausbildung mit Abitur. Wir hatten Maurer, Maler – darunter sogar einen Theologiestudenten, der vorher Malermeister gewesen war –, Möbeltischler, Installateure und Elektriker. Christoph Kähler zum Beispiel, heute der neue Bischof in Thüringen, hat die Elektrik für das ganze Heim eingebaut, weil er vor dem Studium Elektriker gelernt hatte. Die Partnergemeinden in Tübingen und in Würzburg schickten Einrichtungsgegenstände, die wir in der DDR nicht auftreiben konnten; und natürlich hielten wir alle selber die Augen offen, um in den verschiedenen DDR-Städten schöne und nötige Dinge für unser Heim zu besorgen. Wir schrieben auch an alle Studentengemeinden der DDR, luden sie für später in unser Heim ein und baten für jetzt um Unterstützung, und die haben tatsächlich alle eine Kollekte für uns gesammelt, so dass wir aus einer kurzen Finanznot glücklich wieder herauskamen. Und dann war unser Heim fertig, und wir feierten bis in den anbrechenden Morgen seine Einweihung.

Der große Einsatz hat sich gelohnt. Denn Tautenburg spielte von jetzt an eine wichtige Rolle im Leben unserer Gemeinde. Ungefähr jedes zweite Wochenende im Semester hatte ein Tautenburg-Angebot. Wir gaben die Losung aus: »Jeder einmal im Semester in Tautenburg!« Am Dienstag- und am Donnerstagabend lag ein Buch im Gemeindeheim aus, in dem die Programme angeboten wurden und je eine Spalte für sieben oder acht weibliche und männliche Teilnehmer vorgesehen war. Dort konnten sie sich für eins der Wochenendprogramme eintragen. Und es stellte sich heraus, dass sich die Teilnehmerlisten schnell füllten, so dass wir noch eine Warteliste anfügten für eventuell wieder frei werdende Plätze. Am Sonnabend mittags ging ein Linienbus vom Jenaer Inselplatz nach Tautenburg, den viele Jenaer benutzten, und wir hofften jedesmal, dass alle Studenten noch hineinpassten. Manche kamen mit dem Zug von Dornburg und hatten dann noch einen Fußmarsch von einer halben Stunde kräftig bergan. Nicht selten machten wir das mit der ganzen Gruppe in umgekehrter Richtung am Sonntagnachmittag zur Rückfahrt, wenn wir das Heim – dazu immer mit Händels Feuerwerksmusik lautstark vom Plattenspieler – aufgeräumt und Lust hatten, noch ein Stück durch den anbrechenden Abend zu laufen. Von Autos im Besitz von Studierenden war damals noch keine Rede. Selbst die Studentenpfarrer hatten keinen Wagen. Fahrradfahrer gab es dagegen immer unter den Studenten; die mussten ganz schön durchtreten, weil es kräftig bergan ging vom Saaletal in den Tautenburger Grund. Ich war praktisch jedes Wochenende dabei und lernte so meine Gemeinde jeweils in einer überschaubaren Gruppe von zwölf bis fünfzehn Leuten in einem gemeinsamen Arbeitsgang gut kennen. Schön war es, zwischendurch in den sommerlichen, herbstbunten oder verschneiten Wäldern da oben mit ihnen unterwegs zu sein und den Abend beim Bier oder Wein zusammenzusitzen. Es waren ausgesprochen schöne und intensiv erlebte Wochenenden. Thematisch war unser Programm sehr breit angelegt. Wir hatten zum Beispiel ein Kabarettwochenende mit Texten und Aufnahmen von säkularem und von kirchlichem Kabarett, das zu jener Zeit in Mode war; dann ein Max-Frisch- und ein Bertolt-Brecht-Wochenende, eins über das Judentum und seine Dichtung, verschiedene über theologische Themen: Auferstehung Christi und Auferstehung der Toten, Menschenbild der Bibel oder die Theologie und Biografie Dietrich Bonhoeffers. Wir haben Referenten und Gesprächspartner zu solch einem Wochenende eingeladen: Da war zum Beispiel mein Freund Paul Oestreicher aus London, der ökumenische Weite in unser Gespräch brachte, und Hebe Kohlbrugge aus Holland, die von der illegalen Arbeit ihrer Kirche für die Juden berichtete und von ihrer Haftzeit im KZ Ravensbrück. Oder der Leiter der Psychotherapie in der Universitätsklinik, der ein engagiertes Gemeindeglied war, sprach mit den jungen Leuten ein Wochenende lang über Ehefragen. Volker Bräutigam, einer der profilierten Kirchenmusiker der DDR und damals noch ein ganz junger Mann, führte in elektronische Kirchenmusik ein, die zu der Zeit neu und ungewohnt war. In den Wäldern über Tautenburg gibt es eine große und moderne Sternwarte; einer ihrer Mitarbeiter gehörte zur Tautenburger Kirchgemeinde und hielt mit den Studenten ein Wochenende zum Thema »Naturwissenschaftler und Christ«, bei dem er ihnen Zutritt zur Sternwarte verschaffte.

Großen Raum nahmen in unserem Tautenburg-Programm Wochenenden mit Bibelarbeit und mit Gesprächsleiter-Übungen ein. Das hatte einen besonderen Grund, der die ganze Studentengemeindearbeit in der DDR mehr oder weniger betraf und der eng mit dem Namen von Dietrich Mendt verbunden war. Der war Studentenpfarrer in Leipzig als Vorgänger von Johannes Hempel und ein wichtiger Impulsgeber für unsere gemeinsame Arbeit in den 60er Jahren. Sein – und bald auch unser gemeinsamer – Grundgedanke war: Studentengemeinde hat sicher ihren Sinn in sich selber, aber sie erschöpft sich nicht im Selbstzweck. Diese Zeit in unseren Gemeinden soll für die künftigen Ärzte und Agrarwissenschaftler, Optiker und Krankenschwestern zugleich Vorbereitung auf ihre spätere Ortsgemeinde sein. Die jetzt Studierenden sollten dann in der Lage sein, sich in ihrer künftigen Ortsgemeinde aktiv zu integrieren. Unsere Vorstellung war, dass so ein Mediziner oder Diplomingenieur im neuen Heimatort zu seiner Pastorin oder seinem Pfarrer geht und sagt: »Ich komme aus der Studentengemeinde und könnte Folgendes in der Gemeinde übernehmen: Ich kann eine Gruppe leiten. Ich kann als Lektor im Gottesdienst tätig sein. Ich kann ein Gemeindeseminar vorbereiten. Ich kann spezielle technische Aufgaben übernehmen. Ich kann einen Hausbibelkreis ins Leben rufen.« Wir hatten schon damals den Gedanken, der heute eine wachsende Bedeutung in unseren klein gewordenen Ortsgemeinden bekommt; dass qualifizierte Gemeindeglieder im sogenannten Ehrenamt je nach ihren Gaben das Leben der Gemeinde mitgestalten und die Hauptamtlichen entlasten und ergänzen. Solche aktive und verantwortliche Mitgestaltung des Gemeindelebens waren diese Studierenden von unserer Arbeit gewohnt, und es lag nahe, dies der Gesamtkirche zugute kommen zu lassen. Es schien uns außerordentlich wichtig, dass die Studenten solche Formen der Bibelarbeit kennen lernten, die sie später mit einer anderen Gruppe praktizieren konnten. Dietrich Mendt ist nach dem Studentenpfarramt, und ehe er Mitglied der sächsischen Kirchenleitung wurde, viele Jahre Gemeindepfarrer in Karl-Marx-Stadt gewesen, im heutigen Chemnitz, und er hat dort im Lauf der Jahre fünfundzwanzig Hauskreise aufgebaut oder angeregt, die selbständig ihre regelmäßige Arbeit und ihre oft intensive Gemeinschaft gestalteten. Er hat dafür schon in der Studentengemeindezeit eine sehr einleuchtende Methode entwickelt, mit der eine Gruppe von Nichttheologen sich ganz selbständig Schritt für Schritt einen Bibeltext erschließen kann. Diese Methode benutzten wir an zahlreichen Wochenenden in Tautenburg, und das war für die Teilnehmenden meist so überzeugend, dass sie immer wieder darauf zurückkamen und oft Lust hatten, dies in ihrer künftigen Ortsgemeinde einzuführen. Denn man kam vom Bibeltext jedesmal sehr intensiv ins Gespräch über Fragen der Zeit, der Gegenwart, des eigenen Lebens und hatte zugleich eine einprägsame Begegnung mit einem Abschnitt der Bibel. Ein anderer Schwerpunkt in diesem Zusammenhang waren Übungen in Gesprächsleitung; denn wir waren überzeugt, dass für viele Gruppenvorgänge in den Gemeinden eine kluge und umsichtige Gesprächsleitung wichtig, aber häufig leider nicht vorhanden war, so dass Leute gebraucht wurden, die das gelernt und geübt hatten. Dafür war nun wieder der Greifswalder Studentenpfarrer von damals, Hansjürgen Schulz, mein Freund schon aus gemeinsamen Jenaer Studententagen, der Fachmann. Er hatte eine außergewöhnliche Begabung dafür, Gespräche in kleinen Gruppen aber selbst in großen Versammlungen zu leiten, in Gang zu bringen, durch kritische Situationen zu steuern, zu einem guten Abschluss zu führen, und er verstand es zudem, dies an andere methodisch zu vermitteln. Damit zog er durch unsere Gemeinden und gab Kurse, und Tautenburg war dafür ein idealer Ort.

Ich habe in all den kommenden Jahren immer wieder ehemalige Studenten aus meiner Gemeinde oder aus anderen Studentengemeinden getroffen, die in ihren Ortsgemeinden anwandten, was sie damals gemeinsam ausprobiert und miteinander gelernt hatten. Es gab freilich auch Leute, die mir von ihrer Enttäuschung berichteten. Eine junge Ärztin erzählte, als sie zu ihrem neuen Ortspfarrer kam, sei der etwas ratlos gewesen. Er war anscheinend einer der typischen Einzelgänger im Pfarramt, die alles allein machten und nicht wissen, was so eine Frau Doktor denn in der Gemeinde tun könnte als kommen und ihm zuhören. Schließlich sei ihm eingefallen: »In vier Wochen, Frau Doktor, ist Straßensammlung. Da könnten Sie eine Sammelbüchse übernehmen.« Das war die einzige Aufgabe, die er für solch ein Gemeindeglied wusste. Aber, wie gesagt, es gab auch viele Pfarrerinnen und Pfarrer, die für eine echte Mitarbeit dankbar waren und mit unseren ehemaligen Studenten ausgezeichnet zusammenarbeiteten. Soviel also zu Tautenburg.

Studentenpfarrer in Jena oder: Wie gehen wir mit der Stasi um?

All das muss man sich vorstellen in der spannungsreichen Situation unserer kirchlichen Arbeit am Hochschulort. Einerseits gab es das verfassungsmäßige Recht auf freie Religionsausübung, andererseits stand unsere Arbeit immer unter dem Verdacht, eine getarnte Aktivität gegen die sozialistische Universität zu sein. Deshalb lag mir an einer möglichst klaren Offenheit und Öffentlichkeit. Im Semesteranfangsgottesdienst teilten wir ein Semesterprogramm für das jeweilige Semester aus, das auf einem DIN-A4-Blatt über alle Vorhaben berichtete; es wurde mühsam im Stadtkirchenamt von einer Wachsmatrize vervielfältigt, und ich unterschrieb davon mehrere hundert Exemplare Stück für Stück, damit es nicht als unerlaubtes Druckerzeugnis beanstandet werden konnte. Dort hatte ich als Vorspruch eine wiederkehrende Formulierung: »Alle Veranstaltungen sind grundsätzlich öffentlich und für jeden ohne weiteres zugänglich. Die Studentengemeinde ist die Arbeit der Kirche mit ihren Gliedern am Hochschulort und steht so unter dem Schutz der Verfassung, die das Recht auf freie Religionsausübung garantiert.« Trotzdem gingen wir davon aus, dass unser Gemeindeleben sorgfältig beobachtet wurde. Von allen, die ein Amt in der Gemeinde übernahmen, vor allem von den jeweiligen Vertrauensstudenten erforderte das schon eine klare Entscheidung und die Bereitschaft, sich zu unserer Sache zu bekennen. Sie machten dabei übrigens eine Erfahrung, die viele andere in der DDR gemacht haben – in der Schule, im Betrieb, im öffentlichen Dienst –, dass nämlich ihr Leben als Christen viel eher möglich und in Grenzen auch akzeptiert war, wenn sie von Anfang an sagten: »Ich bin Christ, und ich gedenke, dies zu praktizieren.« Der Ingenieur in seinem Betrieb, die Ärzte in ihrer Klinik, selbst Lehrerinnen in ihrer Schule, die dem Kaderleiter, also dem Personalchef oder dem Schulleiter das gleich bei der Einstellung sagten, hatten sicher geringere Karrierechancen, aber es ging ihnen in aller Regel besser als denen, die darüber nichts sagten und eines Tages angesprochen wurden: »Du bist doch in der Kirche gesehen worden. Gehörst du da etwa dazu?« Und ganz schwierig wurde es, wenn sie dann auszuweichen versuchten »Ja, das war nur zufällig« oder gar »Das muss eine Verwechslung sein«. Die gerieten viel eher unter einen Dauerdruck, sich ideologisch auf die richtige Seite zu stellen. Wer Vertrauensstudent wurde oder einen unserer Arbeitskreise leitete, ging fast immer den klaren Weg; in der Seminargruppe und bei den Dozenten war bekannt, dass er oder sie Christ war und dies zu bleiben und zu praktizieren gedachte. Es gab natürlich immer auch Studentinnen und Studenten, die ängstlicher und zurückhaltender im Gemeindeleben waren, und niemand konnte ihnen das übelnehmen.

Wirkliche Probleme brachte uns zeitweise das Misstrauen in Sachen »Staatssicherheitsdienst«. Das hat uns eine Weile sehr beschäftigt und belastet. Viele glaubten zu wissen: Der arbeitet für die Stasi. Wenn der den Raum betrat, verstummten die Gespräche. Oder: Die ist im fremden Dienst. Die wollen wir nach Tautenburg nicht mitnehmen. Ich hatte – wie wohl alle Studentenpfarrer – intensive Erfahrungen mit der Anwerbung solcher informeller Mitarbeiter durch das MfS unter den Studierenden; denn im Seelsorgegespräch unter dem Beichtgeheimnis redeten sich viele diese Last von der Seele. Ich wusste in vielen Fällen, dass die Verdächtigten zu Unrecht in diesen Ruf gekommen waren und dass die tatsächlich Verpflichteten oft solche waren, von denen es niemand annahm. Diese waren unter Druck gesetzt worden oder hatten sich davon Vorteile für ihr Fortkommen versprochen oder waren einfach nur zu arglos gewesen. Nicht wenige von ihnen hatten eine Verpflichtungserklärung unterschrieben. In aller Regel wollten sie, wenn sie das Gespräch mit mir suchten, aus dieser Verpflichtung wieder herauskommen, wussten aber nicht, wie das möglich war. Wir konnten ihnen tatsächlich helfen. Denn wir machten als Studentenpfarrer eine einhellige Erfahrung: Diese jungen Leute wurden für den Staatssicherheitsdienst sofort uninteressant, wenn bekannt wurde, dass sie mit dem Pfarrer darüber gesprochen hatten. Darum sagten wir ihnen: »Erstens: Unser Gespräch jetzt steht unter dem Beichtgeheimnis, das für den Pfarrer unverbrüchlich ist und ihm vom Staat zugebilligt wird. Das heißt aber, Sie haben sich dem SSD gegenüber zwar zum Schweigen verpflichtet, das gilt jedoch nicht für die Beichte. In der Beichte haben Sie keinerlei Schweigepflicht. Und zweitens: Sie gehen zu Ihrem Führungsoffizier und sagen ihm: Ich habe im Seelsorgegespräch mit dem Pfarrer über meine Verpflichtung gesprochen.« In dem Augenblick war die Sache für das MfS erledigt, und merkwürdigerweise blieb das für die Betreffenden, soweit ich das übersehen konnte, ohne nachteilige Folgen. Selbstverständlich erfuhren die anderen von solchen Vorgängen niemals auch nur in Andeutungen etwas. Aber das genügte für das Leben in der Gemeinde nicht. Denn es blieb eine zweite Problemgruppe, die zu mir in die Sprechstunde kam. Die beteuerten mir – selbst die Jungen häufig unter Tränen –: »Ich merke, in der Gemeinde herrscht ein riesiges Misstrauen gegen mich. Aber ich bin wirklich nicht das, wofür die mich halten. Ich arbeite nicht für die Staatssicherheit. Unter den Augen Gottes und unter dem Beichtgeheimnis – ich kann Ihnen sagen: es stimmt nicht. Was soll ich denn machen? Je mehr ich es irgendwo beteuere, desto auffälliger werde ich und desto mehr rücken die anderen von mir ab.« Wir haben dann tatsächlich einen Ausweg gefunden, der auch eine wichtige Erfahrung für mein künftiges Leben geworden ist. Wir haben zuallererst das Problem offen angesprochen. Es gab gelegentlich eine Gemeindeversammlung, nicht eine ganz so große Zahl von Leuten wie am Dienstagabend, aber doch die Möglichkeit für alle, die aktiv mitarbeiteten oder am Leben der Gemeinde interessiert waren, über unsere künftige Planung und unsere aktuellen Probleme zu reden. Dort haben wir diese bedrückende Sache zur Sprache gebracht – natürlich ohne Bezugnahme auf irgendeine bestimmte Person –, offen darüber diskutiert und einen Ausweg gesucht. Und wir haben uns schließlich darauf geeinigt und haben das auch durchgehalten: Wir lassen uns von dieser finsteren Behörde nicht auseinanderdividieren. Unser brauchbares Stichwort hieß »Verantwortliches Reden«. Wir verpflichten uns untereinander zu einem verantwortlichen Reden in der Gemeinde. Das heißt, wir werden niemandem nach dem Munde reden, und die Wahrheit, wie wir sie erkannt haben, werden wir weiter beim Namen nennen; aber wir werden so reden, dass wir jederzeit sagen können: Das habe ich gesagt, und dafür stehe ich auch vor allen Instanzen ein. Das bedeutet aber: Wir müssen unsere Emotionalität im Zaum halten, um nicht hinterher sagen zu müssen: »Das ist mir nur so herausgerutscht. Das habe ich so gar nicht gemeint.« Wir wollen versuchen, dass wir, was immer wir sagen, vor uns selber und vor den anderen und vor beliebigen menschlichen Instanzen und das heißt zuletzt vor Gott verantworten können. Ich erinnere mich, wie es ein Medizinstudent für sich auf den Punkt brachte. »Was ich vor Gott verantworten kann, kann und will ich auch vor dem Staatssicherheitsdienst verantworten.« Natürlich war solch ein Versuch gerade für junge Leute nicht leicht. Wir verzichteten zum Beispiel darauf, uns in der Gemeinde politische Witze zu erzählen, obwohl es zahlreiche und oft ganz originelle gab. Aber deren Pointe lebt ja davon, dass der kritisierte Sachverhalt oft bis ins Groteske überzeichnet wird, und wer hier von einer humorlosen Behörde beim Wort genommen wird, ist schnell in Beweisnot. Klar ist auch, wer einen persönlichen Ärger oder Zorn loswerden will, wird die Worte kaum auf die Goldwaage legen wollen. Wir haben trotzdem unsere Gespräche bewusst nach unseren Möglichkeiten disziplinierter und sachlicher geführt. Und ich denke, das ist ihrer Qualität und Zielgenauigkeit zuletzt nur zugute gekommen. Jedenfalls sind wir auf diese Weise aus den Zwängen des allgemeinen Misstrauens herausgekommen. Das hat uns tatsächlich geholfen, wieder unbefangener und freier miteinander zu reden. Mochte eine oder einer – unter welchem Druck immer – unter uns sein, der das weitergibt, mag er oder sie das tun; wir haben nichts zu verbergen.

Zum Stichwort »Staatssicherheitsdienst« kommt mir noch eine besondere, fast amüsante Erinnerung, und zwar im Zusammenhang mit unserem Kabarett. Da muss ich ein bisschen ausholen. Als Studentenpfarrer hatte ich die Idee, mit ein paar Studenten ein kirchliches Kabarett zu machen. Das lag damals in der Luft. Es gab vor allem im Westen eine Reihe von solchen Kabaretts. Deren Programme waren allerdings fast ausschließlich kirchenkritisch und spießten Schwächen des kirchlichen Lebens auf. Das war ja sicher auch nützlich und letztlich im Interesse der Kirche selbst. Aber wir in unserer besonderen Situation wollten versuchen, vor allem unsere kirchenkritische Umwelt aufs Korn zu nehmen und sie unsererseits zu kritisieren; darum nannten wir unser Programm »Der Schuß von der Kanzel«. Es gibt ja eine berühmte Novelle des Schweizer Dichters Conrad Ferdinand Meyer mit diesem Titel, und dass einer der mitspielenden Studenten Konrad Meyer hieß – heute ist er Pfarrer in Sachsen –, gab noch eine kleine zusätzliche Pointe. Also nicht der Schuss auf die Kanzel, sondern jetzt einmal in umgekehrter Richtung. Ich habe die Texte geschrieben; ein Theologiestudent, ein guter Pianist, hatte spritzige Vertonungen beigesteuert. Er saß am Klavier, drei Studenten und ich spielten die Rollen, sprachen und sangen die Texte. Einige davon sind in der DDR ziemlich bekannt geworden; vor allem »Die Ballade von Gustav Flink, dem Wechsler im Tempel«. Der wechselte von der Kaiserzeit über die Hitlerzeit und die DDR bis schließlich zum Flüchtlingslager Marienfelde immer aufs Neue zwischen Kirchenaus- und -wiedereintritt jeweils mit dem Strophenschluss: »Ein Mann muss Grundsätze haben. Also: Raus aus der Kirche!« oder eben, wenn der Wind sich gedreht hatte: »Also: Rein in die Kirche!« Eine Szene zeigte den Vater mit seinem maulenden Jungen, dem er auf ihrer Wanderung zeigen wollte, wie man in der Natur die eigentliche sonntägliche Weihestunde erleben kann. Ein hochmoderner Gast, aufgeklärt und also über das Christentum längst hinausgewachsen, erwies sich im Hotel Zimmer Nummer 13 als lächerlich abergläubisch. In einem Ensemble ging es um die Versicherung:

»Wir brauchen keine Archen
wie einst die Patriarchen.
Da können wir nur kichern:
wir lassen uns versichern.«

Eine Nummer hatte besonderen Erfolg. Sie hieß »Die Perikopenmaschine«. Wir arbeiteten damals schon mit einem Tonbandgerät. Da hielt ein Atheismus-Agitator eine Aufklärungsstunde über die Religion. Da er für seine Argumentation immer Bibelzitate heranzog, die Stellenangabe jedoch nicht im Kopf hatte, besaß er als Neuestes eine Maschine, die diese Stellen ihm auf Anruf jeweils mit mechanischer Stimme nachreichte. Er zeigte das auch: Er musste nur »Halleluja!« sagen, da klingelte die Perikopenmaschine und gab die zahlreichen entsprechenden Psalmverse an. Der Witz war nun, dass die Maschine auf all seine angeblichen Bibelzitate nicht reagierte, da zum Beispiel der gegen das Christentum seinerzeit oft zitierte Satz »Diese Erde ist ein Jammertal« gar nicht in der Bibel steht. Er meinte, das liege an einem technischen Versagen der Maschine, und seine Überraschung war dann groß, als sie im zweiten Teil seines Vortrags immer aufs Neue klingelte, als er Sätze sagte, die angeblich neueste wissenschaftliche Erkenntnisse darstellten: »Wer nicht arbeiten will, der soll auch nicht essen.« oder »Niemand hat Gott je gesehen«. Und als die Maschine ihm am Ende sagte, auch sein atheistischer Kernsatz »Es gibt keinen Gott« stehe in der Bibel, schlug er, völlig aus dem Konzept gekommen, dort nach und fand den Psalmvers: »Es gibt keinen Gott – sprechen in ihrem Herzen die Toren«, manchmal ließ ich ihn auch lesen: »die Dummköpfe«. Damit das Programm nicht ganz einseitig bliebe, haben wir zwei kirchenkritische Szenen eingebaut. Besonders wirkungsvoll war eine evangelische Dichterlesung. Ausdrücklich christliche Dichtung war zu der Zeit in sehr unterschiedlicher Qualität auf dem Buchmarkt zahlreich vertreten. Diese Lesung sollte nun aber leider ausfallen, da der letzte evangelische Dichter – eine Anspielung auf verschiedene entsprechende Vorgänge damals – soeben zur katholischen Kirche übergetreten sei. Nun stellt sich heraus, dass die Herren aus dem Publikum alle »ganz zufällig« eigene Manuskripte christlicher Dichtung bei sich führen und einer nach dem anderen nach vorn drängt, um seinen Text zu Gehör zu bringen – vom »sehr christlichen« Bauernroman bis zum theologisch aufgeladenen »Oberwiesenhofstätter Feldhüterspiel«.

Mit diesem Programm sind wir in der DDR von Eisenach bis Greifswald unterwegs gewesen. In Eisenach im großen Saal des Johannes-Falck-Hauses saß auch Landesbischof Mitzenheim im Publikum. Wir waren ein bisschen ängstlich, ob ihm dabei nicht ungemütlich würde; denn vor allem politisch waren das zum Teil gewagte Texte. Aber er kam nach dem Abschluss zu uns hinter die Bühne und sagte: »War gut. Kritisch, aber nicht nur kritisch. Scharf, aber nicht zu scharf. Und ihr wisst ja: Humor ist eine ernste Sache.«

Warum erzähle ich das im Zusammenhang Staatssicherheitsdienst? Weil wir unsere größte Aufführung in Leipzig hatten, in einem weiträumigen Saal vor einem großen Publikum. In Leipzig war in dem Jahr das sogenannte Südgemeindetreffen, bei dem sich einmal im Jahr alle Studentengemeinden aus der Südhälfte der DDR für zwei Tage trafen. Dort spielten wir unser Programm »Der Schuß von der Kanzel« vor vielen Zuschauern; denn auch die Leipziger Kirchgemeinden waren eingeladen.

Hinterher kam ein Herr zu mir, den ich schon als einen Vertreter staatlicher Behörden kannte. Als Leiter unserer Berliner Geschäftsstelle hatte ich später viel mit ihm zu tun. In seiner offiziellen Funktion war er Vertreter des Staatssekretariats für Kirchenfragen. »Herr Hertzsch«, sagte er, »stellen Sie sich vor: Ich war ganz zufällig gerade in Leipzig, und da habe ich ganz zufällig erfahren, dass Sie hier Kabarett machen, und da ich ganz zufällig etwas Zeit hatte, bin ich hierher gegangen und habe mir das mal angeguckt. Das war ja wunderbar, das war ja großartig. Das hat mir prima gefallen. Nun hätte ich aber ein Interesse und eine Bitte: Können Sie mir vielleicht mal die Texte geben? Sehen Sie, wenn ich daheim in Berlin ins Deutsche Theater gehe und sehe mir zum Beispiel den ›Clavigo‹ an, dann hole ich mir, wenn ich nach Hause komme, meinen Goethe aus dem Regal und lese das Stück noch mal durch. Da kann ich das Gesehene und Gehörte sozusagen noch mal vertiefen. Das würde ich so gerne auch mit Ihren Texten machen.« Ich musste schnell einen Ausweg erfinden; denn ich wusste gleich, wo der Freund »ganz zufällig« herkam und wozu er diese Texte brauchte. Ich sagte ihm also: »Lieber Herr W., ich würde Ihnen gern einen Gefallen tun. Aber wissen Sie, Kabarett ist weitgehend Improvisation, vieles ist da gar nicht aufgeschrieben.« So ein Unfug! Es war natürlich alles aufgeschrieben – obwohl wir auch immer dazu erfanden und im Spiel dies und das improvisierten. Dennoch gab es immer einen vorgegebenen Text. Dieser Verbindungsmann zum MfS jedoch ging unverrichteter Dinge davon und hat mir mehrfach versichert, wie sehr er das bedauerte. Das habe ich ihm aufs Wort geglaubt.

Solche Treffen unserer Gemeinden wie in Leipzig waren uns wichtig, und darüber werde ich jetzt ein wenig berichten. Es gab sie auf verschiedenen Ebenen: Gemeinden trafen sich, spezielle Gruppen, einzelne Studenten aus verschiedenen Orten, die Studentenpfarrer. Meine damaligen Kollegen waren mir ganz wichtig, vor allem die hauptamtlichen. Von jenen in Leipzig habe ich schon geredet: Dietrich Mendt und nach ihm Johannes Hempel, der später Bischof von Sachsen und zeitweilig Präsident des Weltkirchenrates wurde. Auch die fünf anderen waren interessante und in der Zukunft für die Kirche in der DDR wichtige Leute. Mit ihnen im Gespräch und gemeinsam an der Arbeit zu sein, war überaus anregend. Wir trafen uns aus verschiedenen Anlässen. Ich habe die sechs anderen Hauptamtlichen auch zweimal nach Tautenburg eingeladen. Da haben wir jeweils drei Tage lang zusammengesessen und kritisch über unsere Arbeit geredet. Jeder brachte ein Beispiel aus seiner Arbeit mit, einen Vortrag oder eine Bibelauslegung und hatte einen Vormittag oder einen Nachmittag Zeit, uns das vorzustellen und mit uns darüber zu reden, die wir mit brüderlicher Unbestechlichkeit seinen Beitrag auseinandernahmen. Das war sehr gut und für uns alle nützlich. Dazwischen spielten wir auf dem schräg ansteigenden Rasen des Pfarrgartens Boccia und saßen abends beim ungarischen Rotwein zusammen und sprachen über eine neue Gestalt der Kirche und über unsere Chancen in dieser Welt. Ich habe Johannes Hempel später, als er sächsischer Bischof war, daran erinnert, wie wir damals geplant und geträumt haben: Wenn wir mal drankämen, wie die Kirche dann aussehen sollte und wie wir alles ganz anders machen würden. Und er hat geseufzt und gesagt: »Du glaubst nicht, wie die Strukturen einen Rahmen geben, an dem man sich unglaublich reibt. Wir haben zwar solch eine Zukunft schön geträumt. Aber wenn du dann selber Bischof bist, dann sieht vieles ganz anders aus.« Trotzdem sind unsere Gespräche von damals der DDR-Kirche sicher an mancher Stelle zugute gekommen, denke ich.

Uns lag überhaupt für unsere Studentengemeinden viel an Querverbindungen: Zunächst zu den katholischen Studentengemeinden, mit denen wir unsere Programme abstimmten und gelegentlich zusammenführten; eine der beiden DDR-Studentenpfarrerkonferenzen im Jahr war immer ökumenisch. Dann zu den anderen Studentengemeinden in der DDR, zu denen es eine Menge Querverbindungen gab und viele gemeinsame Konferenzen; davon erzähle ich genauer, wenn ich auf meine Arbeit in unserer gemeinsamen Geschäftsstelle zu sprechen komme. Dazu kamen unsere Verbindungen zur normalen Kirchgemeinde jeweils an unserem Ort. Gelegentlich wurde uns der Vorwurf gemacht, dass wir durch solch ein spezielles Angebot für Studenten diese jungen Leute von der normalen Kirchgemeinde abzögen, für die sie doch wichtig wären. Ich denke, das war ein falscher Vorwurf; denn die allermeisten von diesen jungen Leuten hätten am Leben einer herkömmlichen Gemeinde sicher nicht teilgenommen. Sie wurden nur durch unsere ganz auf sie zugeschnittene Form des Gemeindeseins erreicht. Aber um so wichtiger war uns, dass dies nicht so blieb, sondern dass sie über unsere Arbeit den Weg in die Ortsgemeinde fanden – vor allem später nach dem Studium. Davon habe ich ja schon berichtet. Dazu kamen die diakonischen Aktivitäten der Studierenden in der Jenaer Ortsgemeinde, und wir haben gemeinsame Gottesdienste mit der Stadtgemeinde gestaltet und waren froh, dass auch immer Gemeindepfarrer zu uns als Gäste kamen.

Für mich persönlich kam noch etwas anderes hinzu: Zwei- oder dreimal im Jahr kam in Jena die Gruppe der jungen Pfarrer in Jena zusammen, mit denen ich auf dem Predigerseminar in Eisenach ein halbes Jahr verbracht hatte, die Leute meines Ordinationsjahrgangs, die jetzt ihre erste Pfarrstelle hatten, ihre ersten Erfahrungen machten und die regelmäßig für zwei Tage nach Jena kamen, um sich darüber auszutauschen. Sie erzählten von ihren Erlebnissen, von Einsamkeitserfahrungen, Frustrationserfahrung, aber auch von vielen guten Anfängen und erfreulichen Erlebnissen. Wir versuchten uns gegenseitig zu beraten, und alle hatten das Gefühl, man kann hier Probleme, Ärger und Ängste abladen. In der Regel haben wir uns für einen Vormittag ein Mitglied des Landeskirchenrats eingeladen, einen Oberkirchenrat, den wir über seine Arbeit ausfragten und oft hart zur Rede stellten, wenn uns Entscheidungen der Kirchenleitung nicht einleuchteten. Natürlich hatten wir in vielem eine kritische Meinung und entschiedene Forderungen für die Erneuerung der Kirche. Irgendwann kam darum für unsere Gruppe der Name »Ketzer-Konvent« auf. Immerhin kamen die Oberkirchenräte alle zu uns und stellten sich unseren Fragen. Ein anderer ständiger Programmpunkt war zum Beispiel eine Bücherschau, die ich machte. Ich versuchte, diese jungen Pfarrer in ihren Dörfern auf dem Laufenden zu halten: »Kauft euch das mal oder borgt euch das aus«, sagte ich. »Das ist interessant und lohnt sich zu lesen.« An dem einen Abend unseres Treffens waren wir beim Wein zusammen und quatschten miteinander oder redeten über tiefgründige Dinge; auch das war ein wichtiger Punkt. Zum Abschluss am zweiten Tag feierten wir ein gemeinsames Abendmahl, vergewisserten uns auf diese Weise unserer Zusammengehörigkeit und unserer gemeinsamen Hoffnung. Wichtig war die zuverlässige Regelmäßigkeit dieser Treffen. Und für mich war ein großer Gewinn, dass ich einen authentischen Einblick in das bekam, was Pfarramt in dieser Zeit hieß. Damals waren wir alle am Anfang unseres Weges in unserer Kirche. Erst später haben wir diese regelmäßigen Treffen dann langsam auslaufen lassen; denn inzwischen hatten alle mehr oder weniger ihre neuen Kontakte und Gemeinschaften gefunden und brauchten diese Starthilfe nicht mehr.

Über die Grenzen unseres Landes hinaus gingen schließlich unsere Verbindungen zu den Partnergemeinden in der Bundesrepublik. Unsere Jenaer Partner waren Tübingen und

Würzburg, und diese Partnerschaft hatte für alle drei Gemeinden eine große Bedeutung. Bis Anfang der 60er Jahre konnten wir ja in den Westen fahren, und wir nahmen diese Möglichkeit reichlich wahr. Ich bin schon mitgefahren, als ich noch Student war, habe mit den Tübingern in einem Heim auf dem Treifelberg eine Freizeit miterlebt und dort einen Vortrag gehalten über das Menschenbild in der neueren sozialistischen Literatur. Das interessierte die westdeutschen Studenten sehr, denn sie hatten über solche Gebiete wenig authentische Information und empfanden das als Mangel. Denselben Vortrag habe ich auf dieser Reise auch in Würzburg gehalten und ausgerechnet dort in meinem Leben zum ersten Mal erlebt, dass in der Lokalpresse ein kleiner Bericht, ein durchaus freundlicher, über mein Auftreten erschien. Später war ich als Studentenpfarrer gelegentlich dort, bis die Mauer die Grenze für uns schloss. Dagegen hatten wir in Jena häufig Besuch von westdeutschen Studenten, nahmen sie mit nach Tautenburg, zeigten ihnen Weimar und die Wartburg und tauschten uns über unsere Erfahrungen und unsere Visionen für Welt, Kirche und Gesellschaft aus. Wie bereits erwähnt standen wir in dem Ruf, eine Art Enklave des Westens in der DDR zu sein; aber gerade bei diesen Partnertreffen empfanden wir das gar nicht. Wir hatten im Gegenteil ein starkes Interesse am Leben der jeweils anderen, weil es eben sehr unterschiedlich war und wir dieses andere kennen lernen wollten. Inzwischen wuchs ja eine Generation von jungen Leuten heran, die ein vereintes Deutschland nur noch aus den Berichten ihrer Eltern und Großeltern kannten. Es war interessant zu bemerken, wie die Jenaer Studenten beim Partnertreffen gegenüber den westdeutschen Kommilitonen ihre sonst heftig kritisierte DDR gegen falsche Vorwürfe in Schutz nahmen. Da gab es Identifikation mit ihrem Land. Natürlich kam in den 60er Jahren hinzu, dass es die Jahre waren, in denen sozialistische Ideen gerade für die westlichen Studenten eine gewisse Anziehungskraft besaßen. Sie waren deshalb an unseren Erfahrungen interessiert. »Welche macht ihr als Christen mit solch einem sozialistischen Staat«, fragten sie, »was müsste man berücksichtigen und was vermeiden, wenn man einen aufbauen will, der diesen Namen wirklich verdiente?« Die Diskussion in unserem Weltbund war übrigens ähnlich, wie ich bald selber erfahren sollte. Nach dem Bau der Mauer waren diese gemeinsamen Tagungen nur noch in Ost-Berlin möglich und fanden – wie ungezählte Treffen anderer Gemeinden und kirchlichen Institutionen aus West und Ost – in der Regel im Stephanusstift in Berlin-Weißensee statt. Dort also erwarteten wir für ein gemeinsames Wochenende unsere Würzburger und unsere Tübinger Gesprächspartner, die oft lange Zeit brauchten, ehe sie durch die Kontrollen an der Grenze waren. Ich habe nach einigen riskanten Erfahrungen eine Verhaltensweise durchgesetzt, die wir »Legalisierung« nannten, eine bewusste Offenheit. »Bitte sagt an der Grenze nicht«, habe ich sie gebeten, »ihr wollt nur ins Pergamon-Museum, oder ihr wollt Tante Anna besuchen, sondern sagt: ›Wir gehen zu einem Partnertreffen mit der Studentengemeinde Jena unter Leitung von Pfarrer Klaus-Peter Hertzsch.‹ Und wenn die Grenzpolizisten Schwierigkeiten damit haben, dann sagt ihnen, sie sollen sich bitte an diesen Pfarrer in Jena unter folgender Adresse wenden; der ist dafür verantwortlich.« Auf diese Weise waren wir viel gelassener. Gekommen ist zu mir in dieser Sache von den staatlichen Behörden nie jemand, und kein Student aus unseren Partnergemeinden ist nach solcher Zielangabe abgewiesen oder zurückgeschickt worden.

Zu all dem muss ich jetzt allerdings etwas Grundsätzliches sagen: Was ich erzähle, geschah alles im Schutzraum Kirche. Ich will die Dinge nicht zu rosig schildern. Ich habe eine ganze Reihe von Freunden, die zum Beispiel in Volkseigenen Betrieben gearbeitet haben und die mir heute immer wieder sagen: »Das sind deine Erfahrungen gewesen; unsere sahen anders aus. Wir waren sehr viel abhängiger, haben sehr viel frustrierendere Erfahrungen gemacht.« Viele haben vor allem darunter gelitten, dass Parteifunktionäre, die von der Sache viel zu wenig verstanden, die leitenden Posten innehatten. »Ich als Fachmann«, sagen sie, »habe doch gesehen, wie schief das läuft, und war zugleich unter Druck gesetzt, sinnlose Beschlüsse auszuführen.« Diese Gelassenheit, die ich als Pfarrer haben konnte, war für andere unmöglich.

Generalsekretär in Berlin oder: Hospiz zur Furche im Kiefernwald

Ich war Studentenpfarrer bis 1966 und habe mich von meiner Gemeinde im Semesterabschlussgottesdienst des Sommersemesters verabschiedet. Ich ging dann für drei Jahre nach Berlin; denn ich war gefragt worden, ob ich bereit sei, eine besondere Aufgabe zu übernehmen: die Leitung der Geschäftsstelle der Evangelischen Studentengemeinden für den Bereich der DDR. Als ich diese Geschäftsstelle übernahm, war sie noch eine Außenstelle der Stuttgarter Zentrale. Wir verstanden uns 1966 offiziell noch als die Evangelische Studentengemeinde in ganz Deutschland. Die hatte eine Geschäftsstelle West in Stuttgart und eine Geschäftsstelle Ost in Berlin; während meiner Amtszeit wurde das aber, jedenfalls organisatorisch, neu geregelt. Dass es überhaupt solch eine besondere übergreifende Bezeichnung und dazu eine eigene Geschäftsstelle für einen bestimmten Bereich kirchlicher Arbeit gab, hatte seinen Grund in der Tradition dieser kirchlichen Studentenarbeit in Deutschland, die schon im 19. Jahrhundert begann, und zwar als Christlicher Studentenverband mit Vereinscharakter. Als solche Vereine im Dritten Reich verboten wurden, wurde daraus ein Teil der gegliederten Kirche in Form von evangelischen Studentengemeinden. Aus der früheren Zeit aber wurde diese deutschlandweite Zusammenarbeit aller dieser Gemeinden mit einer eigenen Geschäftsstelle und einem Reisesekretär beibehalten, dazu auch die Mitgliedschaft im Christlichen Studentenweltbund, WSCF, der seinen Sitz in Genf hat.

Meine Stelle hatte in der Hauptsache zwei Aufgaben: Da war ein Reise- und Besuchsdienst in den einzelnen Studentengemeinden; auf diese Weise entstand etwas wie ein Netzwerk zwischen den Gemeinden und wurde kontinuierlich und wirksam lebendig erhalten. Und zum anderen sollten zentrale Veranstaltungen und Informationen für alle Gemeinden angeboten werden: gemeinsame Konferenzen und Arbeitstagungen für die Studentenpfarrer und für die Studenten, Rundbriefe und Arbeitsmaterialien für die spezielle kirchliche Arbeit mit Studierenden. Für uns in der DDR hatten zwei Konferenzen besondere Bedeutung: die Studentenpfarrerkonferenz, die zweimal im Jahr mehrtägig stattfand, und die Konferenz für die neuen Vertrauensstudenten – bei uns hieß sie »NV-Konferenz« –, die jeweils Ende August und Ende Dezember stattfand, also unmittelbar vor dem Beginn eines neuen Semesters; denn an den DDR-Universitäten gab es nicht Sommer- und Wintersemester wie in Westdeutschland, sondern Herbst- und Frühjahrssemester. Dass wir bei den Studentenpfarrerkonferenzen – einmal im Jahr mit den katholischen Kollegen zusammen – über Probleme unserer Arbeit redeten, Erfahrungen austauschten, über die politische und die kirchliche Lage diskutierten, ist ja klar. Zur NV-Konferenz wurden jeweils die gerade neu gewählten Vertrauensstudentinnen und -studenten aller DDR-Gemeinden eingeladen, um eine halbe Woche lang auf ihre Aufgaben vorbereitet zu werden. Diese NV-Tagungen für die Vertrauensstudenten fanden immer in Bad Saarow statt, einem Kurort vor den Toren Berlins am weiten, ruhigen Scharmützelsee mitten in den Märkischen Kiefernwäldern, ein Ort mit einer nahezu himmlischen Ruhe. Ich erinnere mich, dass ich immer als erstes, wenn ich angekommen war und mein Zimmer bezog, das Fenster öffnete und in die absolute Stille hinauslauschte, die über das Land ausgebreitet war und durch einen Windhauch oder einen Vogelruf eher vertieft als gestört wurde. Unser Haus, in einem Kiefernwald nicht weit vom See gelegen, war dort das »Hospiz zur Furche«, ein Heim, das in den Zwanziger Jahren für den Deutschen Christlichen Studentenverband gebaut worden war, sich jetzt im Besitz der Kirche befand. Aber aus dieser Tradition des Hauses hatten wir ein generelles Vorzugsrecht vor anderen Nutzern, sooft wir dort einen Termin brauchten. Diese Tage mit sehr wachen, engagierten jungen Leuten waren eine intensive und interessante Zeit. Wir haben täglich miteinander Bibelarbeit gehalten, dabei auch Anleitung gegeben, wie sie daheim selbständig mit einer Gruppe über biblische Texte arbeiten und diskutieren können. Wir haben viele organisatorische Fragen mit ihnen geklärt und gute Erfahrungen weitergegeben, über alle politischen Dinge mit ihnen gesprochen, Verhaltensregeln für die gegenwärtige Lage miteinander überlegt und einen kleinen Kurs in Gesprächsleitung mit ihnen gehalten. Bei dieser Tagung spielten gemeinsame Unternehmungen eine größere Rolle: im Winter auf dem spiegelnden Eis über eine Bucht im Scharmützelsee zu wandern oder zwei Nachmittagsstunden im hohen Schnee sich zu bewegen, im Sommer, wenn heiß die Luft zwischen den Kiefernstämmen flimmerte, eine seit Jahrzehnten verfallene ehemalige Bahnstrecke entlang durch den Wald zu laufen oder im See zu baden und danach in der Sonne zu liegen. Die Vertrauensstudenten all unserer Gemeinden lernten sich dabei ganz gut kennen, und dies Wissen, dass die anderen in ihren Gemeinden in gleicher Weise bei der Sache waren, war dann für ihre Arbeit im Semester wichtig.

Dies also gehörte zu den feststehenden Aufgaben dieser Stelle. Zugleich wurde deren Arbeit nicht unwesentlich nach dem Profil des jeweiligen Leiters und seiner Mitarbeiter gestaltet. Einer meiner Vorgänger kam von der Gossnermission und wurde später Pfarrer an der zentralen Berliner Marienkirche. Mein unmittelbarer Nachfolger dagegen war hochgradig politisch interessiert, ihm lag vor allem an der christlich-marxistischen Dialog- und Zusammenarbeit, die in den 60er Jahren eine gewisse Rolle spielte; er ging später zu »Radio DDR International«, dem Auslandsdienst unseres Rundfunks. Klar, dass der Charakter der Arbeit durch solch unterschiedliche Profile verschieden geprägt wurde.

Das Team in der Geschäftsstelle bestand aus vier Leuten: Es gab einen Leiter, der noch lange nach meiner Zeit immer männlich war. Die andere verantwortliche Person war dafür immer weiblich, meist eine Pastorin – aber nicht grundsätzlich. Eine der eindrucksvollsten Frauen an dieser Stelle war Elisabeth Adler; die war vom Fach her Germanistin und arbeitete in unserer Geschäftsstelle in der Zeit, als ich noch Student in Jena war; sie beriet mich dort bei der Gründung und jahrelangen Gestaltung eines Literaturkreises, den ich dann geleitet habe. Wir haben auch später vieles miteinander gemacht; ich will hier ein paar Sätze über sie sagen, weil sie auf keinen Fall in meinem Lebensbericht vergessen werden darf. Ich habe kaum wieder einen Menschen erlebt, der mit einer so positiven Grundhaltung zum Leben, mit so unbefangener Freundlichkeit und dabei so informierter Sachlichkeit seinen Mitmenschen begegnete. Nach ihrer Arbeit in der DDR-Studentengemeinde war sie jahrelang in Genf beim Weltrat der Kirchen tätig und brachte davon viele ökumenische Kontakte in die DDR mit. Dort war sie dann viele Jahre lang Leiterin der Evangelischen Akademie Berlin-Brandenburg, die ihre Tagungen in aller Regel im Stephanusstift in Berlin-Weißensee hielt und die ein spannendes Programm hatte. Ich hatte mit Elisabeth Adler vereinbart, dass ich jedenfalls einmal im Jahr bei solch einer Tagung mitarbeite. Das war dann in den meisten Fällen die jährliche Literaturtagung, die wahrscheinlich die in Ost und West bekannteste Veranstaltung einer Ostakademie war. Sie hieß sehr bescheiden »Tagung für Buchhändler und Leser«, war aber tatsächlich ein Forum der jeweils aktuellen deutschen Literatur und so ein Geheimtip für ungezählte Interessenten. Für mich war es ein Glück, dass Frau Adler immer einen Theologen als Gesprächspartner für diese Zusammenkünfte brauchte, der dann am Sonntag in der Friedenskirche der Stephanusstiftung die Predigt für die Tagungsteilnehmer und die Heimbewohner hielt. Auf diese Weise habe ich all die interessanten und wichtigen Leute kennen gelernt, die sie zu ihren Tagungen einlud und für die Teilnahme gewann. Dass dazu auch die in der DDR verpönten und wichtige Autoren der Bundesrepublik gehörten, die hier im gleichsam neutralen kirchlichen Raum zu Wort kamen, gab dem Ganzen eine eigene Atmosphäre des Dialogs und der Weltoffenheit. Heinrich Böll, der in einem überfüllten Kirchsaal las, habe ich dort kennen gelernt und Christa Wolf, die ein Kapitel aus ihrem damals noch unveröffentlichten Buch »Kindheitsmuster« zur Diskussion stellte. Peter Huchel, der sonst völlig Isolierte und in der DDR Verstummte, war da, ganz leise und sehr aufmerksam. In einer anderen Tagung stellten Sarah Kirsch, Elke Erb und zwei weitere ganze Vormittage lang ihre neuen Texte zur Beurteilung, und ein Germanist, ein Publizist und ich als literaturinteressierter Theologe gaben spontan unsere kritische Meinung dazu kund. Ich erinnere mich aus verschiedenen Jahren an interessante Tisch- und Pausengespräche mit Heinz Kahlau und Johannes Bobrowski, mit Günther de Bruyn und Thomas Brasch, die wie manche andere zu Elisabeth Adlers Gästen gehörten. Dabei hatte sie nie das Gehabe einer Prominenten. Als wir uns vor solch einer Tagung noch einmal über einige Details verständigen wollten – ich war gegen Mittag in Berlin angekommen –, fragte sie: »Kommst du mit in die ›Löffelerbse‹ in der Schönhauser? Da kann man prima Erbsensuppe essen und ungestört reden.« An den Nachbartischen saßen dort Berliner Zeitungsfrauen und lachlustige Schulkinder, und die Kellner kannten Frau Adler offensichtlich ganz gut. Und als ich die Geschäftsstelle leitete und wir in Berlin wohnten, rief sie an: »Wenn ihr wollt, fahre ich euch mit euerm kleinen Martin« – der war gerade zwei Jahre alt – »an einen schönen kleinen See in unserer Nähe; da können wir baden, nachher Kaffee trinken und ein bisschen klönen.« Später sahen wir uns seltener, verloren uns aber nie aus den Augen. Zu meinem 65. Geburtstag schrieb sie mir noch für eine private Festschrift einen kleinen, sehr persönlichen Beitrag in Erinnerung an unsere gemeinsamen Taten, und ich schrieb ihr Ähnliches zu ihrem Siebzigsten. Vor einiger Zeit rief sie mich im Auftrag der Redaktion von »Junge Kirche« an, und wir sagten, wir müssten uns überhaupt bald einmal wieder sehen: »Jederzeit willkommen« versicherten wir uns gegenseitig. Sie habe zwar seit einiger Zeit eine Art Blutkrebs; aber davon merke sie kaum etwas. Sie plane gerade einige Aktivitäten und sei sehr an meinen interessiert. Vielleicht könnten wir auch wieder einmal etwas gemeinsam machen. Nur wenige Wochen später erfuhr ich, dass sie auf der Intensivstation unter dem Sauerstoffzelt gestorben war. Sie wird mir wie viele andere Menschen fehlen. Sie also war Mitarbeiterin in der Geschäftsstelle. Eine ihrer Nachfolgerinnen war Christa Grengel, die danach im Sekretariat des Bundes unserer DDR-Kirchen verschiedene Funktionen hatte, vor allem das Ressort Gemeindeaufbau leitete, und die das Gesicht des Bundes deutlich mitgeprägt hat. Wir waren befreundet, und nach meiner Rücksiedlung nach Jena hatte ich für all meine verschiedenen Berlinbesuche in ihrer zentral gelegenen Wohnung immer ein Quartier und vor allem eine gescheite und gut informierte Gesprächspartnerin am Frühstückstisch. Nach der Wende wurde sie, die schon in DDR-Zeiten intensive ökumenische Verbindungen geknüpft hatte, Oberkirchenrätin für solch einen Bereich in der EKD-Zentrale in Hannover. Als ich die Geschäftsstelle übernahm, war meine Partnerin Tonimaria de Boor, eine sehr liebenswerte norddeutsche Pastorin, phantasievoll mit vielen guten Einfällen und einer großen Einsatzbereitschaft. Da auch sie aus einer kinderreichen Pfarrfamilie stammt, hatten wir manche vergleichbare Erinnerungen an unsere Kindertage. Tonimaria de Boor hat später meinen Freund Friedhelm Kalkbrenner geheiratet, den sie auf einer unserer Konferenzen als nebenamtlichen Studentenpfarrer von Ilmenau kennen gelernt hat. So überschaubar, haben wir manchmal gesagt, ist die Welt also, und so werden Wege zueinander geführt. Sie sind inzwischen nach Eisenach gezogen, was mir sehr sympathisch ist; denn ich habe gern Freunde mit gastlichem Haus in meiner Heimatstadt.

Dann gab es eine Sekretärin. Als ich dort war, war das Angela, eine sehr junge Frau, eine Urberlinerin. Die hatte durch eine kirchentreue Mutter und eine Zeit in einer Jungen Gemeinde etwas Kontakt zur Kirche, war aber sonst von theologischen Problemen oder innerkirchlichen Auseinandersetzungen weit entfernt, jedoch an vielem interessiert und ziemlich gescheit. Sie hielt unseren ganzen Laden mit Berliner Schwung und Tempo in Bewegung und war überhaupt Gold wert. Das zeigte sich besonders bei Gesprächen über biblische Texte, mit denen wir regelmäßig und in sehr aufgelockerter Weise unsere Arbeitsbesprechungen begannen. Da war Angela unsere wichtigste Gesprächspartnerin. Denn sie hatte Fragen und Aspekte, ihr fielen Merkwürdigkeiten in den Bibeltexten auf, auf die wir versierten Textbearbeiter nie gekommen wären und die gerade darum für eine aktuelle Auslegung ganz wichtig waren. Später bin ich auf den Namen unserer damaligen Sekretärin in Buchanzeigen gestoßen. Sie hatte geheiratet und war zusammen mit ihrem Mann eine durchaus bekannte Autorin von Science-Fiction-Romanen geworden. Jetzt erzählte mir jemand außerdem, sie sei nach Abendabitur und Studium heute Professorin für Informatik geworden. Zutrauen würde ich es ihr ohne weiteres.

Die vierte Person schließlich war ein Student, sozusagen ein Vertreter studentischer Interessen und Sichtweisen. Das waren wechselnde Leute, jeweils für ein Jahr bei uns. In aller Regel waren es Theologiestudenten; denn sie mussten ja für dies Jahr vom Studium beurlaubt werden, und diese Genehmigung bekamen allenfalls Theologen für solch eine Aufgabe. Sie kamen aus der ganzen DDR. In meinen drei Berliner Jahren war einer aus Mecklenburg, einer aus Sachsen-Anhalt und einer aus Thüringen – und zwar Peter Zimmermann, Jenaer Vertrauensstudent in meinem letzten Semester.

1966 begannen wir unsere gemeinsame Arbeit. Unser Büro war im vierten oder fünften Stock des Heinrich-Grüber-Hauses, einem ehemaligen Fabrikgebäude, das zu einem Büro- und Konferenzhaus für zahlreiche kirchliche Institutionen – EKD (Bereich DDR), Dienststellen der EKU und der Vereinigten Lutherischen Kirche, der Berlin-Brandenburger Kirche und vieler anderer – einigermaßen brauchbar umgebaut worden war. Es stand im Berliner Zentrum gleich neben der Marienkirche nahe dem Alexanderplatz, und während meiner Amtszeit musste es von uns allen geräumt werden, denn im Rahmen einer gründlichen Umgestaltung des Ostberliner Stadtzentrums musste es dem Berliner Fernsehturm Platz machen. Monatelang vorher lag neben unserem Haus die große Aussichts-Kugel, die dort im Bau war und erst ganz am Ende auf den inzwischen hochgezogenen Turm aufgesetzt wurde. Die Räumung gab den verschiedenen Kirchen große Probleme auf. Aber Proteste gegen die Sprengung wären sinnlos gewesen. Das Haus gehörte nicht der Kirche, es war gemietet worden. Und es war ein spuckhässlicher alter Industriekasten aus der Zeit der Jahrhundertwende. Darum war nicht zu kämpfen. Dennoch nahmen wir betrübt Abschied von unseren Räumen, die ja nun schon ein Stück lebendige Geschichte für uns waren. Wir mussten dann sehen, wo wir in Berlin eine neue Unterkunft bekamen; denn darum hat sich die Stadt nicht mehr gekümmert. Wir haben lange neue Büroräume gesucht, waren vorübergehend in Elisabeth Adlers Akademieräumen zu Gast und haben verschiedene Projekte angefangen, wieder verworfen und das endgültige erst gefunden, als ich schon im Aufbruch an die Universität Jena war.

Begonnen haben wir unsere gemeinsame Arbeit mit einem Wochenende in Tautenburg. Dort haben wir uns miteinander bekannt gemacht, über unsere Pläne und künftigen Vorstellungen geredet und ein bisschen Thüringer Luft geatmet. Deutlich in Erinnerung ist mir, dass wir noch spät am Abend mit unserem Geschäftsstellen-Wartburg durch die Wälder und das

Saaletal auf die gegenüberliegenden Berge gefahren sind, wo die Dornburger Schlösser hoch über dem Flusstal in ihrem schönen, rosenbestandenen Park im Mondlicht lagen. Jemand hatte den Gedanken, wir müssten hier tanzen, und so tanzten wir zu unserem eigenen Gesang einen alten Tanz zwischen den Rosenrabatten und dachten dabei: wir werden zusammen eine gute Zeit haben, und das war sie dann auch.

Zu meinem persönlichen Stil gehörte es, dass ich jeden Monat einen Rundbrief an meine Studentenpfarrer-Kollegen schrieb: Auf der Rückseite einige Mitteilungen, Termine und aktuelle Informationen und auf der Vorderseite immer irgendeinen schönen Gedanken, den ich mir machte und an sie weitergab: Last und Entlastung im Pfarreralltag, Fastnacht und Fasten, neue Zeichen der Hoffnung, Micha und Kafka und vieles andere. Manche warteten schon interessiert auf meinen Brief, der sehr primitiv mit Handabzug vervielfältigt wurde.

Und ich war viel in den Gemeinden unterwegs und denke gern daran – entweder mit dem Zug oder mit unserem studentischen Mitarbeiter, der dann am Steuer unseres Wartburg saß. Ich besuchte allein oder mit ihm in einer Runde so vier, fünf Gemeinden, war gut eine Woche unterwegs und war in jeder Gemeinde ein, zwei, drei Tage. Wir nahmen am Leben der Gemeinde teil sowie am Leben des Pfarrers und seiner Familie, nahmen Kontakt zur Ortsgemeinde und zu den dortigen Kirchenleitungen auf, wenn es Probleme zu klären und Pläne zu schmieden gab. Ich hielt einen Gemeindeabend, einen Vortrag, eine Bibelarbeit, einen Gesprächsabend über anstehende Themen. Wir nahmen an der Arbeitssitzung der Vertrauensstudenten teil, die wir ja von Bad Saarow her kannten, ließen uns erzählen, wie es ihnen inzwischen erging, berieten sie und gaben gute Erfahrungen weiter. Wir lernten dabei die DDR sehr gut kennen. Wir hatten Gemeinden im Erzgebirge und an der Ostsee, in Thüringen und an der Oder. Manche waren ganz kleine Gruppen. In Hennigsdorf, nördlich von Berlin – da Westberlin abgesperrt war, nur auf umständlichem Umweg zu erreichen –, gab es eine kleine Technikerschule. Dort gab es eine Gruppe, die sich beim Studentenpfarrer, der diese Aufgabe im Nebenamt wahrnahm, im Wohnzimmer traf, und wir saßen nun mit ihnen um den Teetisch und redeten miteinander, vier oder fünf Leute, die dort Studentengemeinde waren. Auf der anderen Seite Dresden, wo manchmal vierhundert Leute zum Gemeindeabend kamen; da war ich dann wirklich gefordert, etwa in einem erbetenen Referat: »Die Friedensverantwortung der Christen in der DDR« zu beschreiben und mit ihnen zu diskutieren. Da musste man sich schon Mühe geben, etwas Sinnvolles zu sagen. Wenn wir in Berlin waren, hatten wir die verschiedenen Konferenzen technisch und inhaltlich vorzubereiten. Außer der für die neuen Vertrauensstudenten gab es eine nach Abschluss ihres Semesters, Konferenz für alte Vertrauensstudenten, AV-Konferenz auch in Bad Saarow, die dem Wiedersehen, dem Erfahrungsaustausch diente und der Erholung. Neben den Studentenpfarrerkonferenzen gab es die Süd- und die Nordgemeindetreffen, auf denen die Gemeinden einer DDR-Hälfte zu einem Wochenende, wie ich berichtet habe, zusammenkamen. Wir hatten thematische Arbeitstagungen für Studierende, traditionell zum Beispiel eine Osterkonferenz in Berlin, die von einem Arbeitskreis für Mission und Ökumene veranstaltet wurde und Themen aus diesem Bereich behandelte. Dazu kamen die vielen Partnertreffen der DDR-Gemeinden mit ihren jeweiligen westdeutschen in Ostberlin, bei denen wir uns zumindest einschalteten, wenn es Schwierigkeiten oder etwas technisch vorzubereiten gab. Das war insgesamt eine interessante Arbeit mit vielen Gesichtern.

Soweit es sich in kirchlichen Räumen abspielte und mit unseren eigenen Kräften zu bewältigen war, schaltete der Staat sich kaum ein – im Unterschied zu anderen sozialistischen Staaten in Osteuropa. Aber für manches brauchten wir materielle Voraussetzungen und Genehmigungen – zum Beispiel Einreisegenehmigungen für ausländische Gäste oder für westdeutsche, wenn die Veranstaltung nicht in Berlin stattfand. Die Hauptschwierigkeit war unser ganz unklarer Status beim Staat: Es gab uns offiziell ja gar nicht seit den Auseinandersetzungen von 1953. Es gab uns nicht, und es gab uns gelegentlich dann doch. Man hatte uns im Blick, und wir hatten gelegentlich Wünsche und Anträge, die zu genehmigen waren. Ich bin dann immer wieder im Staatssekretariat für Kirchenfragen gewesen, weil ich dort so etwas klären musste. Da war der Mann, von dem ich im Zusammenhang mit dem Kabarett in Leipzig erzählt habe, mein Verhandlungspartner.

Vielleicht sollte ich an dieser Stelle eine Geschichte erzählen, die mit diesen Besuchen im Staatssekretariat zusammenhängt und mir in mancher Hinsicht aufschlussreich und typisch zu sein scheint. Mein Gesprächspartner war, wie ich heute weiß, auch der Kontaktmann des Staatssekretariats zum Ministerium für Staatssicherheit. Aber das wusste ich damals nicht. Wir konnten immer ganz nüchtern miteinander verhandeln. Sie hatten ihre Interessen, und wir hatten unsere. Ich hatte ja schon gesagt: Mir lag immer an Offenheit. Ich sagte mir auch hier: Ich rede klar über Probleme und Wünsche, und es wird sich zeigen, was sich durchsetzen lässt. So kamen wir ganz gut miteinander hin. Deshalb habe ich mich nicht weiter gewundert, als er eines Tages zu mir sagte: »Herr Hertzsch, wir reden jetzt immer über so praktische Dinge. Aber ich bin Marxist, Sie sind Christ. Es wäre doch gut, wir würden darauf mal etwas gründlicher eingehen und über Christentum und Marxismus miteinander reden. Mich interessiert Ihr Standpunkt und Ihre Sicht der Dinge. Doch solch ein Gespräch passt nicht hierher in die Dienststelle. Wie wäre es, Sie kämen mal am Abend zu mir in die Wohnung zu einem Gläschen Wein, und wir reden dann in aller Ruhe über verschiedene Dinge?« Und ich habe gedacht: Warum soll ich nicht mit ihm bei einem Gläschen Wein über verschiedene Dinge reden? »Also«, sagte er, »ich gebe Ihnen meine Adresse. Die steht nicht im Telefonbuch, weil ich daheim nicht überlaufen werden will. Und wundern Sie sich bitte nicht, wenn Sie dahin kommen, dass noch kein Schild an der Tür ist. Wir sind neu dort eingezogen. Sie klingeln an der untersten Klingel. Meine Frau ist übrigens gerade nicht da, sie ist verreist. Sie werden mich dort alleine antreffen, wenn Sie – sagen wir – am kommenden Dienstag nachmittags um fünf dorthin kommen.« An diesem Dienstag bekam ich jedoch morgens große Zahnschmerzen, ging zu meiner Zahnärztin, und sie sagte: »Es hilft alles nichts, der Zahn muss raus.« Sie zog den kranken Weisheitszahn gleich, und ich blutete anschließend kräftig und anhaltend, legte mich hin, und die Ärztin sagte: »Keine Rede davon, dass Sie heute nachmittag noch irgendwo hingehen können.« Meine Frau musste telefonieren und meinen Besuch absagen. Ich bin überzeugt, dass es mir auf diese Weise erspart geblieben ist, ahnungslos in eine konspirative Wohnung zu gehen und heute eine entsprechende Notiz in meiner Akte zu haben. Ich erzähle das auch deswegen, weil deutlich werden soll, wie arglos man damals war. Man hatte ja keine Ahnung von dem, was heute in allen Zeitungen steht und wovor wir hätten auf der Hut sein sollen. Wer wusste damals, was eine konspirative Wohnung ist?

Selbstverständlich hatte die Staatssicherheit Interesse an unserer Arbeit. Das war uns klar. Sie wandte sich aber merkwürdigerweise nur an unsere Damen. Sowohl Christa Grengel wie Tonimaria de Boor wurden immer einmal von einem Herrn ins Café gebeten. Sie sind auch ganz harmlos hingegangen und haben sich mit ihm unterhalten. Der Herr hat durchaus gesagt, woher er käme und dass er gern wüsste, wie unsere Arbeit so aussieht. Mein Vorgänger wie ich, wir waren uns mit unseren Mitarbeiterinnen einig, dass sie ruhig dorthin gehen sollten, zumal es in aller Öffentlichkeit war. Sie sollten nur das erzählen, was kirchenoffiziell war und im Grunde für jedermann zugänglich. Sie haben gar nicht daran gedacht, irgendwelche Interna zu berichten, und haben selbstverständlich nichts unterschrieben und sich auf keine Schweigepflicht eingelassen. Dort lag für uns alle immer die Grenze, die nicht überschritten werden durfte. Hinterher haben sie uns jedesmal berichtet, was sie dort mit diesem Herrn geredet haben. Von Konspiration konnte da überhaupt keine Rede sein. Trotzdem erschien vor einiger Zeit eine Meldung in der Presse, eine Oberkirchenrätin der EKD sei einst als Mitarbeiterin der Studentengemeinde in Berlin IM gewesen; da schien jemand in irgendwelchen Akten eine Notiz über diese harmlosen Gespräche gefunden und gehofft zu haben, auf eine neue Enthüllung gestoßen zu sein. Für uns war dagegen immer interessant, auf diese Weise zu erfahren, woran in unserer Arbeit diese Herren interessiert waren und worüber sie eigene Informationen hatten.

Zu meiner Familie: Die ersten Wochen im Herbst 1966 war ich zunächst noch allein in Berlin. Meine Frau und unser Sohn wohnten noch in Jena bei der Schwiegermutter. Und ich wohnte bei Wolfgang Matzke, einem aus der Gruppe jener

Pfarrer, mit denen ich im Predigerseminar war. Der war inzwischen nach Berlin-Brandenburg gewechselt und hatte seine Gemeinde in Fredersdorf im Berliner Randgebiet. Da meine Arbeit in Berlin oft bis in den späten Abend ging, habe ich die nächtlichen Fahrten mit der jeweils letzten S-Bahn Richtung Strausberg in etwas ungemütlicher Erinnerung, zumal ich noch einen langen Weg vom S-Bahnhof durch das nächtliche Fredersdorf vor mir hatte. Später wohnte ich mit meiner Frau und mit unserem Sohn, der damals zwei Jahre alt war, in einer Hinterhofwohnung in der Tieckstraße. Das ist in Berlin-Mitte, Nähe Bahnhof Friedrichstraße, echt Berliner Milieu. Wir hatten zweieinhalb Zimmer in der Wohnung einer pensionierten Apothekerin; sie hatte die etwas sonnigeren Zimmer nach Süden, wo im zweiten Hinterhof ein paar Kastanienbäume standen, und wir hatten drei Zimmer nach Norden. Dennoch waren wir überglücklich, dass wir überhaupt eine Wohnung in Berlin hatten, zumal wir gar nicht angemeldet waren. Man brauchte eine spezielle Zuzugsgenehmigung für Berlin. Professor Gerhard Bassarak, der früher einmal Leiter meiner Geschäftsstelle gewesen war, jetzt zu unserem Beirat gehörte und Kontakt zum Magistrat hatte, hatte dort eine Zwischenlösung vereinbart und durchgesetzt, dass wir immerhin geduldet waren, wenn auch noch nicht zugelassen. Im Vorderhaus, dessen Rückwand wir vor unseren Fenstern hatten, gab es eine Gemeindeschwesternstation und die Wohnungen der beiden Gemeindepfarrer. Unser Sohn wuchs dort auf mit den Hinterhofkindern, der Tochter des Hausmeisters, einer typischen Berliner Göre, und mit den Pfarrerskindern. Pfarrer Hilsbergs hatte eine reiche Kinderschar; einem davon, Stefan, begegne ich heute manchmal in den Zeitungsmeldungen, da er für die SPD im Bundestag sitzt. Die Wohnung, in der wir gewohnt haben, bewohnt jetzt Wolfgang Ullmann, der zu den wichtigsten Nach-Wende-Politikern aus dem Osten Deutschlands gehört – in diesem Haus in der Tieckstraße hat also durchaus politische Zukunft einen Quellort gehabt. Diese Zeit in der Hinterhofwohnung, unsere Berliner Jahre, haben wir in schöner Erinnerung, zumal sie durch die Existenz unseres kleinen Sohnes sehr geprägt war. Die Zeit, in der so ein Mensch zwei und drei Jahre alt ist, ist für seine Eltern eine intensive Zeit. Vor allem meine Frau war den ganzen Tag mit diesem lebhaften und phantasiereichen Knaben zusammen, ging mit ihm auf die Spielplätze, wo sie beide die handfesten Berliner Kinder kennen lernten, die in aller Regel von einer sehr urwüchsigen Freundlichkeit dem Kleinen gegenüber waren, oder sie fuhr ihn im Kinderwagen entlang der Spree, auf der die großen Schleppkähne ihre langsame Bahn zogen, und zur Museumsinsel; dort ritt er auf dem Löwen am Eingang zur Nationalgalerie. Wenn ich einmal Zeit hatte, waren wir zu zweit in einem nahe gelegenen Park, wo er zu Heinrich Heine hinaufklettern konnte, der dort als Denkmal in einer ganz lebendig gestalteten Plastik von Waldemar Grzimek stand, und wo ich ihn im Kinderwagen über die betonierten Wege sausen lassen konnte. Wir fuhren auch zu Professor Dates schönem Berliner Tierpark in Friedrichsfelde hinaus und hatten danach noch tagelang Gesprächsstoff über unsere dortigen Erlebnisse mit Affen und Dromedaren, mit Eisbären im Freigehege und Eisbechern im Café. Die Ostereier haben wir in den Büschen des Treptower Parks in der Nähe des sowjetischen Ehrenmals versteckt, und ab und zu sind wir irgendwohin ins Berliner Umland ins Grüne gefahren. So wuchs unser Martin eine Weile als Berliner Kind heran.

Generalsekretär in Berlin oder: Prager Frühling und Frost

Einschneidende Ereignisse gehören für mich in diese Zeit. Das eine – sehr private – war meine Promotion. Ich hatte schon vor meinem Examen immer einmal erwogen, eine Doktorarbeit zu schreiben. Zuerst habe ich lange Zeit über das Thema »Die Pfarrergestalt in der modernen Literatur« gearbeitet; aber als der Stoff ins Unabsehbare wuchs, habe ich sozusagen mitten im Strom die Pferde gewechselt und eine theologische Arbeit über Bertolt Brecht geschrieben, dessen Werk mich zunehmend interessierte und anzog. Ausschlaggebend für mich war dabei auch, dass ich 1949 in seinem Berliner Ensemble Helene Weigel als Mutter Courage gesehen hatte und mich dieser Eindruck bewegt, ja aufgewühlt hat wie kein anderes Theatererlebnis meines Lebens. Dass ich dies Stück nüchtern beurteilend angesehen hätte, wie Brecht es für sein »episches Theater« fordert, davon konnte jedoch keine Rede sein. Ich erinnere mich, dass es mich gerade in meinem Gefühl ergriffen hat und vieles, was meine Kindheit und Jugend bewegt hat, heraufspülte. Ich denke, dass es nur für die Bedeutung dieses Autors spricht, und es gehört zum Wesen großer Künstler, dass ihr tatsächliches Werk immer vielgestaltiger und weiter ist, als ihre Theorien es sein können. Mit diesem Thema habe ich mich sieben Jahre lang – vor allem in meiner Zeit als Studentenpfarrer – abgemüht. Ich hatte keinen echten Urlaub mehr, weil ich die Bücher und meine Notizen zum Thema immer mitschleppte und die Zeit zwischen Wanderung und Nachtruhe zur Weiterarbeit nutzen musste. Auch an Wochenenden saß ich oft darüber, während draußen die Sonntagssonne vergeblich lockte. Meine Ausgangsfrage war simpel: Ist die immer wieder geäußerte Vermutung, dass das Werk des Atheisten Brecht für die Theologie Bedeutung haben könnte, berechtigt und wenn ja, in welcher Weise? Da kam ich dann auf die Punkte, die sich als wichtig erwiesen. Zuletzt hatte die Arbeit den wortreichen Titel – und mein Vater hatte mir zu dieser Umständlichkeit geraten, weil daraus der wissenschaftliche Ernst deutlicher hervorgehe: »Bertolt Brechts Ethik und Anthropologie in ihrer Bedeutung für die Hermeneutik der Rechtfertigungslehre.«

Das letzte, das eigentlich theologische Kapitel schrieb ich im Sommer 1966 nach dem Ende meiner Jenaer Amtszeit und vor dem Beginn der Berliner Arbeit. Ich bin jeden Morgen um vier aufgestanden, und beim Aufgang der Sommersonne, während das Haus und die Straße noch ganz still waren, saß ich am Schreibtisch. Das war eine gute Arbeitszeit, und wenn ich um acht zum Frühstückstisch kam, hatte ich einen entscheidenden Teil der Tagesarbeit schon geschafft. Ich war mit meinem gesamten Text beinahe fertig, als ich nach Berlin kam. Meine wunderbare Sekretärin Angela schrieb mir das Ganze nach ihrem Feierabend auf Matrize ins Reine und zum Vervielfältigen, und ich reichte die Arbeit 1967 an der Universität Halle ein. Im selben Jahr wurde ich dorthin zum Rigorosum eingeladen –

einschließlich einer Prüfung in Marxismus-Leninismus, die obligatorisch zu allen Doktorexamina in der DDR gehörte. Ich wurde nach den Marxschen Feuerbachthesen gefragt.

Im Dezember 1967 habe ich meine Arbeit in einer öffentlichen Veranstaltung verteidigen müssen, ehe ich den Doktortitel bekam. Das habe ich erfolgreich getan – mit Hilfe der Roten Armee. Wieso dies, das ist eine meiner schönsten Geschichten, die ich hier erzählen muss. Ich wurde zu dieser Disputation und öffentlichen Verteidigung zum 20. Dezember 1967 nach Halle geladen. Das war gar nicht ungünstig; denn wir hatten sowieso vor, an diesem Tag nach Jena zu fahren, um dort bei meinen Eltern die Weihnachtstage zu verbringen. Und Peter Zimmermann, der damals der studentische Mitarbeiter der Geschäftsstelle war, sollte am Steuer unseres Wagens sitzen; denn er war in Ilmenau zu Hause und konnte so gleich über die Festtage zu seinen Eltern weiterfahren. Nun wollte aber das Verhängnis, dass an diesem 20. Dezember Glatteis herrschte und wir mit stark vermindertem Tempo fahren mussten. Um 15 Uhr sollte die Verteidigung in Halle im Melanchthonianum beginnen, und als wir uns endlich dem Schkeuditzer Kreuz näherten, ging es schon auf halb drei zu. Hinten saß der Sohn mit meiner Frau und vorne wir beide. Ich hatte mich während der Fahrt auf meine Verteidigung gedanklich noch etwas vorbereiten wollen, nun wurde ich jedoch zunehmend unruhig. Mit dem Studentenpfarrer in Halle hatte ich vereinbart, dass wir erst zu ihm kommen wollten; denn dort hing vom Rigorosum her mein schwarzer Anzug; ich wollte eine Tasse Kaffee bei ihm trinken, mich umziehen und dann mit ihm zum Melanchthonianum gehen. Davon konnte nun kaum mehr die Rede sein. Ich wollte froh sein, wenn ich auf direktem Weg noch zur vorgesehenen Zeit in die Universität käme. Doch als wir bei der Ausfahrt waren, die damals noch Brena hieß, kam plötzlich eine Dampfwolke unter der Motorhaube hervor. Wir fuhren an den Rand der Autobahn. Peter Zimmermann rief: »Hilfe, das Kühlwasser kocht!« Er hat ein wenig im Motorraum herumgefingert und sagte: »Ich versuch's noch mal.« Aber nach zwei Kilometern kochte das Wasser schon wieder hoch. Wir mussten wieder anhalten, und er sagte: »Da kann man nichts machen. Du musst sehen, nach Halle hinein zu trampen.«

Draußen war es eisig kalt. Allmählich froren auch die Scheiben des Wagens zu. Der Sohn wimmerte hinten, und meine Frau sang ihm Wiegenlieder und versuchte, ihn abzulenken. Mich ergriff allmählich die Panik. Zunächst kamen nur Fahrer, die mich allenfalls zum Schkeuditzer Kreuz hätten mitnehmen können; dort müsste ich, sagten sie, dann allein versuchen, jemand für die Reststrecke nach Halle zu bekommen. Es war fast schon hoffnungslos. Wir liefen ein Stück am Rande der Autobahn auf eine Brücke bei der Ausfahrt zu. Dort kam ein Krankenwagen der Roten Armee angefahren, Peter Zimmermann winkte, er hielt tatsächlich, ein sowjetischer Soldat sah durchs Fahrerfenster hinaus, und als er verstanden hatte, worum es ging, stellte sich heraus: der Wagen war nach Halle unterwegs, ich solle nur hinten einsteigen. Dort hinten gab es rechts und links je eine Pritsche mit Lederüberzug, auf denen aber nicht Kranke lagen, sondern Soldaten und Soldatinnen saßen. Ich machte ihnen mit meinem spärlichen Schul-Russisch klar, dass ich ganz schnell zu meinem Doktorexamen nach Halle kommen müsse, und sie zeigten nun heftiges Mitgefühl, klopften andauernd ans Fensterchen zur Fahrerkabine und trieben ihren Fahrer zur Eile an. »Bystro, bystro – Schnell, schnell, damit der Mensch noch zu seinem Doktorhut kommt!« Wir sausten nach Halle hinein; doch sie hatten natürlich keine Ahnung, wo das Melanchthonianum sein könnte. Irgendwo in der Innenstadt setzten sie mich schließlich ab und wünschten mir viel Glück. Ich fragte irgendeinen Passanten, und der beschrieb mir einen langen und umständlichen Weg bis zur Universität. Es war inzwischen zehn Minuten vor drei. Ich fragte mich Ecke für Ecke weiter und sah dann tatsächlich schließlich zwei Minuten vor drei das Gebäude vor mir. Oben auf der Freitreppe stand ein Assistent und hielt besorgt Ausschau. »Höchste Zeit«, sagte er. »Sie hatten wohl Glatteis? Gleich geht es los. Alle warten schon.« Von einem würdigen Anzug war keine Rede. Ich hatte einen bunten Pullover und Cordhosen an. Der Assistent sagte munter: »Zu Brecht passt das doch ganz gut.« Aber dann kam Rudolf Schulze, der Studentenpfarrer, mir entgegen, meinen schwarzen Anzug über dem Arm, schob mich in die Herrentoilette, und ich zog mich atemlos um. Als ich herauskam, schritten gerade die Mitglieder der Fakultät die Treppen hinauf. Ich wurde an ihre Spitze gesetzt. Die Sekretärin kam noch geeilt und flüsterte: »Darf ich Ihnen noch schnell einen Kamm borgen?« Ich fuhr mir durch die Haare, und nun betraten wir den großen Hörsaal, ich stellte meine Thesen vor, erläuterte sie und verteidigte meine Arbeit. Das war aufregend für mich, zumal ein sachkundiger marxistischer Germanist mir kritische Fragen stellte. Aber die Anfahrt zur Disputation war doch viel spannender gewesen als diese selber. Ich wurde also promoviert und fand meine Familie vergnügt beim Kaffee im warmen Wohnzimmer des Studentenpfarramts. Peter Zimmermann übergab mir ein schmales Päckchen, das Angela ihm für diesen Augenblick mitgegeben hatte, darin ein Schild für die Wohnungstür »Dr. Klaus-Peter Hertzsch«. Unser Wagen war bald abgeschleppt und sofort repariert worden – der Thermostat musste einfach ausgetauscht werden. Wir fuhren weiter nach Jena wo meine Mutter einen Doktorschmaus vorbereitet hatte, und feierten dort dann das Christfest.

Viel gewichtiger noch war ein Termin zwei Tage vorher, am 18. Dezember. Da hatten wir, der Vorsitzende der Studentenpfarrerkonferenz, der Vorsitzende unseres Beirats und der Leiter der Geschäftsstelle einen Termin beim Rat der EKD zur Berichterstattung: Hansjürgen Schulz, Studentenpfarrer in Greifswald, Johannes Althausen, Direktor der Berliner Mission, und ich. Diese Ein- oder Vorladung hatte einen aktuellen und brisanten Grund. Wir hatten als Studentengemeinden in West- und Ostdeutschland im Laufe des Jahres 1967 Gespräche geführt und schließlich den Beschluss gefasst, unsere Arbeit organisatorisch zu entflechten, wie wir sagten. Im Sommer waren Johannes Althausen und ich nach Prag gefahren, um uns dort ganz unbemerkt und gleichsam unter konspirativen Bedingungen mit unseren beiden Partnern aus Stuttgart zu treffen. In einem kleinen Hotel am Wenzelsplatz saßen wir zwei Tage zusammen und machten Pläne für unsere Arbeit in der Zukunft. Wir hatten auf beiden Seiten zunehmend die Überzeugung gewonnen, dass es wenig sinnvoll ist, so zu tun, als ob wir nach wie vor eine wirklich gemeinsame Arbeit organisieren könnten. Denn die Situationen waren inzwischen zu unterschiedlich. Das Leben in den Gemeinden hier und dort erlaubte zwar einen unverändert intensiven Austausch, die ständige gegenseitige Information über das, was bei uns lief und was bei ihnen drüben vor sich ging, erlaubte auch gegenseitige Hilfe. Aber es hatte immer weniger Sinn, gemeinsame Gremien zu erhalten oder gar zu schaffen, in denen wir Grundlinien oder gar Details unserer jeweiligen Arbeit miteinander hätten ausdenken und realisieren können. Wir sagten uns: Wir belasten unsere konkrete Arbeit nur, wenn wir aus prinzipiellen Gründen an der Fiktion einer nach wie vor einheitlichen Studentengemeindearbeit in Deutschland festhalten, die es praktisch gar nicht mehr gibt. Tatsächlich sind es zwangsläufig zwei sehr verschiedene Formen der Arbeit in zwei sehr verschiedenen Situationen. Darüber haben wir damals geredet und schon in Prag die Ansätze für eine neue, situationsgemäße Struktur überlegt, die dem Rechnung trug: die Selbständigkeit beider in ihrer konkreten Arbeit mit zwei Geschäftsstellen und jeweils einen eigenen Beirat. Unsere Gemeinsamkeit wollten wir freilich auf keinen Fall aufgeben. Deshalb sollte ein Vertrauensrat zusätzlich zu unseren beiden geschäftsführenden Beiräten geschaffen werden, der paritätisch von beiden Seiten besetzt war. Der sollte die übergreifenden Themen aufnehmen, sollte unsere bleibende Gemeinsamkeit garantieren und eine Arbeit, die grundsätzlich und praktisch wirklich partnerschaftlich war. In gewisser Weise gab es gut ein Jahr später denselben Vorgang in der EKD. Es gibt sogar einen direkt aufzeigbaren Zusammenhang zwischen beiden. Der damalige Studentenpfarrer von Heidelberg, Martin Schröter, war der erste Vorsitzende unseres neuen Vertrauensrates. Von ihm stammt die Formulierung, die zunächst in unserer Ordnung Aufnahme fand und später von unseren Kirchen übernommen wurde: dass festgehalten werde an der »besonderen Gemeinschaft der ganzen evangelischen Christenheit in Deutschland«. Was wir schon 1967 in unserer Ordnung verankert hatten, wurde 1969 im gleichen Wortlaut in die Ordnung des Bundes unserer Kirchen in der DDR übernommen, und zwar als der berühmte Absatz 4.4, für dessen Streichung die DDR-Regierung bis zuletzt vergeblich gekämpft hat. Während es später bei den Kirchen etwas vorsichtiger hieß, sie gäben einander zu eigenen Beschlüssen in Ost und West frei, waren wir uns von Anfang an einig, was jetzt für eine effektive

Arbeit gut ist. Das haben wir dann auch dem Christlichen Studentenweltbund mitgeteilt. Der schlug uns zunächst eine Form vor, wie sie die christliche Studentenbewegung in Pakistan beschlossen hatte, nachdem sich Bangladesch als selbständiger Staat abgetrennt hatte. Schließlich einigten wir uns mit Genf darauf, dass unsere beiden Studentengemeinden als eigene Bewegungen dem Weltbund angehören sollten, freilich mit der ganz neu eingeführten zusätzlichen Bezeichnung: »movements in partnership«. Seitdem hatte ich in Genf den großartigen Titel »Generalsekretär«; denn das war die einheitliche Bezeichnung für die jeweiligen Leiter der einzelnen Bewegungen im Weltbund. Natürlich mussten wir unsere Pläne in unseren Gremien und vor allem in den Gemeinden zur Diskussion stellen. Die Studentenpfarrerkonferenzen Ost und West besprachen sie ausführlich. Ich fuhr dann in die Gemeinden und stellte unsere Überlegungen vor, und dort wurde manchmal kontrovers darüber diskutiert, bis wir uns ungefähr einig waren. Unser Beirat fasste schließlich die nötigen Beschlüsse. Im Grunde war allen klar, dass dies von den Gegebenheiten her geboten war, und die Zukunft hat das bestätigt.

Unser Problem war die EKD. Nun hatte ja gerade in diesem Jahr 1967 eine Synode stattgefunden für den Ostteil der EKD in Fürstenwalde, auf der die Mehrheit beschlossen hatte, trotz aller Probleme an der EKD-Einheit festzuhalten, und es wurde berichtet, dass sich nach Bekanntgabe des Abstimmungsergebnisses die Synode erhoben und spontan »Lobe den Herrn« angestimmt habe. Der Eindruck war nicht ganz falsch, dass wir diesen Beschluss mit unseren Plänen unterliefen. Dabei war unsere Arbeit in die EKD integriert, und wir brauchten ihre Zustimmung zu solch grundlegenden Entscheidungen. Darum mussten wir uns also am 18. Dezember bemühen. Ich erinnere mich, als ich in der Bischofstraße auftauchte, wo die Ratssitzung stattfand, dass ein Oberkirchenrat im Vorzimmer zu mir sagte – eine Anspielung auf Luthers Auftritt vor Kaiser und Reich in Worms: »Die Herren sind schon versammelt. Mönchlein, Mönchlein, du gehst einen schweren Gang.« Wir versuchten, trotzdem ganz beherzt hineinzugehen, Althausen, Schulz und ich. Vor uns saßen all die Bischöfe und prominenten Herren. Vorsitzender war Hans Lilje, der uns jovial begrüßte und mir das Wort erteilte, und wir trugen ihnen unsere Überlegungen vor, was wir um der Konkretheit der Arbeit willen und unter diesen partnerschaftlichen Bedingungen vorhätten.

Neben Lilje saß Friedrich-Wilhelm Krummacher, damals Bischof in Greifswald. Der war stellvertretender Ratsvorsitzender aus der DDR und hatte mich noch wenige Wochen zuvor in seinem Berliner Amtszimmer preußisch unsanft zusammengestaucht wegen unserer »Alleingänge«, wie er sagte. Deshalb war uns jetzt schon ein bisschen bange gewesen.

Überraschenderweise erlebten wir eine überaus freundliche Konferenz. Wir waren erstaunt, wie wohlgesonnen die Herren uns anhörten. Inzwischen ging scheinbar auch in der EKD die Tendenz in die Richtung einer solchen organisatorischen Trennung mit der gleichzeitigen Verpflichtung »zu bleibender Gemeinsamkeit der Christenheit in Deutschland«, wie es bei uns hieß. Wahrscheinlich, sage ich mir heute, waren die Überlegungen zur Gründung des Bundes in den DDR-Kirchen bereits soweit gediehen, dass man gesagt hat, was die vorhaben, liegt ohnehin im Trend. Dazu hatten wir offenbar überzeugend von unserer lebendigen Arbeit in den Gemeinden berichtet. Jedenfalls raunte uns ein Oberkirchenrat zu, der uns hinausbegleitete: »Ihr habt richtig weihnachtliche Stimmung bei den Herren verbreitet. Ich habe sie selten so sanft erlebt.« Wir gingen erleichtert heim. Heute weiß ich, dass diese Zustimmung nicht einhellig war. Es gab – darauf komme ich später noch zu sprechen – immer auch Mitchristen, denen die Lage der Kirche in der DDR wie die Gefangenschaft der Kinder Israel im babylonischen Exil vorkam. Die mussten den Eindruck haben, mit diesen Beschlüssen schreibt Jerusalem seine gefangenen Landsleute in Babylon ab, während wir der Überzeugung waren, das wandernde Gottesvolk trägt, von Gott in eine neue Situation geführt, getrost und gehorsam diesen neuen Gegebenheiten Rechnung.

Man muss sich allerdings daran erinnern, dass dies alles in den Jahren 1967/68 geschah, die den sogenannten 68ern ihren Namen gegeben haben. Die Tendenz unter nicht wenigen westdeutschen Studenten ging deutlich in Richtung einer sozialistischen Vision. Man sah die DDR zwar durchaus kritisch, weil sie diesem Ideal kaum entsprach. Dennoch schätzte man sie immerhin als ein Experimentierfeld für Versuch und Irrtum und sah auch Keime von Neuem. Die staatliche Anerkennung der DDR war damals auch in den westlichen Kirchen ein zunehmend diskutiertes Thema. Parallel zu Willy Brandts neuer Ostpolitik wurde diese Forderung von den Kirchen immer mehr unterstützt. Entspannung und Normalisierung erschienen zunehmend als Voraussetzung für die Erhaltung des ständig gefährdeten Weltfriedens und der allmählichen Annäherung. Die DDR, ein eigener Staat und trotzdem kein Ausland für die Bundesrepublik – diese Formel von Brandt und Bahr wurde im Grunde die Rechtsfigur für die Kirchen: eigene Organisationsformen der Kirchen in den beiden deutschen Staaten, aber unter Festhalten an der Gemeinschaft der Christenheit in Deutschland.

Auch für uns in der Geschäftsstelle bekam das Jahr 1968 erhebliche Bedeutung. In diesem Jahr fand eine große Tagung in Turku im südlichen Finnland statt, die Generalversammlung des Christlichen Studentenweltbundes, dessen Mitglieder die deutschen Studentengemeinden ja sind. Ich bekam das Ausreisevisum für Finnland als Vertreter der DDR-Studentengemeinden in Turku. Delegierte aus allen Ländern, in denen unser Weltbund Mitglieder hatte, kamen dort zusammen, eine eindrucksvolle Menge von jungen Leuten aus allen fünf Kontinenten. Philip Potter, der spätere Generalsekretär vom Weltrat der Kirchen, ein beeindruckender Pastor aus der Karibik, für uns und selbst für die emanzipierten links gerichteten Studenten der westlichen Länder eine geliebte Vaterfigur, war unser Chairman. Wenn er mit uns das Vaterunser auf eine Melodie seiner Heimatkirche sang, wurden auch die revolutionärsten Franzosen still und nachdenklich. Auf dem Universitätsgelände der sommerhellen nordischen Stadt fanden aufgeregte Diskussionen, geplante und spontane Versammlungen, Referate und demonstrative Aktionen statt. Das sorgfältig ausgearbeitete Programm wurde schon am ersten Tag über den Haufen geworfen und durch kurzfristige Meinungsbildung ersetzt. Inhaltlich war diese Konferenz ganz und gar von der Planung einer sozialistischen, partizipatorischen und revolutionären Zukunftswelt beherrscht, und eine deutliche Minderheit von methodistischen und pietistischen Studenten aus Indien, aus Afrika oder aus Norwegen hatte einen schweren Stand, wenn sie tapfer daran erinnerte, dass ein christlicher Weltbund sich fragen müsse, wo in seinen Programmen denn Christus seinen Platz habe. Gelegentlich wurden sie geradezu verhöhnt; Studenten aus Frankreich oder Italien legten die Köpfe schief und sangen Halleluja, wenn einer von ihnen redete. Da war eine echte und unerfreuliche Spannung. Der Tscheche Milan Opocensky, der damals Europasekretär des Weltbundes war, bat mich, mich mit theologischen Gesichtspunkten ins allgemeine Gespräch einzubringen. Das habe ich dann versucht. Es war nicht unmöglich, aber doch schwierig. Dabei war nicht zu übersehen, dass nahezu alle – auch viele bewusste Christen in den evangelischen Studentenbewegungen – davon ausgingen, die Menschheit gehe auf eine sozialistische Zukunft zu. Deshalb war ich ein begehrter Gesprächspartner, vor allem der Leute aus Afrika und Lateinamerika; denn ich war einer der ganz wenigen, die konkrete Erfahrungen mit solch einer Gesellschaftsordnung hatten. Dabei gingen ihre Fragen etwa in solcher Richtung – ähnliches habe ich ja schon von unseren Partnertreffen mit den westdeutschen Gemeinden berichtet: Welche Irrwege sollten wir vermeiden? Worauf sollten wir von Anfang an achten? Welche Chancen bietet ein sozialistischer Staat? Und welche Möglichkeiten hat eine Kirche, in solch einem sozialistischen Staat weiter zu existieren und sinnvoll zu arbeiten? Zuletzt wurde in Turku ein neuer Präsident gewählt, weil Philip Potter neue Aufgaben in der Weltkirche übernahm, und gewählt wurde das neue Exekutivkomittee des Christlichen Studentenweltbundes: 20 Mitglieder aus allen Erdteilen, drei davon für Europa, und unter denen war neben einer reizenden jungen Schwedin und einem äußerst vitalen Italiener ich als der Dritte. Ich nahm dies Mandat unter Vorbehalt an; denn ich wollte zuerst klären, ob ich von der Regierung die Ausreisegenehmigung für die jährlich stattfindenden Sitzungen des Komittes bekäme. Das wurde mir nach meiner Rückkehr in die DDR zugesagt. Und ich bekam tatsächlich meine Visa – wenn auch meist erst in allerletzter Minute und nach Überwindung großer bürokratischer Hürden.

In den folgenden Jahren habe ich an den Sitzungen dieses Komitees in Beirut im Libanon und in der französischen

Schweiz teilgenommen und habe versucht, mit meinem lückenhaften Englisch einen sinnvollen Beitrag zur Orientierung dieser weltweiten Arbeit zu leisten. Besonders Beirut, das später im Bürgerkrieg zur Ruinenstadt herunterbrannte, war ein sehr eindrucksvolles Erlebnis für mich; denn damals strahlte die »Perle des Orients« noch in all ihrer Schönheit am Strand des Mittelmeers mit ihren hellen modernen Straßen und Hotels und mit ihren stillen Höfen, ein Ölbaum in deren Mitte, und den treppenreichen Gassen ihrer Altstadt; und weil unsere Konferenz in die Ostertage fiel, läuteten über all dem die Glocken von den Kirchtürmen in den strahlenden Morgen, nachdem der Muezzin vom Minarett die Muslime zum Gebet gerufen hatte. In diesen Jahren war ich allerdings nicht mehr in Berlin, sondern ich hatte meine Arbeit an der Jenaer Fakultät schon aufgenommen. Dann aber wurde zu einer Tagung in Japan eingeladen. Und plötzlich wurde mir die Ausreise verweigert. Ich erinnere mich noch, dass eine Sekretärin der Universitätsabteilung für Auslandsfragen anrief und bürokratisch trocken erklärte: »Die Reise kann nicht angetreten werden.« Gründe wurden selbst auf meine Nachfrage nicht genannt. Sie kann nicht angetreten werden. Basta! Viel später habe ich erfahren, dass ich damals als »operativer Vorgang« des MfS geführt wurde, und zwar unter dem Decknamen »Zersetzung«. Der Grund lag darin, dass ich auf einer Tagung des Jungmännerwerks unserer Kirche in Neudietendorf eine Bibelarbeit gehalten hatte, die Texte zum Verhältnis der Christen zur Obrigkeit zur Grundlage hatte. Die hatte einem Zwischenträger so wenig gefallen, dass ich unter Beobachtung der Staatssicherheit gestellt wurde. Aber davon wusste ich damals nichts. Ich durfte also nicht mehr zu den Sitzungen fahren. Ich habe noch in Erinnerung, wie dumm ich das fand und dass ich das den zuständigen Leuten deutlich machen wollte. Denn das schadete nicht meinem, sondern zuallererst ihrem eigenen Ansehen. Ich muss erzählen, wie es mir dabei ging: Ich dachte, die wissen gar nicht, was sie da machen.

Ich beschloss, gleich am anderen Tag mit dem ersten Zug nach Berlin zu fahren und zum ZK der SED zu gehen. Dort fielen ja die eigentlichen Entscheidungen, und dort war Willi Barth zuständig für Kirchenfragen, ein schon bejahrter Altkommunist, den mein Vater noch aus seinen früheren SPD-Zeiten kannte. Dem wollte ich berichten, was hier vorging. Früh um neun war ich in Berlin und ging schnurstracks zum ZK-Gebäude, das einzige Mal in meinem Leben. Aber ich hatte kein Glück. In der Pförtnerloge saß einer, dem ich sagte: »Ich möchte Willi Barth sprechen.« Er fragte zuerst: »Von welcher Grundeinheit kommst du?«, und obwohl ich ihm Auskunft gab, wer ich bin, fuhr er unbeeindruckt fort: »Willi Barth ist nicht da. Der ist in Sachsen unten, den kannst du heute nicht sprechen. Meldet euch doch vorher an, Genossen, wenn ihr hier was wollt.« Das war sehr ärgerlich. Ich sagte mir: Jetzt gehst du eben zum Staatssekretariat für Kirchenfragen. Mit dem hatte ich ja Kontakt gehabt während meiner Arbeit in Berlin. Dabei war mir klar, dass es viel einflussloser als der ZK-Vertreter war. Aber ich wollte nichts unversucht lassen. Mein Ansprechpartner wäre dort, das wusste ich, in grundsätzlichen Dingen der Abteilungsleiter Weise gewesen. Ich ging in die Maternstraße und meldete mich im Erdgeschoss an der Pforte. Da kam dann einer herunter und sagte: »Ja, Herr Hertzsch, das tut mir furchtbar leid. Wir haben gerade eine Sitzung. Es ist niemand da, mit dem Sie jetzt sprechen können.« Ich sagte: »Es ist ganz dringlich und duldet keinen Aufschub.« Denn die Absage war wieder einmal kurz vor dem Reisetermin gekommen, und es musste ganz schnell gehandelt werden, wenn hier noch etwas revidiert werden und die Ausreisepapiere noch fertiggemacht werden sollten. Das japanische Einreisevisum hatte ich übrigens schon. »Ja«, sagte er, »ich schicke Ihnen jemanden runter.« Dann saß ich eine Weile im Treppenhaus, bis schließlich irgendein kleinerer Referent kam, ohne mich in die Dienststelle hinaufzubitten. Dem habe ich die Sache erklärt und gesagt, ich hielte das für einen großen Fehler aus diesen und diesen Gründen, und dem müssten die Zuständigen doch auch in ihrem eigenen Interesse Rechnung tragen. Darauf sagte er: »Lieber Herr Hertzsch, wenn Ihr Antrag abgelehnt worden ist, dann hat das sicher Gründe, und ich bitte Sie um Vertrauen, dass Sie darum diese Entscheidung akzeptieren.« Ich habe gesagt: »Mir ist ziemlich gleichgültig, ob das Gründe hat oder nicht. Ich weiß aber, dass das Wirkungen hat, und die sind verheerend – nicht für mich, sondern für das Ansehen der DDR unter den Studenten in aller Welt.« - »Ja, da kann ich Ihnen nicht helfen«, sagte der Angestellte, und ich bin wieder heimgefahren – unverrichteter Dinge. Es war nicht möglich gewesen, in solch einer Angelegenheit zu der zuständigen Behörde durchzudringen, geschweige denn von ihr gehört zu werden. Ich denke, das war eine der großen Schwächen der DDR-Wirklichkeit, an denen sie schließlich zugrunde gegangen ist. Ich habe daraufhin dem Staatssekretär einen Brief geschrieben: Ich werde jetzt mein Mandat, das ein Bürger der DDR von einem Weltbund erhalten hat, niederlegen. Das sei immer noch besser als ein ständig leerer Platz mit dem Hinweis, die DDR habe ihre Zusage nicht eingehalten. Einige Zeit später wurde ich in der Universität zum Prorektor gebeten. Der berichtete mir, der Staatssekretär habe diesen Brief bekommen und sie seien nun eingeschaltet worden und ich würde nun in Zukunft mein Visum bekommen. Ob ich das Mandat schon niedergelegt hätte. Nein? Dann solle ich es doch bitte nicht tun. Für die Sitzung in Japan war es natürlich längst zu spät. Aber im nächsten Jahr konnte ich tatsächlich noch einmal an einer Tagung teilnehmen, und zwar am Wolfgangsee in Österreich, und das Visum bekam ich pünktlich. Doch da greife ich vor. Zurück ins Jahr 1968!

Denn »Turku '68«, wie unsere Konferenz hieß, war im Juli dieses Jahres. Sehr viel wichtiger als der Juli war für unsere Arbeit in der Studentengemeinde und für uns alle in der DDR der August 1968. Das will ich erläutern: Irgendwo lag unserer Arbeit – ich denke, das ist deutlich geworden – immer auch die Hoffnung zugrunde, dass es für uns als Christen eines Tages doch möglich würde, in dem Staat, in dem wir lebten, zu einer Öffnung und Entkrampfung beizutragen, durch die die für viele junge Leute in der DDR durchaus einleuchtende Idee einer sozial gerechten Gesellschaft ihren zwanghaften Charakter, den sie zunehmend gewonnen hatte, ihre starre und bürokratische Gestalt, ihr autoritäres Gesicht soweit verlöre, dass eine echte Mitarbeit an der Zukunft unseres Landes für uns möglich würde. Diese Möglichkeit schien nun gegen Ende der 60er Jahre heraufzuziehen, und zwar in Prag. Alle blickten mit Hoffnung in die Tschechoslowakei. Entstand dort etwas, das unserer Vision nahe kam? Wir hatten das Gefühl, dass es zum ersten Mal möglich würde, sich nicht nur in Widerspruch und kritischer Abgrenzung, sondern mitgestaltend einzubringen.

Prag hat in meinem Leben durchaus eine nicht unwichtige Rolle gespielt. Ich war schon vor 1968 mehrfach in der Goldenen Stadt gewesen, und zwar im Rahmen der sogenannten »Christlichen Friedenskonferenz«, die 1958 in Prag gegründet worden war und zu deren Gründungsvätern mein Vater gehört hatte. Deren Ursprung war wohl ein Ost-West-Dialog-Versuch zwischen zwei Theologieprofessoren und ihren Studenten, Hans-Joachim Iwand aus Bonn und Josef Hromadka aus Prag, die beide in der theologischen Welt und in den Kirchen großes Ansehen genossen. Sie wollten, hörte ich, die erstarrten Fronten des Kalten Krieges aufbrechen angesichts der wachsenden Kriegs- und Entfremdungsgefahr, die sich zwischen den beiden Lagern entwickelt hatte. 1960 wurde auch ich nach Prag eingeladen zu einer speziellen Jugendkonferenz, die parallel zur großen Friedenskonferenz stattfinden sollte. Ich schwankte zunächst und ließ mich von einigen beraten. Denn die Prager Arbeit wurde von vielen durchaus skeptisch betrachtet, galt für manche als kommunistische Tarnorganisation. Ich fuhr dennoch hin und habe es nicht bereut. Dort waren sehr verschiedene Richtungen und Kräfte beteiligt und kämpften um Einfluss. Das machte die Sache spannend und vielgesichtig. Und dass hier mitten im Kalten Krieg tatsächlich so verschiedene Interessen und Parteigänger über Frieden und Zusammenleben ins Gespräch kamen, war schon etwas Besonderes und jedenfalls bis 1968 hoffnungsvoll. Bei den Konferenzen in Prag ging es zu wie bei allen Weltkonferenzen: Referate wurden gehalten, Grußworte gesprochen, mitreißende und strohlangweilige Diskussionsbeiträge eingebracht, Appelle und Erklärungen verabschiedet. Das Gespräch in den Pausen und in den Gruppen war wahrscheinlich mindestens ebenso wichtig und friedensfördernd wie das offizielle Programm.

Unvergesslich aber war eine der großen Zentralveranstaltungen dieser Christlichen Friedenskonferenz: die Allchristliche Friedensversammlung 1968. Prag und die ganze Tschechoslowakei waren in Bewegung. Hromadka eröffnete die Konferenz mit heller Stimme: »Liebe Schwestern und Brüder«, sagte er, »bei uns in unserem Land setzt ein neuer Frühling ein. Endlich kommt das, was wir all die Jahre im Blick hatten.« Und mit Hinweis auf den neu gewählten Präsidenten der Republik, Ludvik Swoboda, fügte er hinzu »Swoboda – das ist ein tschechisches Wort und heißt: Freiheit.« Die Zeichen standen auf einen frei gewählten und frei gestalteten Sozialismus. In den Jahren zuvor hatte es in Prag eine auch international viel beachtete christlich-marxistische Dialog-Kultur gegeben, öffentliche Dialoge zwischen dem Theologen Josef Hromadka und dem marxistischen Philosophen Milan Machovec. Dieser kritisch offene Dialog trägt nun Früchte, sagte man in unserer Versammlung. Plötzlich war diese ganze Allchristliche Friedensversammlung wie die ganze Stadt Prag in Frühlingsstimmung – Prager Frühling, das Hochgefühl einer historischen Stunde. In diesem Frühjahr waren wir, die vier von der Geschäftsstelle, auch schon in Prag gewesen. Wir hatten die Gewohnheit, uns gelegentlich aus Berlin zurückzuziehen, um an zwei, drei Tagen irgendwo über die getane Arbeit kritisch zu reden und die nächsten Projekte zu planen und vorzubereiten. Einmal waren wir auf Hiddensee in einem schilfgedeckten Sommerhaus, einmal in Schwerin, dessen Schloss wie ein Bild aus den Märchenbüchern unserer Kindheit aussah. Jetzt fuhren wir in das aufregende Prag. Wir haben gearbeitet, aber vor allem haben wir diesen großen Aufbruch erlebt. Wir waren bei Zeitungsredaktionen und in Jugendclubs, und wir haben mit den Leuten geredet. Manche machten uns schon damals auf die Gefahren aufmerksam, die mit einem solch ganz neuen und sehr spontanen Experiment verbunden waren. Aber Hoffnung und Neugier auf das Kommende überwogen bei weitem.

Und dann der August 1968. Das Entsetzen am Morgen, als Peter Zimmermann bei mir läutete und noch im Treppenhaus sagte: »Hast du schon gehört: Einmarsch in Prag.«

Wir haben die dann folgenden Ereignisse stärker, als das im Westen vielleicht deutlich war, als einen außergewöhnlich tiefen Einbruch in eine plötzlich wieder aufgeflammte Hoffnung empfunden. Denn im Unterschied zu dem spontanen Aufbegehren am 17. Juni 1953 und zu den blutigen Kämpfen in Ungarn 1956 hatten jetzt in Prag viele das Gefühl, dass hier so etwas wie eine Vision Wirklichkeit werden konnte, weil es die Bevölkerung und mit ihr die Regierenden selber in die Hand nahmen. Hier schien ein einleuchtendes neues Modell für unsere Gesellschaft angeboten zu werden. Eine bis ins Einzelne ausgearbeitete Konzeption hatte man offenbar auch hier noch nicht. Aber es gab einen konstruktiven Anfang. Das war nun alles vorbei, als die sowjetischen Panzer auf dem Wenzelsplatz standen und ihre Kanonenrohre in den Himmel reckten.

Zu dieser Zeit, nur drei Tage später, begann für uns in Bad Saarow die Konferenz für die neuen Vertrauensstudenten – Herbstsemester 1968, und die stand ganz und gar im Zeichen dieser Ereignisse. »Was wird jetzt?« war die ratlose Frage, und eine tiefe Beklemmung beherrschte die Stimmung unserer gemeinsamen Tage. Wir haben diese Enttäuschung im Grunde nur noch geistlich bewältigen können. Da haben wir uns Bibeltexte gesucht, an denen wir uns einigermaßen festhalten und aufrichten konnten. Wir haben uns allerdings ad hoc auch Gesprächspartner eingeladen, vor allem Professor Gerhard Bassarak von der Berliner Humboldt-Universität, der durchaus klug und dabei konsequent die Position unserer Regierung vertrat. Der versuchte, diesen Einmarsch verständlich zu machen. Da gab es sicher auch politisch einsehbare Gründe. Aber die standen für uns in gar keinem Verhältnis zu dem Zusammenbrechen und der gewaltsamen Unterdrückung einer Vision und großen Hoffnung. Das war außer diesem Semesteranfangsgottesdienst von 1961 wahrscheinlich die härteste Bewährung für meine Arbeit in der Studentengemeinde: mit diesen jungen Leuten so zu reden, dass sie überhaupt wieder Mut fassten und bereit blieben, trotz allem an ihre Arbeit an ihren Hochschulen und in ihren Gemeinden zu gehen, zu sagen: Wir geben nicht auf, sondern wir machen weiter. Ich erinnere mich, dass ein Student mir sagte: »Ich hatte mir gerade die Werke von Marx wieder auf den Schreibtisch gelegt. Die schiebe ich jetzt ganz hinten in den Bücherschrank.« Wir wollten doch aus unserem Land eine bewohnbare und zukunftsfähige Gesellschaft machen. War das nach all dem und unter diesen Machtverhältnissen noch möglich?

Professor für Praktische Theologie in Jena oder: Pfarrer müssen erzählen können

Eines Tages im Jahr 1968 bekam ich in Berlin einen Brief von Bischof Mitzenheim aus Eisenach, ich sei nun lange genug in Berlin gewesen, sie brauchten mich jetzt wieder in Thüringen. Ich solle das Pastoralkolleg der Thüringer Kirche übernehmen, also die Weiterbildung und persönliche Beratung der Pastorinnen und Pfarrer in Thüringen. Das hätte ich auch gern gemacht, und der Landeskirchenrat gestand mir gute und sehr offene Startbedingungen für meine geplante Arbeit zu.

Zur gleichen Zeit aber musste die Nachfolge meines Vaters entschieden werden, der die Altersgrenze erreicht hatte. Ich wusste, einige an der Fakultät, die mich aus meiner Zeit als Jenaer Studentenpfarrer kannten, meinten, ich solle diese Nachfolge übernehmen. Ich hatte ihnen zwar gesagt, das sei überhaupt nicht mein Ziel; aber als jetzt die Berufungsliste aufgestellt werden musste, fragten sie doch bei mir an. In der DDR bewarb man sich nicht um eine Professorenstelle, sondern die jeweilige Fakultät fragte bei Personen an, die ihnen geeignet schienen, ob sie bereit seien, sich auf eine solche Berufungsliste setzen zu lassen. Ich stand auf dieser Liste an dritter Stelle, auf Platz eins ein Akademiedirektor, auf Platz zwei ein Lehrbeauftragter für Katechetik. Mein Vater, der natürlich nicht das Mindeste dafür getan hatte, dass ich in die engere Wahl kam, riet mir selber: Lass dich ruhig auf die Liste setzen. An der dritten Stelle hast du keinerlei Chance, berufen zu werden und kannst dann zum Pastoralkolleg gehen. Aber es ist immer ehrenvoll, mal auf einer solchen akademischen Berufungsliste gestanden zu haben. Deshalb habe ich mich einverstanden erklärt. Plötzlich jedoch wurde nach Meinung des Staates der Erste an anderer Stelle in der Kirchenpolitik und der Zweite in der Hochschulpolitik noch dringlicher gebraucht. So kam sozusagen notgedrungen an mich die Frage des Ministeriums, ob ich solch einem Ruf folgen wollte. Ich habe schließlich zugestimmt, vielleicht auch wieder ein wenig aus der Überlegung: Die Universität kenne ich vom eigenen Studium und durch meinen Vater schon ganz gut. Aber natürlich hat mich die Aufgabe selbst gereizt.

Das war am Ende des Jahres 1968. Ich hatte wenig Zeit, mich vorzubereiten. Als Letztes in meiner Berliner Arbeit habe ich noch die Konferenz der neuen Vertrauensstudenten in Bad Saarow geleitet – schon zusammen mit meinem Nachfolger. Dann hatte ich knapp drei Monate, meine Geschäfte in Berlin abzuwickeln und mich auf das Semester vorzubereiten, das im März begann. In meinem Fall war das übrigens zugleich ein Neubeginn der ganzen Theologischen Fakultät; denn wir bezogen mit diesem Frühjahrssemester 69 unser neu hergerichtetes Haus: das Fakultätsgebäude in der Professor-Ibrahim-Straße 24: hoch über der Stadt gelegen, von Bäumen und geschnittenem Rasen umgeben. Der Hausmeister malte bald die Gartenbänke, die vor dem Haus auf der Wiese standen, rot, gelb und blau an; und in den Pausen saßen die Studentinnen und die Studenten dort in der Sonne, rauchten ihre Zigaretten oder tranken Club-Cola. Das war ein gutes Haus mit Seminarräumen, einem kleinen und einem sehr schönen, hellen großen Hörsaal, Zimmern für das Dekanat und oben unter dem Dach je eins für jeden Professor und seine Mitarbeiterinnen und Mitarbeiter als Arbeits- und Gesprächsräume. Solange ich an der Fakultät war, war das unser Institut. Fast täglich bin ich in der Morgensonne – manchmal durch die Frühlingsluft, manchmal bei Schnee und auf vereisten Straßen – den Berg hinaufgestiegen, und wenn ich am Winternachmittag nach dem Seminar mich auf den Heimweg machte, sah ich von der hoch gelegenen Eisenbahnbrücke hinunter auf die Stadt und den gegenüberliegenden Hang mit seinen tausend Lichtern. Dort drüben lag das Haus im Norden der Stadt, das wir zusammen mit der Familie Hehl bewohnten, sie im Erdgeschoss, wir in der ersten Etage mit einem schönen, großen Balkon und einem weiten Blick auf die Jenaer Berge. Hehls Kinder waren etwa im Alter unseres Sohnes, und ich kann nur jedem solche Hausgenossen wünschen, ein solch gutes Zusammenleben unter einem Dach in fröhlichen Tagen und in schwierigen Zeiten, wo einer den andern brauchte. In unserem theologischen Institutsgebäude haben wir nicht nur gearbeitet, sondern an Sommerabenden und in der Adventszeit auch Hausmusik gemacht, haben Feste gefeiert und Gäste zu Tagungen und Gastvorlesungen eingeladen. Es hat vor und besonders nach der Wende eine Menge Pläne und Sitzungen gegeben über die Renovierung und weitere Verbesserung unseres Hauses. Aber zuletzt mussten wir ausziehen, weil von einem Vorbesitzer aus fernen Zeiten ein Rückführungsantrag gestellt wurde. Ich gestehe ehrlich, ich bin froh, dass ich diesen Auszug ins viel anonymere Universitätshauptgebäude nicht mehr habe mitvollziehen müssen, weil ich zu der Zeit gerade in den Ruhestand ging.

Im März 1969 hielt ich in den neuen Räumen die erste Vorlesung in meinem Leben als Semestereröffnungsvorlesung vor der ganzen Professoren- und Studentenschaft. Das war meine so genannte Antrittsvorlesung; ihr Thema hieß: »Praktische Theologie als Erzählkunst«.

Dann aber musste ich mit meinem regelmäßigen Lehrbetrieb beginnen. Ich habe den Studierenden erklärt: Ich übernehme diese Arbeit erst mal für ein Jahr auf Probe, um festzustellen, ob es geht. Ich bin kein Gelehrter, habe ich ihnen gesagt, sondern an der praktischen Arbeit interessiert. Ich kann mir jetzt auch nicht unbegrenzt Literaturkenntnisse anlesen. Ich sehe zu, ob wir in gemeinsamer Arbeit und Aufgabenverteilung ein Stück weiterkommen. Das interessiert mich selber. Die Studenten fanden das ebenfalls ganz spannend und ließen sich gern darauf ein, und daraus wurde eine interessante gemeinsame Arbeit mit gemeinsamer Neugier und gegenseitiger Anregung. Der damalige Dekan allerdings bat mich zu einer Aussprache: Er habe gehört, ich solle gesagt haben, dass ich meine Arbeit nur auf Probe mache. »Lieber Herr Hertzsch«, sagte er, »davon kann natürlich keine Rede sein. Entweder Sie sagen ja oder Sie sagen nein.« Und grundsätzlich hatte er ja ganz recht. Ich blieb trotzdem dabei: Wenn ich den Eindruck habe, es geht nicht, dann muss ich die Möglichkeit haben, nach einem Jahr zu sagen, es soll ein Anderer machen, der es besser, der es überhaupt kann. Aber es ging dann doch ganz gut, und ich hatte Freude an dieser Arbeit. Allerdings hatte meine Praktische Theologie von ihrem Anfang her immer ein etwas eigenes Gepräge, zu dem der Versuch einer ständigen Kooperation mit den Studierenden gehörte, auch wenn ich später nicht mehr so tun konnte, als sei ich nach wie vor ein unerfahrener

Anfänger und mit ihnen lediglich auf der Suche wie in meinen ersten Monaten an der Fakultät. Mein Ansatz für die Praktische Theologie war schon angesichts der veränderten Gegebenheiten sicher anders als seinerzeit der meines Vaters. Ich habe ja im Zusammenhang von meinem eigenen Jenaer Studium berichtet, dass für ihn zwei Elemente bestimmend waren, die bei mir dann fast völlig fehlten: der ausführliche historische Rückblick auf die Entwicklung pfarramtlicher Handlungsweisen in früheren Jahrhunderten und die Überzeugung, dass er seine eigene Amtserfahrung an die noch Unerfahrenen weitergeben könne wie der Handwerksmeister sein Wissen und sein Können an die Lehrlinge. Ich dagegen habe die Aufgabe der Praktischen Theologie viel stärker darin gesehen, dass ein vor uns liegendes Problemfeld – wie könnte Kirche von morgen in unserem Land aussehen, wie möglicherweise unsere Tätigkeit in ihr? – gemeinsam zu bearbeiten ist. Das galt natürlich ganz und gar für unser Leben in der DDR, das sein Gesicht fast ständig änderte und das gar nicht vergleichbar war mit dem, was in ruhigeren Zeiten an kirchlicher Arbeit einmal selbstverständlich und ohne Weiteres das Normale war. Für uns wurde die Praktische Theologie so etwas wie eine Entdeckungs- und Forschungsreise in eine noch unbekannte Zukunft, und die Studenten haben dabei bestimmt ein wenig gelernt, mitzudenken und sich selber in das wissenschaftliche Gespräch einzubringen. Dabei habe ich manchmal ein bisschen angeknüpft an unser »Kirche träumen« aus der Konviktszeit; aber jetzt musste das mit ernsthaften Methoden überprüft und auf möglichst solider Basis begründet werden.

Insgesamt musste ich sehen, wie ich eine Praktische Theologie sozusagen aus dem Stegreif entwickeln könnte. Denn ich hatte mich inmitten der praktischen Arbeit kaum je mit der Fachliteratur beschäftigt und war überhaupt nicht auf dem Laufenden. Ich lebte gleichsam von der Hand in den Mund, von einer Stunde zur anderen. Allmählich aber arbeitete ich mich in mein Fachgebiet ein und baute meine Vorlesungen und Seminare Schritt für Schritt auf, stand Semester für Semester am Katheder im Vorlesungssaal und saß mit den Studierenden um den Tisch im Seminarraum, und das ging so 25 Jahre lang. Dass dies an einer staatlichen Universität geschah, ist für mich dabei kein grundsätzliches Problem gewesen. Ich fand es gut, dass die Studierenden, die einmal in der DDR für ihre Gemeinden dasein wollten, die Wirklichkeit dieser Gesellschaft wenigstens ansatzweise kennen lernten, indem sie sich mit den Anforderungen und gelegentlichen Zumutungen einer sozialistischen Universität ähnlich wie ihre Kommilitonen in den anderen Fakultäten auseinandersetzen mussten. Ich sage »ähnlich wie«, denn wir Theologen, von denen eine marxistisch-atheistische Überzeugung nicht erwartet werden konnte, hatten Freiräume und Ausnahmebestimmungen. Man kann fragen: Warum lag der DDR überhaupt daran, die theologischen Fakultäten an ihren Universitäten zu erhalten? Ich denke, weil die Schließung dieser altehrwürdigen Fakultäten in Leipzig, Halle, in Jena und anderswo ihrem internationalen Ansehen sicher geschadet hätte, und als ein neu geschaffenes Staatsgebilde hatte sie auch ein erkennbar zunehmendes Interesse an einer gewissen Verwurzelung ihrer gegenwärtigen Existenz in der deutschen Kulturgeschichte. Dass sie zugleich ein gewisses Mitspracherecht in Berufungsfragen erhielt und die Hoffnung hatte, die Studierenden für ihre Anliegen zumindest teilweise gewinnen zu können, kam sicher hinzu. Für mich als Hochschullehrer war entscheidend, dass ich für mein Fach immer Lehrfreiheit gehabt habe. Ich hätte an einer kirchlichen Hochschule nichts anders gemacht, anders gelehrt oder auch nur anders formuliert, als ich es an der Universität getan habe. Ich wäre nicht dort geblieben, wenn mir hineingeredet worden wäre oder Auflagen gemacht worden wären. Allerdings hatte ich den großen Vorteil, dass ich immer sagen konnte: Ich kann jederzeit in meine Kirche zurückgehen und ein Pfarramt übernehmen. Ich habe keinerlei Probleme mit meiner Kirchenleitung, die geben mir sofort eine sinnvolle Aufgabe. Ich habe darum alle Freiräume an der Universität ausnutzen und testen können, weil ich nie mit dem Rücken zur Wand gestanden habe. Das war bei den Kollegen an anderen, an nicht-theologischen Fakultäten anders. Die waren vom Wohlwollen der staatlichen Leitung viel abhängiger und wären im Fall einer Entlassung wirklich schlecht dran gewesen. Aber auch solche Theologen, die nicht ordiniert waren und keine pfarramtliche Praxis hatten, die gleich nach dem Studium an der

Universität geblieben waren und nicht ohne weiteres ins Pfarramt hätten überwechseln können, waren in etwas ungünstigerer Lage und in der Regel politisch vorsichtiger und bemüht, unauffällig und gut ihre Fachwissenschaft zu betreiben.

Diese Sonderstellung der Theologen wurde deutlich, als Anfang der 70er Jahre eine umfassende Hochschulreform in der DDR stattfand. Zu ihr gehörte, dass die bisherigen einzelnen Fakultäten von nun an »Sektionen« hießen und zu großen Einheiten zusammengefasst wurden, die jetzt ihrerseits »Fakultäten« genannt wurden. Es gab eine mathematisch-naturwissenschaftliche Fakultät, zu der alles von der Physik über die Biologie bis zur Mathematik als jeweilige Sektionen gehörte, eine gesellschaftswissenschaftliche Fakultät, zu der alle Geisteswissenschaften von der Ur- und Frühgeschichte über die Germanistik bis zur Rechtswissenschaft gehörten, dann einen einheitlichen großen Bereich Medizin mit seinen Spezialfächern, und nur die Theologie blieb übrig. Die Lösung des Problems bestand dann darin, dass wir Theologen eine eigene Sektion Theologie bildeten mit einem Sektionsdirektor wie andere Sektionen auch, ohne einer der beiden Fakultäten anzugehören; denn zur Naturwissenschaft gehörten wir nun sicher nicht, und als Gesellschaftswissenschaft wollte man uns nicht anerkennen. Da aber das Recht, den Doktortitel zu verleihen, in der neuen Konstruktion bei den Fakultäten lag, wurde unsere Sektion, wenn ein Doktorverfahren einzuleiten oder abzuschließen war, für einen Vormittag oder die Dauer einer Sitzung zur Theologischen Fakultät wie in alten Tagen, und ihr Direktor wurde zeitweilig zum Dekan wie einst. Als ich Sektionsdirektor war, habe ich diese wunderbare Verwandlung zum Dekan einige Male erlebt und so etwa den damaligen Thüringer Landesbischof Werner Leich zum Ehrendoktor unserer Fakultät promoviert.

Wie ich all das im Einzelnen angelegt und ausgeführt habe, was in der Praktischen Theologie zu tun ist, davon will ich nicht erzählen. Im Grunde geht es zuletzt überall um die gleiche Aufgabe und um dasselbe Programm: Die Studentinnen und Studenten müssen in die theoretischen Grundlagen und in die praktischen Vollzüge ihres künftigen Berufs eingeführt werden, und darum wird ihnen eine Predigtlehre und eine

Gottesdienstlehre angeboten, eine Pastoralpsychologie, also eine Seelsorgelehre, eine Katechetik oder Religionspädagogik und eine Vorlesung über den Gemeindeaufbau, vielleicht noch eine Diakonik und eine Pastoraltheologie – Wie könnte ein Pastor sein persönliches, sein geistliches Leben im Amt gestalten? –, und zu all dem Seminare und Übungen. Berichten will ich stattdessen über ein paar Besonderheiten, die unsere Praktische Theologie in Jena aufzuweisen hatte und sie ein bisschen an anderen Orten bekannt machte.

Da waren zuerst unsere Erzählkurse. Meine Antrittsvorlesung sprach nicht nur zufällig über »Praktische Theologie als Erzählkunst«; denn ich bin der Überzeugung – und habe das am Anfang meiner akademischen Arbeit deutlich gesagt –, dass Pfarrerinnen und Pfarrer oft verlernt haben und neu lernen müssen, gut und lebendig zu erzählen. Denn unsere kirchliche Praxis läuft Gefahr, dass aus der großen biblischen Erzähltradition eine verkopfte Erklärtradition wird. Und dabei weiß jeder, wie die Aufmerksamkeit sofort zunimmt und das Gesagte sich viel tiefer ins Gedächtnis einprägt, wenn in der Predigt, im Unterricht oder am Gemeindenachmittag etwas erzählt wird. Die Bibel redet ja von Gott nicht, indem sie ihn zu definieren versucht, sondern indem sie Geschichten erzählt: Erlebnisse und Ereignisse, Gleichnisse und Begebenheiten, Visionen und Träume als Lebens- und Gotteserfahrung der Menschen. Ich habe darum bald damit angefangen, den Studentinnen und Studenten Erzählkurse anzubieten, die bald als Jenaer Spezialität galten und mir selber eine Menge Spaß gemacht und Einsichten gebracht haben. Vier Tage lang zogen wir uns zurück, jedesmal eine Gruppe von nicht weniger als fünf und nicht mehr als zehn Leuten, und machten Entdeckungen mit unserer eigenen Sprache. Beim ersten Mal zog ich mit solch einer Gruppe in ein kleines Thüringer Freizeitheim. Wir saßen auf einer Waldwiese oder am Abend vor dem großen grünen Kachelofen, und jeder kam einmal dran, etwas zu erzählen. Wir fragten uns, was daran gut war und was nicht. Ich dachte mir ein paar kleine Übungen aus, und wir sahen zu, was dabei herauskam. Später, als ich entsprechende Erfahrungen gesammelt hatte, fügte sich langsam ein brauchbares Arbeits- und Experimentierprogramm zusammen. Dazu trafen wir uns meist in

Studentenwohnungen, saßen auf einem alten Sofa, zwei Küchenstühlen und drei Bücherkisten um den Tisch; ein paar Kerzen brannten, in der Pause ein bisschen Jazz im Hintergrund, eine große Kanne Tee ständig auf dem Tisch. Dort erfanden wir Geschichten und erzählten sie uns. Ich habe zum Beispiel gute Erfahrungen mit Bildern gemacht: je drei Leute saßen vor einem Bild von Vincent van Gogh und drei vor einem anderen von Marc Chagall, und jede erfand ihre, jeder erfand seine Geschichte zu diesem Bild, schrieb sie auf, und dann saßen wir in der Runde und hörten ganz verschiedene Geschichten zu den gleichen Bildern und sprachen darüber. Wir probierten Rotkäppchen in verschiedenen Varianten: als Sensationsbericht im Lokalblatt, wie Rotkäppchen als alte Frau ihren Enkeln ihr Erlebnis von damals erzählt, wie der Jäger mit seiner Heldentat abends am Stammtisch renommiert. Oder einige versuchten, die Sintflut, versuchten Kain und Abel oder die Geschichte der klugen und der törichten jungen Frauen als Geschichten des 20. Jahrhunderts zu erzählen. Wir machten Assoziations- und Wortschatzübungen und vieles andere. Ich trug dann etwas Theorie vor, Erzähltheorie und Stilkunde – aber immer erst am zweiten oder dritten Tag, wenn wir schon genug eigene Erfahrungen gemacht hatten. Und am Ende sagten wir alle: Wir haben Geschichten und Erzählmöglichkeiten kennen gelernt, zugleich und vielleicht am tiefsten auch uns selber und ein gutes Stück vom Wesen der sechs oder sieben anderen in unserer Gruppe.

Eine Jenaer Besonderheit war auch die Form unseres Gemeindepraktikums. Weil unsere Fakultät – oder Sektion – klein war und die Studierenden in aller Regel den Hochschulort während des Studiums nicht wechselten, konnte ich jedesmal im Februar eines Jahres zwischen den Semestern mit einem ganzen Jahrgang – Studenten etwa in der Mitte ihrer Studienzeit – in ein gemeinsames Praktikum fahren. Das waren dann immer etwa 20 bis 25 junge Leute. Wir setzten uns im Herbst zusammen und bereiteten uns auf die gemeinsamen Tage vor. Wir suchten uns eine Superintendentur, also einen Kirchenkreis aus, in den wir gern fahren würden, ich fragte dort an, und ich habe nie eine Absage bekommen. Ich bin auf diese Weise im Lauf der Jahre durch viele Thüringer Kirchenkreise gekommen und habe den Superintendenturort und seine zugehörigen Dörfer ganz gut kennen gelernt: Schmölln und Meiningen, Saalfeld, Gotha und viele andere. In drei anderen Jahren haben wir uns sächsische Ephorien ausgesucht, und einmal war ich mit einer Gruppe auf der Ostsee-Insel Usedom in den Gemeinden. Das war für mich besonders interessant, weil wir – meine Frau, als Kind auch unser Sohn und ich – in zwanzig Jahren beinahe ohne Ausnahme auf Usedom Sommerurlaub machten. Wir wohnten im Pastorhaus in Benz südlich vom Seebad Bansin und kannten die Insel also gut in der Sonnenhitze des August, ihr Strandleben, wenn wir im Strandkorb saßen, Stefan Heyms »Ahasver« lasen, während der damals noch kleine Sohn mit den Ostseewellen kämpfte. Unser Gastgeber, der Benzer Pastor Martin Bartels, hatte ein eindrucksvolles Sommerprogramm mit Abendmusiken, Lesungen und Vorträgen in der kerzenhellen Kirche, und weil er die Fähigkeit besaß, prominente Schauspieler, Musiker und Schriftsteller zu gewinnen – Rolf Ludwig, Kurt Böwe und Jutta Wachowiak vom Deutschen Theater Berlin, Leipziger Gewandhausmusiker und Konstantin Wecker, Carola Stern, Walter Jens und Christa Wolf und viele andere –, hatte er so gut wie immer eine volle und überfüllte Kirche. Dazu wurden auch die Sommergäste des sehr geräumigen, klug ausgebauten Pastorhauses – oft Theologen und Kantoren –, wenn sie dazu in der Lage waren, in das Programm einbezogen, und so habe ich gelegentlich beim Abendprogramm und regelmäßig an einem Sonntag als Prediger vor einer großen Urlaubergemeinde meinen Beitrag geleistet.

Und nun lernte ich mit solch einer Studentengruppe diese Insel im Winter kennen, still und eingeschneit mit vereister Küste, und Pastor Bartels war jetzt ganz und gar Pastor für seine ruhigen, wetterfesten pommerschen Dorfbewohner. Wie in allen Superintendenturen, verteilte sich die Gruppe dort auf die Pfarrhäuser, immer zwei Studentinnen oder Studenten in eine Gemeinde. Die nahmen am Leben einer Pastorin, eines Pfarrers, einer Pfarrfamilie teil, erlebten den Pastorsonntag mit seinen Gottesdiensten, Christenlehre in Pfarrhäusern und in Bauernstuben und Hausbesuche bei einzelnen Menschen, hatten lange Gespräche mit ihren Gastgebern. An einigen Tagen dieser Zeit trafen wir uns als Gesamtgruppe. Wir schauten uns gemeinsam den Superintendenturort an, Ilmenau, Arnstadt oder Zittau, nutzten den Tag, um die ersten neuen Eindrücke aus den Gemeinden auszutauschen. Wir waren wieder zusammen, wenn der Pfarrkonvent der Superintendentur sein monatliches Treffen hatte. Von Anfang an haben wir auch eine gemeinsame Tagesfahrt in das nächstgelegene Neubaugebiet im Programm gehabt – Halle-Neustadt oder Suhl – und haben uns einen Eindruck von der kirchlichen Arbeit in den sozialistischen Trabantenstädten mit ihren Sechs- und Achtgeschossern verschafft, oft als Gäste von Gemeindegliedern in den Neubauwohnungen, immer beeindruckt von der Pionierarbeit der kirchlichen Mitarbeiter dort. Außerdem habe ich jedesmal eine Gesprächsmöglichkeit mit den jeweiligen staatlichen Behörden vereinbart – als Gruppe aus einer staatlichen Universität war das nicht sehr schwierig, und es schien mir ein wichtiger Aspekt für das Leben der dortigen Gemeinden zu sein. Da hatten die Studenten Gelegenheit, mit dem Leiter des Ressorts Inneres, oft aber auch mit dem Bürgermeister oder dem Kreisrat selber zu reden, und wir haben dort gesprächsunfähige Betonköpfe angetroffen, die uns nur Statistiken vorlasen, haben fleißige Stadtangestellte und gelegentlich eindrucksvolle Persönlichkeiten kennen gelernt, die sich mit den Studenten auf eine echte Diskussion über die von den jungen Leuten beobachteten Probleme und Mängel einließen. Der letzte Sonnabend der Praktikumszeit war dann immer ein Touristiktag: eine Tageswanderung mit allen Leuten über die Höhen des Thüringer Waldes oder zum Kyffhäuser, in die Sächsische Schweiz oder am Strand der Ostsee entlang. Da waren alle voll von neuen Eindrücken aus den zurückliegenden Wochen, wollten miteinander reden und zugleich tief Luft holen. Ich wohnte mit der jeweiligen Assistentin oder dem Assistenten im Zentralort, und wenn die Studenten in ihren Gastgebergemeinden waren, fuhren wir in eine nach der anderen, um sie dort zu besuchen und mit ihnen und der Pfarrerin oder dem Pfarrer im Amtszimmer, beim Blick in die Kirche, am Mittags- oder Kaffeetisch im Gespräch zu sein. Und auch hier habe ich mir am Ende immer gesagt: Ich habe auf diese Weise vieles kennen gelernt, Städte und Dörfer, Kirchen und Landschaften,

Arbeitsweisen und Probleme in den Gemeinden, vor allem aber habe ich intensiv Menschen kennen gelernt: Pastorinnen und Pfarrer, Gemeindeglieder und Nichtchristen, ganz besonders die Studentinnen und Studenten, mit denen einen solch eine gemeinsame Zeit verbindet. Und in Jena in der Vorlesung hatte ich dann immer die Möglichkeit, auf gemeinsame Erfahrungen zurückzuverweisen: »So eine Gemeindesituation oder so eine Art des Gottesdienstes haben wir doch in diesem oder jenem Ort erlebt. Da haben Sie zur Theorie gleich die Anschauung.« Neben diesem Gemeindepraktikum gehörte zur Ausbildung unserer Studenten noch ein vierwöchiges diakonisches Praktikum, das weitgehend vom Diakonischen Werk der Thüringer Kirche organisiert wurde. Zu mir kamen danach immer wieder Studentinnen und Studenten, die mir sagten: Erst nach ihrem begleiteten Einsatz in einem Haus von Schwerbehinderten oder auf der Station eines evangelischen Krankenhauses wüssten sie wieder, warum sie Theologie studierten.

Dabei spielten wahrscheinlich die Beweggründe eine Rolle, die damals viele von ihnen zum Theologiestudium geführt hatten. Die Anzahl derer war – vor allem in den 80er Jahren – groß, die ohne Erfahrung mit traditioneller Kirchlichkeit aus aktiven Jungen Gemeinden, aus Aktionsgruppen oder aus Erfahrungen mit dem Konziliaren Prozess für Frieden, Gerechtigkeit und Bewahrung der Schöpfung kamen. Sie hatten erwartet, für einen Beruf mit solchem Engagement zielstrebig qualifiziert zu werden, hatten sich stattdessen oft enttäuscht und verdrossen durch Sprachkurse und anspruchsvolle traditionelle Theologie hindurchgekämpft und hofften, nun endlich bei mir zu lernen, wie man sinnvoll im angestrebten Tätigkeitsfeld handeln kann. Für sie waren solche Praktika ganz wichtig und darüber hinaus überhaupt der erkennbare Praxisbezug der gesamten praktisch-theologischen Ausbildung. Deshalb habe ich die Kirchgemeinden in die homiletische, also in die Predigt-Ausbildung der Studenten einzubeziehen versucht. Die Studentinnen und Studenten hielten ihre erste Predigt, die wir im Seminar vorbereiteten und nach dem Sonntag ausführlich besprachen, in einem normalen Sonntagsgottesdienst in einer der Jenaer Kirchen, und die Gottesdienstbesucherinnen und -besucher wurden zum Nachgespräch eingeladen. Diese

Nachgespräche waren gelegentlich überaus nützlich, ja aufregend, dann auch wieder wenig ergiebig. Oft gaben uns lebens- und bibelerfahrene Gemeindeglieder sehr hilfreiche Hinweise und kluge Kommentare. Oft aber kam das Gespräch kaum über Äußerlichkeiten hinaus. Ein Problem bestand in dem Sympathievorschuss, den solch eine junge Frau, solch ein junger Mann bei den Gemeindegliedern hatte, weil deutlich wurde: es gibt nach wie vor junge Menschen in der DDR, die sich auf dies Amt vorbereiten; die will man ermutigen und bestärken und nicht kritisieren. Oft war man schon zufrieden, wenn der Eindruck entstand, der junge Mann hat das geboten, was man landläufig unter einer Predigt versteht. Über Einzelheiten müssen die Fachleute urteilen. Derart allgemeine und überfreundliche Reaktionen wurden dann gelegentlich im Seminar zum Problem, weil sie dem Prediger eine falsche Sicherheit durch den Eindruck gaben: Die Gemeinde war mit meiner Predigt sehr zufrieden, und das ist mir wichtiger als alle kritischen Einwände von Professor und Kommilitonen. Aber letztlich überwog der Gewinn dieser Gemeindegespräche die Schwierigkeiten doch, so dass ich bis zum Ende meiner Arbeit daran festgehalten habe.

An einem dieser Sonntage fuhren wir als homiletisches Seminar für ein Wochenende auch in ein Thüringer Dorf, um die oft deutlich andere Situation einer Dorfgemeinde kennenzulernen. Wir hatten ein festes Programm: Anreise am Sonnabendnachmittag, Verteilung der Studierenden auf Privatquartiere im Dorf, ein gemeinsamer Gesprächsabend mit der Pastorin oder dem Pfarrer des Ortes und mit Gemeindegliedern über das Leben im Ort und in der Kirchgemeinde, Übernachtung bei den Gastgebern, am Sonntag Gottesdienste in zwei, gelegentlich drei Gemeinden mit verschiedenen Studenten als Liturgen und Predigern und jeweiligem Nachgespräch, nach dem Mittagessen – manchmal gemeinsam, meist in den Gastgeberfamilien – im Lauf des Nachmittags Rückfahrt. Mir lag viel daran, dass die Studierenden bei ihren Gastgebern einen zwar nur kurzen, aber in der Regel für sie neuen und darum einprägsamen Einblick in das normale Leben einer solchen Familie bekamen; Gespräche waren wichtig, und wir berichteten uns später in der Seminarsitzung über unsere Beobachtungen. Ich habe gelegentlich erlebt, dass ein Prediger nach solch einem Abendbrotgespräch den deutlichen Eindruck hatte, meine für morgen vorbereitete Predigt redet an der Wirklichkeit dieser Menschen völlig vorbei. Das brachte ihn für diesen Sonntag in Verlegenheit, war aber für seine künftige Predigtpraxis eine wichtige Erfahrung. Ich hatte darum im Seminar, wo wir unter uns kritisch über die gehaltenen Predigten sprachen, ein großes Interesse daran, dass die Studenten versuchten, sich in die Lebenslage ihrer Gemeindeglieder hineinzudenken. Dass ich dabei nicht zu weit gehen durfte, hat mir allerdings einmal eine späte Erfahrung – das war schon in den 90er Jahren – deutlich gemacht. Eine Studentin, die in einer traditionellen Kirchlichkeit aufgewachsen war, zu Hause wohl schon mehrfach gepredigt und ein entsprechendes Selbstbewusstsein entwickelt hatte, hatte sich nach meinem Eindruck zu schnell damit zufrieden gegeben, eine theologisch richtige und sprachlich herkömmliche Predigt ausgearbeitet zu haben, gegen die nichts einzuwenden war, als dass sie außerhalb ihrer Heimatgemeinde blass und steif wirken würde, voll von Richtigkeiten aber ohne innere Kraft, aufzurütteln oder zu trösten. Ich verteilte an einige Seminarteilnehmer jeweils eine Rolle und bat sie, sich vorzustellen, sie seien ein Ingenieur, der gerade arbeitslos geworden ist, eine Ehefrau, die in der Pflege ihres krebskranken Mannes an die Grenze ihrer Kräfte gekommen ist, ein junger Mann, dessen Ehe am Zerbrechen ist. Sie sollten mit den Ohren dieser Personen die Predigt anhören und mit den Worten der gedachten Person der Predigerin sagen, wie sie deren Predigt empfunden haben. Ich war erschrocken, mit welcher ungeheuren Härte plötzlich die drei Studierenden in diesen Rollen über ihre Kommilitonin herfielen, offenbar auch eigene Ängste und Ratlosigkeiten abreagierten und die Predigerin weit über Gebühr verunsicherten. Es war schwierig, die Gefühle bei ihr und bei den anderen einigermaßen aufzufangen, und ich habe solch eine harte Methode nicht wieder angewandt. Grundsätzlich habe ich nach jeder Seminarsitzung mit der Predigerin oder dem Prediger gesprochen und festgestellt, wie sie das kritische Gespräch aufgenommen haben. Denn es durfte nicht in Vergessenheit geraten, was ich am Anfang des Seminars deutlich zu machen suchte: Eine Predigt ist eben nicht nur Handwerk, sondern mit ihr steht immer auch ein Mensch und seine geistliche Existenz auf dem Spiel. Die meisten empfanden Gespräch und Analyse als hilfreich; andere hingegen gerieten in eine Krise, mit der wir uns unter vier Augen beschäftigen mussten. Heute höre ich immer wieder in einer Kirche oder im Rundfunk Predigten von Frauen und Männern, die einmal in einem unserer Seminare gewesen sind, und meistens freue ich mich festzustellen, dass wir uns gegenseitig ein Stück auf dem Weg zu einer guten Predigt haben helfen können.

Von zwei Veranstaltungen will ich noch berichten, die über den engeren Bereich unserer Fakultät hinausgingen. Das war an einer sozialistischen Universität für Theologen nicht ohne weiteres möglich und gerade darum für die Studenten interessant. Da war einmal mein Versuch, Schriftsteller unseres Jahrhunderts den Studierenden vorzustellen und nahezubringen, wie ich das seinerzeit im Konvikt schon getan hatte. Jetzt war das aber eine richtige Vorlesung in unserem großen Hörsaal, und ich ließ mir für jeden einige Stunden Zeit, so dass in der Regel drei Autorinnen oder Autoren in den vierzehn Wochen eines Semesters in den Blick kamen: Johannes Bobrowski, Heinrich Böll und Max Frisch in einem, Christa Wolf, Bertolt Brecht und Hermann Hesse in einem anderen. Ich musste natürlich begründen, wieso ich als Theologe so etwas anbot, da ja an der Universität dafür normalerweise die Fachleute der Literaturwissenschaft zuständig waren. Ich nannte diese Vorlesungsreihe darum »Typen der Sprachanwendung«; denn der Beruf des Theologen ist eindeutig ein Beruf, der überall mit dem Verständnis und Gebrauch von Sprache zu tun hat: Sprache zu verstehen von Texten der Tradition und von ratsuchenden Menschen heute, Sprache selber wirksam und heilsam zu gebrauchen in der Predigt, im Unterricht, in der Seelsorge. Von den Schriftstellern unserer Tage, sagte ich, können wir dafür Entscheidendes lernen. Darum stelle ich sie euch vor, ihre Welt, ihre Gedanken, die Art, wie sie beides zur Sprache bringen. Wir waren erstaunt, wie schnell sich dies an der Universität und in der Stadt herumsprach. Immer mehr Gäste drängten in der Spätnachmittagsstunde in unser Haus, meine Assistenten schleppten Stühle aus anderen Räumen, und der brandschutzverantwortliche Mitarbeiter zog die Stirne kraus. Der Reiz dieser Darbietung bestand sicher darin, dass neben der mehr oder weniger streng marxistischen Literaturinterpretation hier eine offenere – und in der Regel nicht ausdrücklich christliche – angeboten wurde; ich denke aber, er bestand mehr noch in der Freiheit, die ich als Amateur, als Liebhaber der Dichtung mir nehmen konnte, keine fachgerecht wissenschaftliche Methode anzuwenden, sondern oft subjektiv, als aufmerksamer und betroffener Leser zu sprechen, also eher essayistisch als exakt wissenschaftlich. Dass diese Schriftsteller die Hand am Puls der Zeit hatten und die brennenden Fragen unserer Tage ansprachen, machte die Sache für mich wie für meine Hörerinnen und Hörer zudem spannend. Ich bin darum gegen Ende der DDR-Zeit davon abgegangen, nur deutschsprachige Werke vorzustellen. Zwei Autoren aus der Sowjetunion waren für uns überaus wichtig geworden, und ich bezog sie darum in mein Programm ein: Valentin Rasputin, dessen spätere Entwicklung damals nicht vorauszusehen war, und Tschingis Aitmatow. Auch in meinem letzten Semester an der Fakultät, 1995 habe ich noch einmal solch eine Vorlesung gehalten und die Studierenden in Strichlisten entscheiden lassen, welche Autoren sie berücksichtigt wünschten: Mit deutlichem Vorsprung wurde Heinrich Böll gewünscht, der unbequeme Kritiker der Bundesrepublik, auf den Plätzen nach ihm Tschingis Aitmatow, der Kirgise, dann Max Frisch, der kritische Denker aus der Schweiz. Die abschließende Stunde über dessen Werk war die letzte Vorlesungsstunde meines Berufslebens.

Eine andere Veranstaltung verband meine Praktische Theologie mit der Medizin. Gegen Ende der DDR-Zeit wurde das möglich; denn es war spürbar, dass im an sich gut geordneten und effektiven sozialistischen Gesundheitswesen die bis dahin eher verdrängten Probleme von menschlichem Leid und Sinnverlust, von Unheilbarkeit und Tod ins Gespräch gebracht wurden. Der bisher vorherrschende mechanistische Optimismus hielt der Wirklichkeit offensichtlich nicht stand. Selbst ich als Theologe wurde jetzt gelegentlich als Gesprächsteilnehmer dazu eingeladen. Aber eine gemeinsame Vorlesung mit dem Professor für Innere Medizin hatte ungleich tiefere Wurzeln. Wir hatten durch Jahrzehnte eine Arbeitsgemeinschaft »Arzt und Seelsorger« – mancher in Jena nennt sie heute schon »legendär«. Einmal im Monat trafen wir uns, eine Runde von zehn, zwölf Frauen und Männern reihum in den Wohnungen, in Pfarrhäusern, Arzthäusern, Professorenwohnungen. Aus meiner Studentengemeinde kannte ich schon die Vertreterin der Zahnmedizin, den Facharzt aus der Frauenklinik, einen Spezialisten für Krebserkrankungen, dazu meine Schwiegermutter als praktische Ärztin. Wichtig und recht ungewöhnlich war, dass ein mecklenburgischer Pastorensohn und darum jetzt engagiertes Gemeindeglied der Leiter der psychotherapeutischen Abteilung an unserer Universität war. Von ihm war bei unserem Tautenburg-Programm schon die Rede. Für mich als Studentenpfarrer war er überaus wichtig gewesen; denn ich konnte Ratsuchende zu ihm schicken, wenn ich den Eindruck gewonnen hatte, hier ist eine psychische Krankheit im Spiel; umgekehrt schickte er mir junge Patienten, wenn er meinte, hier muss einer seine Probleme mit einem Pastor – möglicherweise in der Beichte – besprechen. Dr. Schaeffer also und seine Frau, die Betriebsärztin in einem volkseigenen Betrieb war, gehörten zu unserem Kreis. Vor allem aber hatten wir das Glück, dass der Direktor der großen Universitätsklinik für Innere Medizin zur Gemeinde gehörte und zunächst zusammen mit meinem Vater, später mit mir, unsere Arbeitsgemeinschaft moderierte. Des weiteren kamen mehrere Gemeindepfarrer, eine Klinikseelsorgerin, der Seelsorger für eine psychiatrische Spezialklinik sowie mein Vater und ich als Universitätstheologen. Auch der katholische Gemeindepfarrer war dabei, Georg Sterzinski, der heute Erzbischof in Berlin und Kardinal ist; als er seinerzeit zum Erfurter Generalvikar aufstieg, bat er darum, an unseren Gesprächen weiter teilnehmen zu dürfen, und kam mit seinem Trabant – mehrmals über gefährliches Glatteis – an unseren Abenden nach Jena herübergefahren. Es ist klar, dass die Gespräche in solch einer Runde für uns alle ungewöhnlich wichtig und nützlich waren. Wir besprachen grundsätzliche Themen wie die Jugend oder das Alter des Menschen, Lebensziele und Lebenssinn in der Krise, Angst und Sterben im Blick von Ärzten und von Seelsorgern. Oder einer stellte uns aus seiner Praxis einen Problemfall vor, und wir berieten einen Abend lang darüber. Mit dem Chefarzt Professor Jorke bot ich

Ende der 80er und Anfang der 90er Jahre eine Vorlesung an: »Krankheit und Krankheitsbewältigung in medizinischer und theologischer Sicht«. Wir trugen jeweils die nötigen Gesichtspunkte und Information für die Hörerinnen und Hörer aus beiden Fakultäten vor; dann hatten sie die Möglichkeit, Fragen zu stellen. Auch ich habe dabei viel gelernt. Der Horizont der Theologie kann gar nicht weit genug geöffnet werden; denn überall geht es um Gottes Welt und um all seine bedrängten und geliebten Menschen in ihr.

Bischofskandidat und Synodaler oder: Herr Pleitgen schaltet die Scheinwerfer ein

Das waren meine Erfahrungen an der Universität in den 70er und 80er Jahren. Jetzt muss ich noch einiges über meine Arbeit in der Kirche während dieser Zeit berichten. Ein wichtiger Punkt ist für mich dabei das Thema Bischofswahl 1977, denn dies ist im Grunde mein Einstieg gewesen in die Synodalarbeit, und das heißt in so etwas wie kirchengestaltende, kirchenleitende Mitarbeit in der DDR. Denn was ich davor in der Geschäftsstelle der Studentengemeinden gemacht habe, das war so speziell, dass es im Gesamtrahmen der kirchenleitenden Aufgaben kaum eine Rolle spielte. Freilich habe ich vor meiner Berufung in die Synoden immer schon unmittelbaren Kontakt zur kirchlichen Arbeit gehabt. Zunächst einfach durch die beschriebenen Unternehmungen mit den Studierenden: ihren Gemeindepraktika, ihren Erstpredigten mit Nachgesprächen in den Stadt- und Dorfgemeinden, den diakonischen Praktika. Darüber hinaus hatte ich immer einen Predigtauftrag: ein oder zwei Jahre in einer, die nächsten dann in einer anderen der Jenaer Kirchen. Und meine Predigt in einer Christvesper der Friedenskirche am Heiligen Abend 22 Uhr und dann in einem Gottesdienst in der Silvesternacht nach einer Orgelmusik in der Stadtkirche St. Michael sind für mich und die Jenaer Gemeinde eine jetzt schon Jahrezehnte durchgehaltene Tradition. Ich habe mich gern auch einmal in eine Junge Gemeinde oder sonst in einen Gemeindekreis einladen lassen. Ich hatte davon immer selber einen Gewinn und ging von dort oft ganz erfüllt nach Hause. Außerdem habe ich mich – und gelegentlich auch andere – an das Märchen der Brüder Grimm von Fuchs und Wolf erinnert. Die beiden waren befreundet, sagt das Märchen. Daher zeigte der Fuchs dem Wolf eines Tages einen Keller, in dem der Bauer sein gepökeltes Fleisch aufbewahrte. Man musste sich durch ein enges Loch hineinzwängen, was dem Wolf gerade noch gelang. Während der Wolf sich jetzt nur fettfrisst, schlüpft der Fuchs immer wieder durchs Loch – angeblich, um nach dem Bauern Ausschau zu halten, in Wirklichkeit um zu probieren, ob er noch durchpasst. Als dann der zornige Bauer zur Kellertür hereinkommt, entwischt der Fuchs mühelos, während der dickgefressene dumme Wolf die Prügel bekommt. Der Vergleichspunkt, denke ich, ist deutlich. Es scheint mir wichtig, dass ein Theologieprofessor immer wieder feststellt, ob er noch durch die schmale Pforte der kirchlichen Praxis durchpasst oder ob er an den Fleischtöpfen der Wissenschaft dafür schon zu bequem oder zu wirklichkeitsfremd geworden ist. Ernsthaft gesagt: Jemand, der Hermeneutik, Homiletik oder Pastoralpsychologie lehrt, muss immer aufs neue durch eigene Erfahrung mit Predigt und Gemeindegespräch sein theoretisches Wissen und Tun auf die Probe stellen.

Wichtig war mir daneben noch ein anderer Bereich kirchlicher Arbeit: die Kirchentage. In der DDR hatten wir spezielle und durchaus gute Erfahrungen mit regionalen Kirchentagen jeweils für eine oder für zwei benachbarte Landeskirchen. Bei diesen Kirchentagen für den Thüringer Raum habe ich regelmäßig und gern mitgearbeitet, mich an der vorbereitenden Ideenkonferenz unter Leitung von Heino Falcke beteiligt, Predigten und Bibelarbeiten gehalten, einmal in einer Liturgischen Nacht auch eine Meditation zum Thema »Riesenrad« – und eine magisch beleuchtete große Attrappe solch eines Riesenrades stand dazu mitten in der sonst dunklen Augustinerkirche –, und mehrmals habe ich das Referat zum jeweiligen Kirchentagsthema in der Eröffnungsveranstaltung übernommen: »Umkehr führt weiter« hieß das – durchaus zeittypisch – zum Beispiel 1988, »Wir sind die Kirche« 1996, und überhaupt meine erste Erfahrung mit solch einer großen Gemeinde war 1974 die Eröffnungsrede in der Erfurter Thomaskirche, da war unser Thema »Jesus Christus – die befreiende Wahrheit«.

Ich hatte also vor und nach 1977 schon vielfach Kontakt zur kirchlichen Praxis. Aber meine Mitarbeit in den Synoden und damit bei der übergemeindlichen Entscheidungsfindung begann erst im Zusammenhang mit der Bischofsneuwahl 1977 in Thüringen. In diesem Jahr sollte der Nachfolger von Bischof Braecklein gewählt werden. Schon ab 1975/1976 überlegte man im Lande, wer dafür in Frage käme. Damals traten die ersten Leute an mich heran und fragten, ob ich nicht für dies Amt kandidieren wolle. Einige sagten übrigens, sie hätten mein Eröffnungsreferat zum Erfurter Kirchentag 1974 »Jesus Christus – die befreiende Wahrheit« gehört und gedacht: Möglicherweise könnte so einer als Bischof zu den Gemeinden reden. Nun gab es aber die Schwierigkeit, dass unsere Landeskirche ein Wahlgesetz hatte, das einen Vorschlag aus den Gemeinden oder der Pfarrerschaft nicht vorsah. Das Vorschlagsrecht dafür in der Synode lag vielmehr allein beim Landeskirchenrat. Der bestimmte die Kandidaten für die Bischofswahl, möglicherweise mehrere, darunter aber einen, der erklärter, ausdrücklich empfohlener Kandidat des Landeskirchenrats war. Zudem sagte das Bischofswahlgesetz: Wenn keiner der Kandidaten nach drei Wahlgängen zwei Drittel der Stimmen erhalten hat, dann gilt diese Wahl als gescheitert; nach einiger Zeit muss eine neue Wahlsynode – möglicherweise mit neuen Kandidaten – einberufen werden. Dies Wahlgesetz ging davon aus, dass man sich schon vorher verständigt hat, wer gewählt würde. Man hatte die Erfahrung gemacht, dass zu einem bestimmten Zeitpunkt alles auf jeweils einen Mann zuläuft. Bei Oberkirchenrat Ingo Braecklein war das jedenfalls so. Er war lange Jahre gleichsam der Kronprinz. Alle Welt wusste, wenn Bischof Mitzenheim, der in seinen letzten Amtsjahren wegen seiner politischen Haltung immer umstrittener wurde, einmal in den Ruhestand geht, dann übernimmt Braecklein die Nachfolge. 1970 war er dann ohne irgendwelche Probleme auf Vorschlag des Landeskirchenrates ins Bischofsamt gewählt worden. Dabei war Ingo Braecklein, als er Bischof wurde, schon nahe an der Altersgrenze gewesen. Jetzt, nach sieben Jahren, sah der Siebzigjährige sich nach einem Nachfolger um. Es war klar, dass der Staat ein starkes Interesse daran hatte, wer in Thüringen Landesbischof würde, welcher Kurs gerade dort gefahren würde. Darum haben sich staatliche Stellen und, wie heute die Akten ausweisen, der Staatssicherheitsdienst kräftig, wenn auch nicht öffentlich eingeschaltet.

Angesichts dieser Lage wurde ich angefragt, ob ich nicht für das Amt kandidieren wolle. Ein Argument dafür leuchtete mir tatsächlich selber ein: meine ungewöhnliche Personalkenntnis im Blick auf die Thüringer Pfarrerschaft, von der ich schon viele als meine Eisenacher Mitschüler und dann als meine Jenaer Mitstudenten gut kennen gelernt hatte, mit der ich dann aber vor allem in den folgenden Jahrgängen intensiv als Konviktsinspektor, als Studentenpfarrer, als ihr Theologieprofessor zu tun bekam. Ich kannte sie gut, und sie kannten mich gut; das war natürlich ein Vorteil für einen möglichen Bischof. Allerdings sah das Wahlgesetz, wie gesagt, gar nicht vor, dass jemand anders als durch den Landeskirchenrat vorgeschlagen werden konnte. Das führte dann dazu, dass eine Gruppe in unserer Kirche beschloss, eine Unterschriftensammlung zu veranstalten. Initiator – wenn nicht einziger, dann jedenfalls der federführende – war Gottfried Müller, der überaus geschickte Chefredakteur unserer Thüringer Kirchenzeitung »Glaube und Heimat«, nach der Wende Medienminister im Kabinett de Maizière, dann Präsident des Thüringer Landtags. Er formulierte 1977 einen Text, der besagte, dass die Unterzeichneten es aus diesen und diesen Gründen für sinnvoll hielten, dass auch Klaus-Peter Hertzsch in den Kreis der Bischofskandidaten aufgenommen werde. Die Konvente und die einzelnen Pastorinnen und Pfarrer wurden um Unterschrift gebeten. Es gab einige Pfarrkonvente, die beinahe geschlossen unterschrieben – zum Beispiel der Konvent der Rhön-Superintendentur Dermbach, deren Superintendent Roland Hoffmann, später Werner Leichs Nachfolger im Bischofsamt, war; der gehörte zu den Erstunterzeichnern und damit schließlich zu den offiziellen Überbringern dieser Eingabe. Andere Superintendenten lehnten mit Hinweis auf die geltende Ordnung eine offizielle Vorlage im Konvent ab; da wurden die Pfarrer dann einzeln angesprochen. Vor allem die damalige Leiterin des

Thüringer Frauenwerks, Inge Köhler, ist zeitweise von Pfarrhaus zu Pfarrhaus gefahren und hat Unterschriften gesammelt. Ich selber wusste von all dem nichts und erfuhr erst nach Abschluss der Aktion, dass etwa die Hälfte der Thüringer Pfarrerschaft unterschrieben hatte. Das bedeutete nicht, dass diese alle nur mich als Bischof haben wollten; doch sie hielten solch eine Kandidatur für wünschenswert. Das Ganze wurde dem Landeskirchenrat übergeben, und dem konnte er sich nicht entziehen. Er nahm meinen Namen in die Liste auf. Von sich aus hatte der Landeskirchenrat drei Namen vorgesehen: Walter Saft, Oberkirchenrat in Gotha, Hans Schäfer, Oberkirchenrat in Weimar, und Werner Leich, Superintendent in Lobenstein und Vizepräsident der Synode. Das hieß: Die Synode kannte die drei gut. Mich kannten die Pastorinnen und die Pfarrer; aber die meisten Synodalen nicht. Darum wurde ich zu einer der Synodaltagungen eingeladen, um dort ein Sachreferat zu einem vorgegebenen Thema zu halten. Dieser Vortrag sollte dazu dienen, mich der Synode ein wenig bekannt zu machen. Soweit ich das mitbekommen habe, war das Echo freundlich, aber keineswegs überschwänglich. Es war ja auch nur eine kurze Begegnung und eine sehr beschränkte Aufgabe, die ich zu erfüllen hatte.

Und dann war die Wahlsynode im Oktober 1977. Schon die Zeit vorher war für mich spannend. Oft dachte ich beunruhigt: Worauf hast du dich da eingelassen? Dann wieder machte ich Pläne für eine mögliche Tätigkeit in diesem Amt. Ich bekam viele Briefe: Manche machten mir Mut und schrieben, sie hofften auf meine Wahl, andere beschworen mich, die Hände von diesem Amt zu lassen, dem ich nicht gewachsen wäre. Zahlreiche anonyme Schreiben warnten mich vor allem vor denen, die meine Wahl in der Synode unterstützten, indem diese dunkler Machenschaften und geheimer Ausschweifungen bezichtigt wurden. Diese Schreiben kamen sicherlich vom Staatssicherheitsdienst. Das Land war offenbar in einiger Bewegung. Wie all unsere Synodaltagungen fand die Wahlsynode in Eisenach im Haus Hainstein statt, einem kirchlichen Tagungshaus und Hotel hoch über der Stadt am Fuße der Wartburg. Der Landesbischof stellte zu Beginn die vier Kandidaten vor, indem er kurze Lebensläufe verlas, die wenig aussagten. Das wunderte mich, und heute stellen die Kandidaten aller Wahlen in der Synode sich selber mit dem vor, was ihnen wichtig zu sein scheint. Als seinen empfohlenen Kandidaten hatte der Landeskirchenrat unter uns vier Oberkirchenrat Walter Saft benannt. Dann ging die Synode in geschlossene Sitzung. Wir wurden nur gelegentlich einzeln hineingerufen, um Fragen zu beantworten. Die meiste Zeit saßen wir in einem abgeschirmten Raum; denn von den Beratungen der Synode durften wir nichts hören. Wir führten dort lange und freundliche Gespräche, Leich, Saft, Schäfer und ich, und wenn klar war, dass wir in der nächsten Zeit im Plenum nicht gebraucht wurden, wanderten wir auch durch den herbstbunten Wald zur Eselsstation. Die berühmten Wartburgesel, die dort stehen, hatten alle Namensschilder über sich, und wir stellten fest, dass drei von uns dort vertreten waren: Es gab einen Werner, einen Hans, einen Peter – nur einen Walter gab es nicht, vielleicht mit Rücksicht auf den Staatsratsvorsitzenden Walter Ulbricht. Saft hatte also keinen Esel. Bei aller persönlichen Eintracht unter uns Kandidaten war uns klar, dass die Befürworter der jeweiligen Bewerber sehr unterschiedliche Parteien und Richtungen vertraten. Saft und Schäfer gehörten dem Landeskirchenrat an und waren schon deshalb diejenigen, die der staatlichen Seite am ehesten erwünscht waren, weil sie sozusagen zum bekannten kirchlichen Establishment gehörten, während Leich und ich eher Außenseiter waren: Leich war der Synode als ihr Vizepräsident zwar gut bekannt, war aber als Superintendent einer kleinen Landsuperintendentur weit mehr ein Mann der Basis, und sicher einer kritischen Basis. Und ich war der klassische Seiteneinsteiger. Die DDR-Regierung war, wie die Akten des Staatssicherheitsdienstes ausweisen, jedenfalls ebenso stark daran interessiert, meine Wahl zu verhindern wie die seine.

Die nötige Zweidrittelmehrheit waren 42 Stimmen, die erreicht werden mussten. Als im zweiten Wahlgang für Hertzsch 25 Stimmen abgegeben wurden, für Saft zum zweiten Mal 20, für Leich und Schäfer nur noch wenige, traten die beiden zurück. Nun wurde es spannend. Nach einer ziemlich unruhigen Mittagspaue der dritte Wahlgang: Saft 24, Hertzsch 38 von 42 notwendigen, dazu eine erste Stimmenthaltung. Damit aber war die Wahlsynode ohne ausreichendes Ergebnis abgeschlossen; denn das Wahlgesetz ließ nur drei Wahlgänge zu. Das Präsidium fand jedoch einen Trick. Nach einer Beratungspause teilte der Präsident mit, diese Tagung der Synode werde hiermit geschlossen. Für morgen aber werde die Synode zu einer neuen Tagung einberufen; denn die Tendenz und die Aussicht, zu einem schnellen Ergebnis zu kommen, schien ja unübersehbar. Mit schwerem Kopf und der plötzlich bangen Frage: Was rollt da jetzt auf dich zu? wanderte ich am Spätnachmittag zur Wartburg, fand übrigens, als ich auf den Bergfried hinaufgestiegen war, das weite Thüringer Land zu meinen Füßen, einen erheblichen Teil der Synode dort oben schon vor. Viele redeten gleich mit mir und sagten: Dies oder das müssen Sie als Bischof durchsetzen und dies jedenfalls unterlassen. Die meisten dachten offenbar, die Sache sei gelaufen. Ich muss gestehen, es war dann für mich eine sehr unruhige Nacht. Mir wurde plötzlich ganz bange, und ich fragte mich: Auf was lässt du dich da ein? Aber ich wollte zu meinem Wort stehen. Als ich in dieser Nacht einmal zur Toilette über den Gang ging, hörte ich unten in der anderen Etage Stimmen aus dem Sitzungssaal; dort war zwischen 2 und 3 Uhr die Sitzung einiger Personen im Gange. Ich möchte bis heute gern wissen, wer da nachts zusammengesessen hat und was sie beschlossen haben. Aus den Akten des MfS habe ich viel später mit Überraschung und Enttäuschung ersehen, wer aus der Synode und aus dem Landeskirchenrat damals in Sachen Bischofswahl und Hertzsch als Zwischenträger und Gesprächspartner mit dem Staatssicherheitsdienst Kontakt hatte. Vielleicht führt diese Spur in jene nächtliche Sitzung. Am Morgen im Park traf ich jedenfalls Gottfried Müller, der die Morgenstimmung fotografierte und der mir sagte: »Wundere dich nicht, wenn die Zahl deiner Befürworter heute etwas zurückgeht. Ich weiß zwar nichts Genaueres; aber irgendetwas ist im Busch.« Als wir dann in den Sitzungssaal hineingingen, hatte ich selber das Gefühl, dass die Stimmung verändert war. Und tatsächlich schwankten die Zahlen in den drei Wahlgängen, die die Synode nun wieder hatte, zwischen 34 und 36 Stimmen für mich und 25 und 21 für Saft, und die Stimmenthaltungen spielten eine wachsende Rolle. Am Nachmittag wussten wir, es kommt kein ausreichendes Ergebnis für einen von uns beiden zustande. Die Synode wurde geschlossen und für den Dezember ins Dienstgebäude des Landeskirchenrates für nur einen Tag ohne Übernachtung eingeladen.

Landesbischof Braecklein lud mich in der Zeit dazwischen mit meiner Frau zu einem weiteren Gespräch nach Eisenach ein und riet mir mit jetzt energischen Worten von einer weiteren Kandidatur ab. Ich sei dem Amt wegen meiner schwachen Sehkraft physisch einfach nicht gewachsen. In dieser einen Stunde erschien zweimal eine Sekretärin mit einem Teewagen voll von Akten, die sie neben dem Bischofsschreibtisch aufstapelte. Ich weiß nicht, ob das zufällig war oder eine inszenierte Demonstration dessen, was auf einen künftigen Bischof für eine Aufgabe warten würde: vorwiegend Aktenstudium. Anschließend empfing mich noch der damalige Chefjurist des Hauses, der mir mit schöner Offenheit sagte »Sie sind als Bischof hier im Landeskirchenrat nicht willkommen.« Im Land warben die verschiedenen Richtungen inzwischen aufs neue für ihren jeweiligen Kandidaten. Auch meine Gruppe forderte mich auf, noch einmal zu kandidieren; immerhin hätte ich doch bis zum letzten Wahlgang eindeutig die absolute Mehrheit der Stimmen gehabt. Die Sondersynode im Dezember eröffnete der Landesbischof mit der Nennung der nun wieder vier Kandidaten, fügte aber hinzu, diesmal sei Oberkirchenrat Schäfer der Kandidat des Landeskirchenrats und es werde ausdrücklich davon abgeraten, Professor Hertzsch zu wählen. Es ist für mich bis heute ein Rätsel, wo die wirklichen Gründe der damaligen Thüringer Kirchenleitung lagen, so offensichtlich meine Person abzulehnen. Es wurden nun auch keine langen Diskussionen mehr gehalten. Alles war ja gesagt. Jetzt müsse man Nägel mit Köpfen machen, sagten die Synodalen. Das Ergebnis des ersten Wahlgangs, mit Spannung erwartet, kam der Ausgangslage der ersten Wahlsynode sehr nahe. Wären Hans Schäfer und Werner Leich, auch jetzt die beiden mit den wenigsten Stimmen, wieder zurückgetreten, hätte sich der Vorgang vom Oktober höchstwahrscheinlich schlicht wiederholt. Ich sprach darüber in einer Verständigungspause mit meinen Befürwortern und danach mit dem Landesbischof und dazu mit unserer neuen, zum ersten Mal amtierenden Synodalpräsidentin, der in vielen Stürmen der Zeit bewährten Straßenbaumeisterin Christina Schultheiß. Ich wollte den Wahlvorgang nicht blockieren und erklärte darum vor der Synode mit einigen Sätzen meinen Rücktritt von der Kandidatur mit der Bitte am Ende »Gott helfe uns allen!« Die Synode nahm das mit Respekt und deutlicher Sympathie auf. Meinen Leuten hatte ich in der Pause gesagt, sie sollten jetzt Werner Leich wählen, wie er es bei seinem Rücktritt im Oktober für mich getan hatte. So wurde im dritten und letzten Wahlgang Werner Leich mit 45 Stimmen zum Landesbischof gewählt. Ich fuhr aufatmend nach Hause.

Ich gestehe: So erleichtert ich aus Eisenach wegfuhr, ich hatte doch ein paar ziemlich deprimierte Wochen danach. Es ist mir erst nachträglich deutlich geworden, wie viele Gedanken ich mir schon gemacht hatte – ich vermute, jeder in meiner Lage hätte das getan –, was ich konzeptionell und im Einzelnen als Bischof in der Thüringer Kirche getan hätte. All diese Pläne, ich möchte sagen: all diese Visionen jetzt zu begraben war nicht leicht, heute im Rückblick aber sage ich: Ich danke Gott, dass er mir diese Aufgabe erspart hat. Ich wäre ihr wohl eine Weile gewachsen gewesen; aber ich hätte mich dabei aufgerieben, und ich bin nicht sicher, ob ich die Situationen der folgenden schwierigen Jahre gut gemeistert hätte. Ich denke, dass Werner Leich, der seine Stärken und Schwächen hat wie alle, in dieser Zeit der richtige Mann für das Amt gewesen ist.

Diese Bischofswahl führte, wie ich schon gesagt hatte, dazu, dass ich ab 1977/78 in die Arbeit zweier Synoden berufen wurde. Die Bundessynode der evangelischen Kirchen in der DDR berief mich auf den Platz, den sie in ihrer Ordnung für einen theologischen Hochschullehrer der DDR vorgesehen hatte. Offenbar war man durch die Thüringer Kandidatur auf mich aufmerksam geworden. In die Thüringer Synode berief mich Werner Leich, der als Landesbischof das Recht hatte, vier Personen, die ihm wichtig für das Leben der Thüringer Kirche zu sein schienen, in die Synode zu berufen. »Die Mehrheit unserer Synode«, schrieb er mir, »war überzeugt, dass Sie Bischof unserer Landeskirche werden könnten. Darum berufe ich Sie jetzt in die Synode.« Der Bundessynode habe ich bis zu ihrem Ende 1991 als berufenes Mitglied angehört, der Thüringer Synode zeitweilig als Vertreter der Jenaer Fakultät, zu anderen Zeiten als persönlich berufenes Mitglied; in dieser Synode bin ich heute noch.

Die beiden Synoden waren sehr unterschiedlich. Das begann schon bei den äußeren Bedingungen. Die Thüringer Synode hat den Vorteil, dass sie für ihre Tagungen ein sehr schönes Haus zur Verfügung hat: das schon erwähnte Haus Hainstein in den Wäldern unterhalb der Wartburg. Das bedeutet, dass die Mitglieder der Synode in demselben Haus tagen, arbeiten, essen und übernachten. Die Bundessynode dagegen wanderte durch die einzelnen Landeskirchen. Wie üblicherweise zum Abschluss der Kirchentage hieß es auch am Ende jeder Bundessynode: »Zur nächsten Tagung lädt uns die Landeskirche Sachsen oder Berlin-Brandenburg zu sich ein.« Das hatte den Vorteil, dass wir auf diese Weise die einzelnen Landeskirchen und ihre Gemeinden etwas genauer kennen lernten. Normalerweise stellten sie sich an einem Abend der Synode vor, und an manchen Orten waren wir einen Abend lang in kleineren Gruppen bei den Ortsgemeinden zu Gast und lernten die Lage an der Basis in intensiven Gesprächen kennen; auch für die Gemeindeglieder war diese Begegnung interessant. Das bedeutete aber, dass wir in aller Regel in einem Gemeindehaus und dort in einem größeren Kirchsaal tagten und die Synodalen zum größten Teil in Privatquartieren untergebracht waren. Das war billig, aber aufwendig. Die Synodalen bekamen bei ihrer Anreise eine Information, wo ihr Quartier für die Nacht sein würde; doch weil die Synodaltagung gleich begann, suchten sie abends zwischen 10 und 11 Uhr in oft entlegenen Stadtteilen und nur noch schwach beleuchteten Straßen nach dem Haus ihrer Gastgeber. Früh halb neun mussten sie schon wieder im Tagungshaus sein. Wir aßen in Gaststätten, oder, wenn es gut ging, kochte die gastgebende Ortsgemeinde für uns und deckte die Tische im Gemeindesaal. In den längeren Pausen konnte man sich allenfalls in den umliegenden Straßen ein bisschen die Beine vertreten. Da hatten es die Mitglieder der Thüringer Synode besser.

Ein noch größerer Unterschied bestand zwischen meinen beiden Synoden in ihrer Öffentlichkeitswirkung. Die Thüringer Synode war – ich glaube, als einzige in der EKD – bis in die 90er Jahre hinein nicht öffentlich. Zu ihren Sitzungen waren, außer ständigen und gelegentlich speziell eingeladenen Gästen, weder die Presse noch die Gemeinden noch sonst eine Öffentlichkeit zugelassen. Dies geriet – zumal in den 80er Jahren – immer mehr in die Kritik und wurde schließlich geändert. Denn die Tatsache, dass hier wichtige Beschlüsse hinter verschlossenen Türen gefasst wurden, weckte bei manchem Misstrauen und Protest. Der große Vorteil dieser Praxis war aber, dass in all den Jahren in der Thüringer Synode sehr viel offener und direkter geredet worden ist; denn wir waren mehr oder weniger unter uns.

In der Bundessynode dagegen befanden wir uns im Blickpunkt einer breiten und in sich gegensätzlichen Öffentlichkeit. Da waren zunächst die offiziellen Staatsvertreter, einer vom Staatssekretariat für Kirchenfragen und einer vom jeweiligen DDR-Bezirk, in dem wir tagten; die saßen in der ersten Reihe der Gäste und wurden am Beginn jeder Tagung zusammen mit den Gästen aus der EKD und aus der Ökumene begrüßt. Mit äußerster Aufmerksamkeit beobachteten sie jede Nuance dessen, was in dieser Synode nun zur Sprache kam: Wer sagt was mit welcher Tendenz und in welchem Ton?

So waren wir fest im Blick unserer Obrigkeit. Auf der anderen Seite war die Presse aus West und Ost sehr breit vertreten und mit ihr das Fernsehen, das weniger beachtete der DDR und das öffentlich-rechtliche der Bundesrepublik mit seiner großen Breitenwirkung. Wir mussten uns klarmachen, dass wir gleichsam ständig im Blick ungezählter Zuschauer waren, die am Abend in West und Ost die Tagesschau betrachteten. Die konnte natürlich nicht die ganze Synodaltagung zeigen, auch nicht größere Partien aus ihr, sondern nur sehr kleine Ausschnitte, Einzelsätze von diesem und jenem, die den Moderatoren interessant, brisant oder einfach kurios erschienen: über die Diskussion eines langen Tages in der Regel nur eine oder zwei Minuten. Jede und jeder von uns hätte so reden und formulieren müssen, dass nicht ein Halbsatz, den jemand sich herausschneiden konnte, missverständlich war oder umgedeutet werden konnte. Das war aber ganz unmöglich, und so erlebten wir immer wieder, dass besonders zugespitzte Sätze, gelegentlich sogar Nebenbemerkungen oder nur der erste Teil von »Zwar-aber-Sätzen« im Fernsehpublikum den

Eindruck erweckten, das sei der Inhalt der Bundessynode gewesen.

Dabei wurde uns berichtet, dass ein Großteil der DDR-Staatsfunktionäre sich nicht durch ihre Staatsvertreter oder die DDR-Presse, sondern durch das Westfernsehen über unsere Tagungen informierte. Was man in der ARD-Tagesschau sehen konnte, war, wie uns berichtet wurde, das, was an erster Stelle am folgenden Dienstag in der Politbüro-Sitzung behandelt wurde. Außer den Staatsvertretern und den Medien waren aber meist auch viele Gemeindeglieder anwesend, die sehr aufmerksam lauschten und fragten: Was sagt die Kirche jetzt zu unserer Lage und zu unseren Sorgen? Und schließlich wollte jeder in seinem Diskussionsbeitrag etwas zur Sprache bringen oder sogar durchsetzen, um dessentwillen er sich gemeldet hatte. Dies wäre normalerweise ja das Wichtigste und tatsächlich Gemeinte gewesen.

Der spannendste Teil der Bundessynode – vor allem für die Medien – war in aller Regel der sogenannte KKL-Bericht, der Bericht der Konferenz der Kirchenleitungen und die Aussprache dazu. In der Zeit zwischen den jährlichen Tagungen der Synode wurde eine Menge praxisbezogene Sacharbeit durch Kommissionen geleistet, deren Mitglieder der Synode, aber auch viele andere Gemeindeglieder angehörten. Ich bin oft in kalter Frühe von Jena nach Berlin gefahren, um mit acht oder zehn anderen einen Arbeitstag lang in solch einer Kommission mitzuarbeiten und fand immer, das war keine verlorene Mühe; denn diese Arbeit kam oft den Gemeinden direkt zugute. Und in dieser Zeit zwischen den Synoden traf sich auch – ich glaube, jeden Monat für ein oder zwei Tage – die so genannte Konferenz der Kirchenleitungen, die KKL, der die Bischöfe der acht Landeskirchen in der DDR und ihre Chefjuristen angehörten, dazu eine kleine Anzahl von Mitgliedern aus den Gemeinden. Die griffen die jeweils aktuellen Probleme auf und fassten die nötigen Beschlüsse für den Augenblick. Vorsitzender war in wechselndem Turnus einer der Bischöfe: relativ lange Albrecht Schönherr von der Berlin-Brandenburgischen Kirche, der die Gestalt unseres Bundes in dessen Anfangsphase intensiv mitgeprägt hat, später auch Johannes Hempel von der Sächsischen Kirche, Werner Krusche aus Magdeburg, während der Wende Werner Leich. Diese KKL gab zu Beginn jeder Tagung der Bundessynode ihren jeweils aktuellen Bericht und beschrieb in großer Überschau die gegenwärtige Lage. Das hatte erhebliches öffentliches Interesse. Denn dieser Bericht war gewissermaßen das Wort der Kirche zur Lage für den jeweiligen Zeitpunkt, und dies Wort gewann in der DDR zunehmend an Gewicht. Dem entsprach dann ein ebenso spannender Vorgang: die Aussprache der Synodalen zum KKL-Bericht. Dort wurden alle Themen aufgegriffen, die den Synodalen, also den Beauftragten ihrer Gemeinden, zur Zeit wichtig waren: Klagen, Beschwerden, Anregungen, gute oder schlimme Erfahrungen mit Staat oder mit Kirche, Anträge. Die KKL gab so etwas wie einen Überblicksbericht, und der enthielt selbstverständlich so viele verschiedene Stichworte – und sei es nur am Rande –, dass alle Interessierten ohne große Mühe ein Stichwort fanden, bei dem sie einsteigen konnten, um das, was sie von zu Hause mitgebracht hatten, in großer Öffentlichkeit zur Sprache zu bringen. Friedrich Schorlemmer zum Beispiel war ein Meister in dieser Kunst. Ich vermute, er hat einen großen Teil seiner geschliffenen, meist sehr präzise formulierten Beiträge, die kritisch waren, aber immer gut überlegt kritisch, schon in Wittenberg vorbereitet und fand dann in der Aussprache immer im KKL-Bericht irgendwo ein Stichwort, auf das er sein Votum beziehen konnte. Herr Pleitgen von der ARD wusste sehr genau, wann es lohnte, die Scheinwerfer einzuschalten.

Danach – wie bei allen Synoden – gingen wir in die geschlossenen Sitzungen unserer Ausschüsse. Ich gehörte die längste Zeit dem sicher damals interessantesten Ausschuss an, dem Öffentlichkeitsausschuss. Er hatte vor allem die Aufgabe, den KKL-Bericht und alles, was in der Aussprache dazu gesagt worden war, aufzugreifen, in einer Synodalerklärung zusammenzufassen und unter Umständen daraus eine aktuelle Botschaft für die Gemeinden und für die Öffentlichkeit zu machen. Als Mitglied dieses Ausschusses habe ich viele dieser Texte mit formuliert. Im Ganzen muss man sagen, dass die Wirkung solcher Synodentexte meist sehr viel geringer ist als der Aufwand, den wir Synodale darauf verwendet haben, ihn zu formulieren. In den Jahren der DDR, vor allem in ihren letzten, war das anders. Je weiter die Zeit voranschritt, desto aufmerksamer wurden unsere gesamten Texte gelesen, erwartet und verbreitet. Denn am Ende der 80er Jahre gab es eine große politische Wachheit in der Breite der Bevölkerung und ein wachsendes Interesse daran, dass die Dinge in der Öffentlichkeit zur Sprache kämen, die kaum von jemanden deutlich benannt wurden. In kleinen, aktiven Gruppen sprach man natürlich darüber, aber in eine breitere Öffentlichkeit gelangte all das in der DDR nur durch die Kirche. Es war eine Zeit, in der die Verlautbarungen einer Synode in der Gesamtöffentlichkeit in Ost und West ein größeres Gewicht besaßen als Synodalerklärungen jemals sonst. Ich erinnere mich an Arbeitsgänge bis tief in die Nacht, in denen wir in ganz kleinen Untergruppen einzelne Teile der Erklärung formulierten, die wir uns dann gegenseitig vorstellten und, wenn alle einverstanden waren, zu einem Gesamttext zusammensetzten. Oft kam dann – und das konnte nachts halb drei sein – Manfred Stolpe, der damalige Sekretär des Bundes, in unseren Ausschuss, sah sich unseren Text an und erklärte als einer, der ein besonders feines Gespür für jeweilige Chancen und Gefahren hatte »Hier könnt ihr ruhig ein bisschen schärfer formulieren; aber an dieser Stelle rate ich zu etwas mehr Vorsicht, zumindest zu etwas mehr Präzision im Ausdruck.« Wenn er Ja zum Ganzen sagte, hatten wir das Gefühl: Jetzt ist unser Text auf der Höhe der Zeit.

Früher hatten wir stärker Verbesserungen angemahnt, die das Verhältnis zwischen Staat und Kirche betrafen. Die Friedensfrage etwa wurde vor allem im Hinblick auf die belasteten Gewissen derer angesprochen, die einen Waffendienst ablehnten und für die schließlich die Lösung der Bausoldaten durchgesetzt worden war. Oder es ging um den Druck auf Kinder und Jugendliche, die aufgrund ihrer christlichen Überzeugung in Schule und Berufsausbildung benachteiligt wurden, oder darum, Gleichberechtigung für sie einzufordern. Während solche Forderungen zunächst ganz im Vordergrund standen, fand sich die Kirche jetzt zunehmend als Sprecherin für Grundforderungen der ganzen Gesellschaft. Das waren zum Beispiel die ökologischen Probleme, die in der DDR weitgehend tabuisiert waren. Man wusste, dass hier eine Katastrophe heraufzog. Es gab zwar in den späten Jahren der DDR ein eigenes Ministerium für Umweltschutz und Wasserwirtschaft. Das hatte aber nur sehr geringen Einfluss; denn die wirtschaftlichen Probleme, die die DDR massiv bedrängten, führten dazu, dass sie auf ökologische Probleme immer weniger Rücksicht nahm. Um so wichtiger war es, dass die Bundessynode hier ihre Stimme erhob. Ganz am Ende – darauf kommen wir noch – listete die Bundessynode im September 1989 alle Forderungen auf, die für die notwendige Gesundung unserer Gesellschaft erfüllt werden müssten. Die Kirche sah jetzt ihre Aufgabe darin, zum Mund einer schweigenden Öffentlichkeit zu werden und dort das anzumahnen, was nun unaufschiebbar nötig war. Ich sage »Gesundung der Gesellschaft«, denn unser Ziel musste sein, dass das Land, in dem wir lebten und in dem wir zu bleiben gedachten, aus seiner tiefen Krise herausfände, und dafür gab es unabweisbar bestimmte Voraussetzungen, die keinen Aufschub mehr duldeten.

Heute werde ich manchmal gefragt, wie ich meine eigene Rolle in der Bundessynode sehe, wofür mein Name dort stand. Soweit man das überhaupt selber beurteilen kann, stand mein Name am ehesten für eine bestimmte geistliche Orientierung, die ich für eine Synodalarbeit für unentbehrlich halte, stand für den Versuch, bei unseren Entscheidungen die biblische und die kirchenspezifische Grundlage deutlich zu machen: Welche Bedeutung hat sie für unsere politischen und kirchenpolitischen Optionen? Diese Grundlagen dürfen nicht pragmatischen, taktischen oder strategischen Gesichtspunkten geopfert werden. Das war für mich immer ein entscheidendes Anliegen. Darum hat man mich auch immer einmal gebeten, die Eröffnungsandacht für eine Synodaltagung zu übernehmen, und im Gottesdienst 1990 bei unserer ersten Tagung nach der historischen Wende, habe ich die Predigt gehalten. Ich erinnere mich dabei an einen Geburtstagsgruß: Die Bundessynode fand immer im letzten Drittel September statt, so dass ich meinen Geburtstag mindestens zehnmal – und darunter den 50. und den 60. – auf einer Synodaltagung gefeiert habe. An solch einem Morgen kam Manfred Stolpe auf mich zu und sagte »Jetzt will ich dem Seelsorger unserer Synode gratulieren.« Ich gestehe, dass ich mich darüber gefreut habe; denn das war für mich eine glaubwürdige Bestätigung meiner Bemühungen. Eine weitere Funktion, die ich in der Synode hatte – wenn auch erst in zweiter Linie –, war, gelegentlich kompromissfähige Formulierungen zu finden. Es gibt ja im Synodalgeschäft immer Situationen, bei denen sich zwei Standpunkte schroff gegenüberstehen und wo eine Lösung gesucht werden muss. Gerade in unserer DDR-Situation wären Kampfabstimmungen, bei denen sich eine Meinung mit nur ganz knapper Mehrheit durchsetzt, nicht gut gewesen, weil unsere Beschlüsse im Alltag für uns alle tragfähig sein mussten. Da habe ich manchmal bei konsensfähigen Lösungen mitgeholfen, die für die meisten akzeptabel waren. Dass ich mich hin und wieder für eine bestimmte Entscheidung streitbar eingesetzt habe, kam vor, war aber die Ausnahme.

Im Ganzen ist zu sagen, dass meine Rolle auf diese Weise in der Bundessynode sicher wichtig war, allerdings nicht besonders auffällig und nicht sehr medienwirksam. Dafür noch ein einprägsames Beispiel aus dem Jahr 1988. Da waren wir in Dessau zu Gast. Das zentrale Thema dieser Tagung hatte ich in der vorhergehenden Tagung vorgeschlagen und mit einigen anderen durchgesetzt: Zustand und Zukunft unserer Gemeinden. Wir waren ja immer stärker mit gesellschaftlichen Problemen beschäftigt. Ich sah die Gefahr, dass allmählich aus dem Blick geriet, wer wir eigentlich selber sind. Wer steht hinter uns? Wie sieht es an unserer Basis, der Gemeindebasis aus? Ich war gebeten worden, dazu in Dessau das Grundsatzreferat zu halten. Das Thema sollte heißen: »Das Evangelium eröffnet Zukunft. Perspektiven für die Gemeinde.« Ehe ich abfuhr, habe ich meinem Sohn gesagt: »Pass auf, diesmal kannst du deinen Vater sicher im Fernsehen betrachten; denn ich halte diesmal das Hauptreferat.« Das aber erwies sich als reine Illusion. Am ersten Tag der Synode war wie immer KKL-Bericht und Aussprache dazu; die Scheinwerfer waren aufgebaut, die Staatsvertreter saßen auf ihren Plätzen, und die Pressetribüne fasste die Journalisten kaum. Doch am nächsten Tag, der ganz dem angekündigten Thema gewidmet war, waren wir unter uns: nur ganz vereinzelt eine Pressevertreterin, keinerlei Fernsehen, selbst die Staatsvertreter machten Pause. Es war dann ein wirklich nützlicher Tag mit Informationen, Gruppenarbeit und praktischen Ergebnissen. Aber es macht deutlich: die nichtkirchliche Öffentlichkeit war nur an unserer Rolle im politisch-gesellschaftlichen Geschehen interessiert. Was uns hingegen wichtig war und trug, war nicht in ihrem Blick. Daran habe ich gedacht, als sich im Jahr darauf die Kirchen zu den großen Friedensgebeten allerorts füllten und viele meinten, die kirchenentfremdeten Menschen unseres Landes kehren in die Gotteshäuser und damit in die Gemeinde zurück. Mir war – auch von Dessau her – klar, dass dies ein Irrtum war.

Sektionsdirektor in den 80er Jahren oder: Besser etwas Unüberlegtes tun als gar nichts

Ehe wir jetzt zum Bericht über die Wende von 1989/90 kommen, kehre ich noch einmal zum Thema Jenaer Fakultät zurück. Denn in den 80er Jahren wurde ich Sektionsdirektor und machte als solcher meine Erfahrungen mit der Spätzeit im Leben der DDR. Sektionsdirektor – nach normalem Sprachgebrauch der Dekan der Theologischen Fakultät –, das war ein heikles Amt und dazu durch die Tatsache erschwert, dass es keine Amtszeitbegrenzung gab. Normalerweise wird so ein Amt für zwei oder drei Jahre übernommen, und dann ist der Nächste dran. An den DDR-Universitäten war es grundsätzlich so, dass der Sektionsdirektor von der Universitätsleitung eingesetzt und irgendwann wieder entpflichtet wurde. Es gab aber keinerlei Festlegung, wie lange einer das zu machen hatte. Schon darum war niemand da, der Lust hatte, Sektionsdirektor zu werden. Mir hatten meine Ärzte bescheinigt, dass ich nicht in der Lage sei, zusätzlich zu meinen Aufgaben noch die Verantwortung des Sektionsleiters zu übernehmen, denn ich hatte zu Beginn der Arbeit in der Fakultät zu meiner Sehbehinderung noch einen dramatischen Gelenkrheumatismus bekommen, der mit Fiebernächten und starken Schwellungen der Hände eingesetzt hatte und in der Folgezeit zur deutlichen Deformation der Glieder führte. Die Ärzte hatten mir ein Attest darüber ausgeschrieben und vor weiteren Folgen gewarnt.

Aber das half alles nicht, und es kam dann der Moment, an dem Frau Oßwald, unsere Professorin für das Alte Testament, meine Vorgängerin als Sektionsdirektorin, kategorisch erklärte, sie sei nicht mehr imstande und nicht mehr gewillt, nach so vielen Jahren das Amt weiterzuführen. Die anderen Professoren der Fakultät waren es alle schon gewesen oder sie kamen für dieses Amt aus verschiedenen Gründen nicht in Frage. Eines Tages sagte die Universitätsleitung in Gestalt des Prorektors: Herr Hertzsch, da führt nun kein Weg mehr dran vorbei, Sie müssen das jetzt machen. Was blieb mir anderes übrig, als in das Boot einzusteigen? Viereinhalb Jahre lang war ich Sektionsdirektor, von 1980 bis zur Mitte des Jahres 1985, und die 80er Jahre waren in der DDR besonders spannende, besonders spannungsreiche Jahre.

Ich hatte an meiner Seite einen Mann, der mir sehr geholfen hat: Joachim Schüffler. Da er nur zwei kleinere Spezialfächer vertrat – kirchliche Kunst und Kirchengeschichte Thüringens –, hatte er in der Regel nur wenige Wochenstunden zu halten und konnte darum ein Amt wahrnehmen, das es neben dem Sektionsdirektor gab und das wohl an allen Sektionen das schwierigste und darum das unbeliebteste war: den »stellvertretenden Direktor für Erziehung und Ausbildung«. Alles, was die Studierenden an der Sektion betraf, hatte er zu verantworten. Es konnte zum Beispiel geschehen, dass plötzlich ein Ernteeinsatz anstand. Von der Universitätsleitung kam ein Anruf: Nächstes Wochenende muss die Universität unbedingt in der Kartoffelernte helfen, da die Produktionsgenossenschaften mit ihren Arbeitskräften das nicht schaffen. Darum müssen wir Leute stellen: die Mediziner soundso viele Leute, die Physiker ihre Anzahl und genauso die Theologen. Und nun mach das mal! Studenten waren zu gewinnen, die freiwillig am kurz bevorstehenden Wochenende statt nach Hause in den Ernteeinsatz fahren und die Kartoffeln einsammeln. So etwas hat dann Schüffler in die Hand genommen. Er zog los, hat mit den Leuten geredet und sie dafür gewonnen und die Bedingungen für sie ausgehandelt. Denn politische Einsätze oder Ähnliches zu verweigern war für Theologen naheliegend – aber die Ernte mit zu bergen konnten wir kaum ablehnen.

Den Alltag eines Sektionsdirektors im Einzelnen zu schildern, würde sicher zu weit führen und wäre nicht besonders interessant, da er sich in vielem nur wenig vom Dienstalltag normaler Universitätsbeamter überall in der Welt unterschied. Aber drei Dinge will ich erzählen, die für mich in diesen Jahren einschneidende Bedeutung gewannen: Ganz am Anfang der 80er Jahre machte ich als Sektionsdirektor eine Erfahrung, die geradezu ein Schlüsselerlebnis wurde. So alltäglich der Vorgang scheint, er machte mir fast schlagartig klar: Wir sind in einer deutlich anders gewordenen Zeit, und ich habe mit einer neuen Generation zu tun.

Tatsächlich, die 80er Jahre gaben der DDR ein verändertes Gepräge. Das sollte mir bei einem abendlichen Gespräch mit Studenten deutlich werden. Ein Vertreter der jungen Leute, die im zweiten Studienjahr waren, kam zu mir und sagte: »Wir gehen nächste Woche ins Ausbildungslager zur Zivilverteidigung.« Das war seit einiger Zeit für die Theologen generell der Ersatz für die militärischen Reservistenlager, zu denen die Studenten der anderen Fakultäten mussten. »Diese Lager«, sagte der junge Mann weiter, »sind für uns hochgradig problematisch – politisch, ethisch und überhaupt. Wir sehen da eine Menge Probleme und denken, wir müssen hier auf irgendeine Weise unser eigenes theologisches Profil zeigen. Können Sie mit uns mal darüber reden?« Ich war dazu gern bereit, wir machten für den nächsten Abend ein Treffen im Konvikt aus, saßen dort in einem der Studentenzimmer beim Tee, und ich versuchte zuerst einmal, eine Grundlage für unsere Überlegungen zu geben. Wie ich das bisher gewohnt war, wollte ich diese Militär- und sogenannten Zivilverteidigungslager zunächst in den größeren politischen Zusammenhang einordnen, sprach über Ost-West-Konfrontation, Pazifismus und Militarismus in der DDR, versuchte, Argumente gegeneinander abzuwägen und Standpunkte zu klären. Ich merkte, wie die Gruppe zunehmend unruhig wurde, bis schließlich einer sagte: »Das ist ja alles schön und gut, was Sie da reden; aber das interessiert uns nicht. Wir wollen wissen, was wir tun sollen!« Ich dagegen sagte etwas ratlos: »Man kann doch erst etwas tun, wenn man sich überlegt hat, was sinnvoll ist. Wenn man etwas Überlegtes machen will, muss man sich das vorher überlegen.« Und darauf die Studenten »Ja, das sind die ewigen Reden von euch alten Leuten. Das leuchtet uns aber nicht mehr ein. Wir haben das Gefühl, wir haben schon viel zu lange überlegt, und Ihre Generation überlegt immerzu weiter und sagt: einerseits und andererseits, dies und das und alle möglichen Dinge. Wir wollen endlich etwas machen, und wir denken: lieber etwas Unüberlegtes tun als gar nichts. Es läuft alles schief in der Welt, alles ist verklemmt – irgendetwas müssen wir jetzt machen.« Ich gestehe, dass ich ziemlich hilflos wurde und sagte: »Ich kann euch nicht raten, was ihr machen sollt, wenn wir uns nicht vorher darüber verständigen, welchen Sinn das haben soll und wohin das führen soll, welches Ziel wir ins Auge fassen wollen.« Doch die Studenten beharrten darauf, dass genug geredet und überlegt worden und endlich Zeit zum Handeln sei. Dieser Abend ging für uns alle höchst unbefriedigend zu Ende; die Studenten waren wahrscheinlich so frustriert wie ich. Ich stellte fest, ich habe auf einmal eine Studentengeneration vor mir, die ich nicht mehr erreiche, die auf Taten drängt, wie mir schien, ohne eine Konzeption zu haben, die etwas bewegen wollen, ohne eigentlich zu wissen, wohin. Dies entsprach weder meiner Erfahrung noch meiner Überzeugung und unterschied sich deutlich vom Denken der jungen Leute, mit denen ich bisher in der Studentengemeinde wie an der Fakultät zu tun gehabt hatte. Ich habe relativ lange gebraucht, bis ich wieder in ein fruchtbares Gespräch mit diesen jungen Leuten über das politisch Richtige gekommen bin.

Eine ganze Weile stand ich damals vor der Notwendigkeit, als Sektionsdirektor Tendenzen und gelegentlich auch Aktionen der Studenten meiner Sektion zu tolerieren und gegenüber den staatlichen Stellen zu decken und zu vertreten, die im Grunde meinem Denken kaum entsprachen. Ich hatte immer die Vorstellung, hinter unserem Handeln muss eine Konzeption stehen. Wir müssen uns fragen: Wo wollen wir hin? und nicht nur: Was können wir jetzt in Gang setzen? und werden danach schon sehen, was dabei herauskommt. Heute denke ich mir: Ohne diese spontanen, vom Augenblick bestimmten Aktionen wäre die Wende von 1989 kaum möglich gewesen. 1990 allerdings, denke ich weiter, rächte sich der Mangel an eigenen Konzeptionen in der freien DDR; die schlichte Übernahme in die eingespielten Lebensformen der alten Bundesrepublik war zwangsläufig die Folge davon, dass die meisten von uns keine längerfristigen Vorstellungen von etwas wirklich Neuem hatten.

Ich will drei Gründe nennen, die nach meiner Meinung dazu beitrugen, dass sich das Grundklima in den 80er Jahren derart änderte – vor allem eben bei den jungen Leuten. Zuerst war es in jenen Jahren eine elementare Angst, die die Studierenden ergriffen hatte – und im Grunde uns alle mit ihnen. Es war die Zeit, in der diesseits und jenseits unserer innerdeutschen Grenze die atomaren Mittelstreckenraketen aufgestellt wurden – amerikanische Pershing und sowjetische SS 20. Irgendein Zünder, ein Kurzschluss oder ein Missverständnis, so sagten wir uns, konnte jeden Augenblick dazu führen, dass eine dieser Waffen gezündet würde. Und das hätte nicht allein einen Kriegsausbruch bedeutet, sondern den Ausbruch eines Atomkrieges, der nach menschlichem Ermessen das Ende der menschlichen Zivilisation bedeutet hätte, das Ende der Menschheitsgeschichte. Unter dieser unheimlichen Spannung standen mehr oder weniger alle, und in besonderem Maße die jungen Leute. Die fragten sich – und fragten uns: »Was hat es für einen Sinn, einfach so weiterzumachen, zu studieren und sich auf eine derart fragliche Zukunft vorzubereiten angesichts solch tödlicher Gefahr? Was sollen wir noch diskutieren und verschiedene Konzeptionen durchmustern, statt endlich etwas dagegen zu tun, einem schon rollenden Rad in die Speichen zu fallen?« Also die bedrohte Welt. Zum anderen gab es damals ohne Zweifel eine Veränderung des Lebensgefühls – und auch dies betraf in besonderem Maße die jungen Leute. Im Westen hatte sich das schon früher bemerkbar gemacht und griff jetzt auf die DDR über: die Tendenz von einem stärker sozialen Denken zu einem individuellen. Man fragte nicht mehr so sehr nach sozialen Rechten und Zielen, sondern nach den Menschenrechten, die deutlich als Rechte für den einzelnen Menschen verstanden wurden, das Recht zur Gestaltung einer eigengeprägten, selbstgeformten Biographie. Frustration und Protest erwuchsen offenbar vor allem aus dem Eindruck, dass Möglichkeiten zur eigenen Entwicklung blockiert und begrenzt wurden: freie Reisemöglichkeiten, freie Berufswahl, freie Wahl des Lebensstils. Während die ältere Generation noch stärker von Gemeinschaftsidealen und Gesellschaftsvisionen her dachte, die aus der gemeinsamen Not der Kriegs- und Nachkriegszeit erwachsen waren, sah man sich jetzt vor allem in der Möglichkeit eingeschränkt, ein persönliches Leben sinnvoll zu gestalten. Das war, denke ich, noch nicht der schlichte Wunsch späterer Jahre, Spaß zu haben und den Konsum zu genießen, wohl aber der Anspruch auf selbstgestaltetes Leben. Das dritte Element bei der Veränderung des gesellschaftlichen Klimas war in jenen Jahren die Tatsache, dass es nach Zeiten von Höhen und Tiefen in der wirtschaftlichen Entwicklung des Landes in den 80er Jahren deutlich wurde, die DDR-Wirtschaft ist tatsächlich am Ende. Diese Art, eine Wirtschaft zu leiten, mit der Umwelt umzugehen, einen bürokratischen Apparat aufrechtzuerhalten, hat keine Zukunft. Selbst in der politischen Weiterbildung, die für uns Professoren in einem »Colloquium Jenense« einmal im Monat angesetzt war, wurden die Töne bei den Fachreferenten in dieser Richtung zunehmend kritischer, ja skeptischer. Erst als die ersten Berichte aus der Sowjetunion unter Michail Gorbatschow zu uns drangen, gab es wieder erste Hoffnungen, dass vielleicht doch eine Art der Problembewältigung möglich wäre, eine andere Art, die Wirtschaft zu gestalten, die Kriegsgefahr zu überwinden, das Land zu regieren. Da wurde für Junge und Ältere das Leben wieder interessanter, und die Aktivitäten wurden hoffnungsvoller. Aber damit greife ich weit voraus. Zunächst noch einmal zurück zu meiner Zeit als Sektionsdirektor.

Trotz der Unterschiede in unserer Weltsicht und unserem Lebensgefühl – als Theologe, ja als Pfarrer gehörte ich auch am Anfang der 80er Jahre ohne Zweifel an die Seite der aufbegehrenden jungen Leute. Einen von ihnen habe ich 1981 bestattet. Matthias Domaschk, ein eher stiller, freundlicher junger Mann, der zur Jungen Gemeinde und damit zum Umfeld der jenaer Friedensgruppen gehörte, war auf der Fahrt zu Freunden nach Berlin von der Polizei aus dem Zug geholt und im Gefängnis der Staatssicherheit in Gera durch viele Tag- und Nachtstunden verhört worden; am Morgen war er tot. Den Eltern wurde gesagt, er habe sich ohne erkennbaren Grund selber das Leben genommen; bis heute ist das umstritten und die

Todesursache wie dieser ganze ziemlich einmalige Vorgang ungeklärt. Eine öffentliche Bestattung strebten die Eltern gar nicht an; aber ein Vater unser sollte am Sarg gesprochen werden und wurde ihnen von der Polizei auch zugestanden. Die Mutter, die an unserer Fakultät als Pförtnerin arbeitete, bat mich darum. Als ich früh um acht an einem klaren kalten Apriltag auf den Friedhof kam, standen Sicherheitsbeamte in Zivil mit Sprechfunkgeräten und Polizisten am Tor und zwischen den Gräbern. In der Trauerhalle und rings um sie – eine beklemmende Atmosphäre; da waren viele Menschen – und eine große Stille. Unter ihnen erkannte ich die kleine Gruppe der Angehörigen und Vertreter unserer Fakultät. Vor uns in der Halle der dunkle Sarg. Wichtig war mir, in dieser Stunde das Vater unser durch einen Psalm zu ergänzen, einen Klagepsalm des Leid gewohnten Volkes Israel. Ich sprach spontan den Psalm 130 – »De profundis –: »Aus der Tiefe rufe ich – rufen wir, Herr, zu dir …«, eine Anrede an Gott, der ich nach den ersten Versen, vom Text abweichend, ein paar Sätze aus dem Gefühl des Augenblicks heraus anfügte, in denen ausgesprochen werden sollte, wie wir fassungslos und hilflos, nicht aber macht- und hoffnungslos sind. Denn das Evangelium redet von der Kraft der Schwachen und von der Hoffnung der Ohnmächtigen. Anschließend sprach ich das Vater unser und einen Segen. Das Ganze dauerte kaum fünf, sechs Minuten. Nun kamen einige nach vorn, junge Leute, einer nach dem anderen, still, fast schattenhaft und legten etwas am Sarg nieder: eine Blume, einen Zweig. Danach noch eine kurze Zeit Schweigen. Als ich den Friedhof verließ, stand die Polizei wortlos am Tor.

Zwei weitere Erlebnisse aus dieser Zeit will ich noch berichten, denn sie scheinen mir interessant, weil sie zeittypisch waren. Das erste, bei dem der spontane Aktionswille der Studenten mit meinem grundsätzlichen Interesse einmal wieder zusammenkam, war eine Friedensdemonstration im Februar 1984. Im Februar 1945 war Jenas Innenstadt einem schweren Bombenangriff zum Opfer gefallen, und es war Jenaer Tradition, dass die Bevölkerung am Jahrestag der Zerstörung zu einer großen Friedensdemonstration aufgerufen wurde, die zunächst auf den Trümmerwiesen, später auf dem Marktplatz stattfand. Es wurde erwartet, dass die Bürgerschaft, die Betriebe, die Universität sich an dieser Gedenkkundgebung möglichst vollzählig beteiligten. So einleuchtend der Gedanke war, tatsächlich bestand diese Kundgebung darin, dass die Leute sich mehr oder weniger verdrossen aufmachten und sich dort hinstellten, damit ihre Anwesenheit wahrgenommen wurde: das Zeiss-Werk hier, das Glaswerk Schott dort, hier die Schulen, dort die Universität nach Fakultäten übersichtlich geordnet. Wir, die Theologen, waren auch aufgefordert, für den Frieden zu demonstrieren. Und uns lag daran, dass wenigstens eine kleine Gruppe von Theologen daran teilnahm; denn der Opfer zu gedenken und für den Frieden zu werben, dem durften wir uns nicht verweigern. Freilich war uns klar, dass hier nur gestanzte Reden gehalten wurden, wie man sie schon hundertmal gehört hatte, und dass alles formal und gleichsam pflichtgemäß ablief. In diesem Jahr aber waren wir nicht nur eine kleine Gruppe, sondern auffällig viele von unseren Studenten waren gekommen, als wir uns am Johannistor trafen, wo unser Stellplatz war. Auf dem Weg zum Marktplatz verschwanden dann einige von ihnen kurze Zeit in den Räumen der Jungen Gemeinde, die dort am Wege liegen, und ein Mitarbeiter kam zu mir und flüsterte mir besorgt zu: »Die wollen eigene Plakate zeigen.« Und tatsächlich, als wir auf den Markt kamen, entrollten sie ihre Plakate, reckten sie an langen Stangen in die Höhe, und man konnte lesen: »Vertrauen wagen!« Das war unsere Losung im gerade vergangenen großen Lutherjahr 1983 gewesen, die hatte über unseren Festveranstaltungen und Kirchentagen gestanden. Auf einem anderen Plakat stand ein Schillerzitat – und unsere Universität heißt ja Friedrich-Schiller-Universität –, das den Krieg verurteilte und den Frieden feierte. Ich glaube, auch »Schwerter zu Pflugscharen« stand auf einem. Jedenfalls waren es lauter vernünftige, uns gemäße Texte für den Frieden. Aber es waren keine offiziell genehmigten Losungen. Alle Losungen, die öffentlich gezeigt werden sollten, mussten vorher von der Universitätsleitung genehmigt worden sein, und hier waren nicht genehmigte, also illegale. Nach kurzer Zeit kam darum ein Ordnungstrupp auf uns zu und sagte: »Nehmt die Losungen hier weg! Die sind nicht genehmigt.« Aber die Theologen hoben sie nur noch weiter empor, die Lage wurde heikel. Ich ging nach vorn und sagte: »Ich bin der Sektionsdirektor. Worum geht es?« Wohl war mir nicht dabei; denn ich habe keine große Begabung zur Konfrontation. Doch hier musste ich mich einschalten. Sie sagten: »Die Losungen hier dürfen nicht gezeigt werden.« Und ich: »Ich bin, wie gesagt, Sektionsdirektor, die Losungen verantworte ich. Das sind Losungen, die uns Theologen gemäß sind und gegen die nichts einzuwenden ist. Ich bin bereit, das gegenüber der Universitätsleitung zu vertreten.« Darauf die Ordner: »Sie wissen nicht, was Sie tun. Wir können Sie vom Platz verweisen, und wenn Sie nicht freiwillig gehen, dann haben wir auch andere Mittel.« Aber ich blieb bei meiner Meinung. Darauf verschwanden die Herren, und wir erwarteten, dass jetzt das Rollkommando kommt. Doch zu unserer Überraschung kam es nicht, sondern nach einiger Zeit kam eine Gruppe von jungen Leuten auf uns zu, der Vorsitzende der FDJ-Universitätsleitung mit einigen Studierenden im blauen Hemd der Jugendorganisation, und er fragte »Was ist hier los? Wer ist dieser Sektionsdirektor?« Ich sagte: »Das ist gut, dass Sie kommen. Hier wird gegen unsere Losungen protestiert, wir halten die aber für richtig.« Und daraufhin begannen sie zu diskutieren »Haltet ihr es wirklich für sinnvoll zu schreiben ›Vertrauen wagen‹ – könnt ihr auch Herrn Reagan vertrauen und seinem industriell-militärischen Komplex? Wisst ihr, was der Mann angerichtet hat? Und dem gegenüber Vertrauen wagen?« - »Endlich«, sagte ich, »reden wir jetzt zur Sache.« Und was folgte, war tatsächlich eine spannende Diskussion. Plötzlich stand eine Gruppe von Theologen und von FDJ-Leuten zusammen, andere strömten dazu, wir diskutierten. Oben auf der Tribüne liefen über die Lautsprecher die bekannten offiziellen Reden; aber darauf hörte hier niemand, wir standen unten und tauschten unsere Argumente aus. Allmählich ging die Veranstaltung dann zu Ende, die Leute verliefen sich wieder; wir aber standen immer noch da und redeten aufgeregt und engagiert miteinander bis in den anbrechenden Abend. Einig waren wir uns am Ende natürlich nicht, aber doch ein Stück näher gekommen. Ich habe dem FDJ-Vorsitzenden gesagt: »Genau das ist es, was ich mir für die Zukunft wünschte, dass wir nicht nur zu solch einer formalen Demonstration verpflichtet werden, sondern dass wir miteinander Standpunkte klären und

Auswege aus den Gefahren suchen.« Und er darauf »Ja, im Grunde haben Sie wohl recht.« Ich war jedenfalls sehr zufrieden mit diesem Verlauf und ging nach Hause in der Hoffnung, die Erstarrung im Land ist vielleicht doch zu durchbrechen. Die Theologen hatten sicher etwas scharf, doch im Großen und Ganzen gut und deutlich diskutiert, und mit den Leuten von der FDJ ließ sich durchaus reden. Es stellte sich heraus, dass es vorwiegend Juristen waren; die waren in der Regel die überzeugtesten Marxisten an der Universität. Übrigens zeigte sich bald, dass die Universitätsleitung über diesen Vorgang zutiefst empört war. Wo kommen wir hin, hieß es dort, wenn solch eine wilde Diskussion in aller Öffentlichkeit ausbricht, ungelenkt und ungenehmigt! Ich wurde am nächsten Tag mit Herrn Schüffler zusammen zur Universitätsleitung bestellt; aber es fiel mir nicht schwer, die Sache zu verteidigen. »Ich halte solch ein Sachgespräch für erheblich sinnvoller«, war mein kaum bestreitbares Argument, »als dass die Theologen immer nur aufgefordert werden, dort herumzustehen und völlig inaktiv zu bleiben.« Wir bekamen dafür Unterstützung von der Universitätsleitung der FDJ, die ebenfalls vorgeladen war. Offenbar sahen sie eine echte Chance, aus der Isolierung im eigenen Apparat herauszukommen; solch eine Auseinandersetzung mit anderen Meinungen schien ihnen jetzt fruchtbarer als die ständige Einbahnagitation. »Wie wäre es«, fragten sie bei uns an, »wenn wir eine regelmäßige Diskussionsrunde zwischen Juristen und Theologen einrichten würden?« Die hat es dann eine Zeit lang gegeben – einmal in unserem Institutsgebäude, das nächste Mal im Club der Juristen, der »Alibi« hieß. Natürlich waren diese Gespräche nicht mehr ganz so spontan, sondern wir bereiteten uns darauf vor und moderierten sie abwechselnd. Aber wir waren immerhin im Gespräch miteinander, setzten uns mit einem gegensätzlichen Standpunkt auseinander und, was beinahe wichtiger war, lernten, unseren eigenen klar und kritisch zu formulieren. Hier zeigte sich die neue Grundstimmung der 80er DDR-Jahre. Irgendwann wurde das Ganze jedoch von höherer Stelle abgeblockt, als es der Universität zu unkontrollierbar wurde, was die Studenten da miteinander redeten. Nach der Wende lernte ich ein besorgt mahnendes internes Schreiben der Universitätsleitung kennen, diese Gespräche mit den Theologen führten dazu, die klaren harten Standpunkte der Jurastudenten aufzuweichen und müssten darum beendet werden. An die Stelle trat ein gemeinsames praktisches Projekt: »Ein Krankenwagen für Nicaragua«, für den wir, Juristen und Theologen gemeinsam, Geld gesammelt haben, um ihn in das aufgewühlte Land zu schicken. Aber als er schließlich von einer Studentendelegation in Managua übergeben werden sollte, die beiden Theologen jedoch, weil sie nicht in der FDJ waren, ihre schon ausgestellten Reisepässe zurückgeben und zu Hause bleiben mussten, verebbte die Zusammenarbeit. Da kam freilich schon die Wende langsam in Sicht.

Ganz anderer Art, aber eben auch zeittypisch ist eine zweite Erinnerung aus meiner Zeit als Sektionsdirektor. Irgendwann in der Mitte der 80er Jahre kurz vor Weihnachten kam ein eiliger Anruf: Es findet am Nachmittag eine Sondersitzung des Senats statt; Erscheinen sei dringend geboten. Da alle Sektionsdirektoren dem akademischen Senat von Amts wegen angehörten, galt das auch mir. Es wurde nicht gesagt, worum es gehen sollte. Schon das war ungemütlich. Wir saßen um den langen Sitzungstisch. Der Rektor, ein anerkannter Mediziner, der – ganz ungewöhnlich in der DDR – parteilos war und evangelischer Christ, begrüßte uns; neben ihm saß der Prorektor, prominentes SED-Mitglied, der eigentliche Inhaber der Macht. Besonders begrüßt wurde als Gast dieser besonderen Sitzung der zuständige Dezernent für das Hochschulwesen bei der uns übergeordneten Bezirksleitung der SED in Gera. Und nun berichtete der Rektor, es sei beschlossen worden, einen Brief an Erich Honecker zu schreiben. Unsere Universität wolle ihm darin über ihre Leistungen berichten und sich zu diesem und jenem verpflichten, was in der Zukunft geschehen solle. Wir seien hierher eingeladen worden, um diesen Brief zur Kenntnis zu nehmen. Leider sei es nicht möglich, so viele Exemplare auszudrucken, dass jeder von uns eines in die Hand bekommen könne – damals gab es, zumindest bei uns, die heutige Vervielfältigungstechnik noch nicht. Er werde den Text darum langsam und sorgfältig vorlesen; auf diese Weise bekämen wir ihn zur Kenntnis. Wir könnten dann unsere Meinungen äußern, ehe der Brief abgeschickt würde. Er las also den Brief vor. Darin stand, was die ganze Universität und was einzelne Fakultäten an Leistungen für die DDR erbracht hatten und was für neue Vorhaben und gute Vorsätze wir uns vorgenommen hätten. Im Grunde war es ein kurz gefasster und etwas geschönter allgemeiner Tätigkeitsbericht mit den gewohnten politischen Umrahmungsfloskeln. Die DDR hatte ja einen starken Hang zu formalisierten Texten, in denen oft immer neu dieselben Dinge wiederholt wurden. Mir wurde schnell klar, dass ich solch einen Brief als Vertreter der Theologen nicht unterschreiben kann, auch wenn mir die möglichen Folgen vor Augen standen. Solche Unterschriften wurden nun tatsächlich nach der Verlesung gefordert, wobei Magnifizenz darauf hinwies, dies Schreiben werde der Öffentlichkeit und der Presse übergeben. Der eine oder andere sagte dazu noch seine Meinung: Ja, es sei ein ganz schöner Brief und ob man nicht noch hinzusetzen könnte, dass auch diese oder jene Abteilung ihren Anteil an unserem Erfolg habe oder sich zu diesem und jenen verpflichten wolle. »Na ja«, sagte der Prorektor, »das ist ein bisschen schwierig, weil der Text nun schon ins Reine geschrieben ist. Wir können da, wenn es nicht ganz wichtige Dinge sind, nichts mehr einfügen. Man kann ohnehin nicht alles in einem Brief sagen.« Da habe ich meinen Mut zusammengenommen und mich gemeldet: »Vielem von dem, was im Brief steht, könnte ich mühelos zustimmen, zumal wo es nur die fachlichen Aufgaben anderer Fakultäten betraf, aber pauschal kann ich als Theologe diesen Brief nicht unterschreiben.« Das löste nahezu allgemeines Entsetzen um den Tisch herum aus. Der Prorektor erstarrte und sagte: »Herr Hertzsch, das verstehe ich überhaupt nicht. Wieso können Sie das nicht unterschreiben? Wollen Sie sich damit aus unserer Universität abmelden?« Ich habe gesagt, hier gebe es eine Reihe von Formulierungen, die von anderer ideologischer Grundlage her diktiert sind und die sich ein Theologe nicht zu eigen machen kann. Eine ideologische Sonderstellung war uns Theologen an der Universität ja in gewissem Maße zugestanden. Nun hatten wir die Texte gar nicht vor uns, so dass man weder genau zitieren noch die Bedenken im Einzelnen überprüfen konnte. Vielleicht wäre ich sonst in Beweisnot und schwerere politische Konflikte gekommen. Aber so musste meine pauschale Aussage genügen. Die

Sitzung wurde unterbrochen. Am schwersten war für mich, dass der Rektor mich zur Seite nahm und leise sagte: »Herr Hertzsch, ich bin auch mit manchem nicht einverstanden, und es ist sicher manches nicht so, wie es sein sollte. Jedoch lassen Sie mich jetzt bitte nicht im Stich! Was soll denn werden, wenn wir diesen doch ziemlich harmlosen Brief nicht abschicken können?« Aber ich hätte nicht gewusst, wie ich den Studenten und den Kollegen meiner Fakultät als ihr Vertreter diese Unterschrift hätte ehrlich begründen können. Ich sagte dem Rektor, dass es mir Leid tue; aber hier müsse ich um der Ehrlichkeit und der Fakultät willen fest bleiben. Ich kann einen Brief nicht unterschreiben, hinter dessen Wortlaut ich nicht stehe. Die Sitzung wurde fortgesetzt. Und überraschenderweise sagte nun der Gast von der Parteileitung: »Na gut, wenn der Kollege Hertzsch das nicht unterschreiben will, dann müssen wir das eben respektieren. Dann wollen wir ihn dazu nicht nötigen.« Ich habe noch versucht, meine Weigerung den verdrossenen Kollegen verständlich zu machen. Deren Toleranz wurde auf eine zusätzliche Probe gestellt, denn jetzt ergab sich die Schwierigkeit, dass alles bereits geschrieben und auf der letzten Seite die Unterschriften schon vorgesehen waren: Sektion Theologie, Prof. Dr. Klaus-Peter Hertzsch, stand da unter anderem. Die letzte Seite, zwei Absätze und die Namen für die Unterschriften, musste zur Sekretärin zurückgehen. Wir saßen etwa 10 Minuten lang stumm auf unseren Stühlen, der ganze Senat frustriert und alle ärgerlich auf den Theologen, bis endlich alles wieder ausgefertigt war – nur ohne den Namen Hertzsch. Ich war froh, dass es mir gelungen war, die Situation durchzustehen. Ich bin überzeugt, Theologen, wie überhaupt Christen, sollten mit ihrer Unterschrift überaus sorgfältig umgehen. Müssen wir nicht Rechenschaft geben, wenn wir Christi Mahnung ernst nehmen, auch über jedes unnütz Wort, das wir unterschrieben haben?

Die Wende
oder: »Sag meinen Kindern, dass sie weiterziehn«

Die Wende begann 1985. Für mich steht außer Zweifel, dass eine entscheidende Veränderung in der Geschichte unseres Kontinents erst mit Michail Gorbatschow und den Veränderungen in der Sowjetunion möglich wurde. Alles, was damals in der DDR geschah, wäre ohne diese Voraussetzung nicht denkbar gewesen. Der Kirche ist immer wieder der Vorwurf gemacht worden, sie hätte schon sehr viel früher mit der Unterstützung der Bürgerbewegung und der Reformkräfte diese grundstürzende Wende in der DDR herbeiführen sollen. Sie sei in all den vorangegangenen Jahren viel zu zögerlich zu solch einem revolutionären Schritt gewesen. Ich halte das für einen unüberlegten und darum ungerechten Vorwurf. Vor 1985 wussten alle in Europa nach den Erfahrungen vom 17. Juni 1953, von Ungarn 1956, von Prag 1968: die Rote Armee, das Instrument einer militärischen Weltmacht, marschiert bei den ersten Anzeichen einer grundstürzenden Änderung wieder ein, und alles wird mit Waffengewalt erstickt – und der Westen wusste sehr genau, warum er in solchen Situationen nicht eingriff. Erst als wir zunehmend sicher wurden, die Sowjetarmee wird sich nicht einmischen, wir können und müssen das sozusagen unter uns mit unserer Regierung ausmachen, erst da war die Lage anders. Auch die regierende Partei empfand das so, wobei offensichtlich verschiedene Kräfte in ihr zu unterschiedlichen Reaktionen neigten: Auf manchen Gebieten gab es spürbare Lockerungen – die Visaerteilung für Reisen in die Bundesrepublik wurde großzügiger, selbst Studenten wurden 1988 gelegentlich Besuchsreisen in den Westen erlaubt. Ebenso wurde die Kulturpolitik stellenweise liberaler: Fast unbemerkt erschienen zum Beispiel Bücher von Stefan Heym in DDR-Verlagen, deren Westausgaben man noch wenige Jahre zuvor heimlich einander ausgeliehen hatte. Auf der anderen Seite wurden im Januar 1988 junge Leute, die sich in die Gedenkdemonstration für Luxemburg und Liebknecht mit eigenen Luxemburg-Transparenten einreihen wollten, verhaftet, abgeurteilt und ausgewiesen. Und der »Sputnik«, ein deutschsprachiges gemäßigt kritisches Magazin aus der Sowjetunion, wurde plötzlich verboten.

All das waren mehr oder weniger Einzelerscheinungen. Das Grundproblem war die zunehmende Lähmung und Erstarrung einer geschlossenen Gesellschaft. Wie ich die Dinge sehe, war die Ursache dafür nicht der Machthunger oder die Geldgier einer diktatorischen Clique wie gelegentlich anderwärts in der Weltgeschichte, sondern die Idee, die Gesellschaft nach wissenschaftlichen Gesichtspunkten formen zu wollen. Der Marxismus wurde als die einzige »wissenschaftliche Weltanschauung« bezeichnet, so dass Andersdenkende folgerichtig nur Falschdenkende sein konnten und darum schnell zu irreführenden, feindlichen Kräften erklärt wurden. Diese Idee aber führte zu einer gewollten Machtkonzentration und zu einem allumfassenden Regelungsbedürfnis. Die Verantwortlichen hielten es für entscheidend, alles fest im Griff zu haben, um alles nach ihren unfehlbar wissenschaftlichen Kriterien regeln zu können, und die Bevölkerung hatte das Gefühl, sich in einem landesweiten Netz von Abhängigkeiten, Zwängen und Forderungen zu befinden. Man war ständigen Kontrollen unterworfen und empfand sich nicht als mündiger Bürger, sondern als Erziehungsobjekt der staatlichen Leitung und als Bittsteller bei ihren Behörden. Der DDR-Bürger hatte zwei Dinge gelernt, sich diesem durchgeplanten Dasein zu entziehen: Er hatte allerhand pragmatische und pfiffige Alltagsstrategien entwickelt, äußerlich allen Anforderungen zu genügen, sich zugleich aber einen eigenen Privatbereich auszubauen und in Nischen zu verschwinden. Zum andern lebte er – oft nicht einmal ungern – in den sozialen und gemeinschaftlichen Strukturen seines Alltags, forderte auch seine Kinder auf, für die Schule oder die FDJ-Gruppe eine ordentliche Presseschau aus dem »Neuen Deutschland« oder der »Jungen Welt« zusammenzustellen, und am Abend saß die ganze Familie vor dem Westfernsehen und stieg in ein anderes Lebensgefühl um, in eine Traumwelt, wie sie die uns ziemlich ungewohnte Werbung und die Abendserien vermittelten. Dass diese Bevölkerung jetzt eine so lebendige politische Aktivität entwickelte und für sehr eigene Ideale auf die Straße ging, bei denen sie die soziale Geborgenheit der DDR mit einem freien Leben im Wohlstand verbinden wollte, war nach all dem eine überraschende, aber auch großartige Erfahrung. Dass die Kirche dabei eine solche Schlüsselrolle bekam, war dagegen folgerichtig: Denn sie war die einzige öffentliche und dabei legale Institution, die nicht in diese allgemeine Vernetzung einbezogen war. Auf diese Weise, bin ich überzeugt, war sie nicht nur eine Nische, wie heutige Geschichtsschreibung gelegentlich meint, sondern sie war in der Endphase der DDR ein freier öffentlicher Raum, der bald auch von außerkirchlichen Gruppen entdeckt und genutzt wurde.

Auch ihr gegenüber verhielt sich der Staat in diesen späten Jahren merkwürdig zwiespältig. So wurde Bischof Leich als damaliger Vorsitzender der Konferenz der Kirchenleitungen zum zuständigen Politbüro-Mitglied Jarowinski regelrecht einbestellt, und ihm wurde ein barscher Text als Beschluss des Politbüros mitgeteilt: Der Staat mische sich nicht in innere Angelegenheiten der Kirche ein, er verbitte sich aber seinerseits kirchliche Einmischungsversuche in seine Angelegenheiten, die Kirche habe sonst harte Konsequenzen zu tragen. Auf der anderen Seite gab es im Sommer 1989 einen merkwürdigen Alleingang von Bischof Gienke in Greifswald, der die Idee hatte, zur Wiedereinweihung des umfassend renovierten dortigen Doms auch eine führende Persönlichkeit des Politbüros einzuladen, und zu seiner Überraschung wurde mitgeteilt, der Generalsekretär der SED und Vorsitzende des Staatsrates werde selber kommen. Erich Honecker nahm dann tatsächlich unter den Scheinwerfern des Fernsehens an dem gesamten Gottesdienst teil.

Jeder von uns hat diese erregende Zeit auf seine Weise erlebt und das Wehen eines neuen Windes gespürt. Wenn ich heute meine Terminkalender von 1988 und 89 durchsehe, tauchen für mich die Erinnerungen jener Tage als tief eingeprägte Bilder auf: im Januar eine Tagung im frostklaren Moskau, und zwar in einem gerade neu geschaffenen mehrstöckigen Zentrum für ihre Presse- und Medienarbeit, in das die Russisch-Orthodoxe Kirche mit sichtlichem Stolz uns als kirchliche Presseleute und Publizisten aus mehreren Ländern des Ostens wie des Westens eingeladen hatte. Ich war in früheren Jahren mehrfach als Gast der Orthodoxen Kirche in der Sowjetunion gewesen, Moskau, Leningrad, Odessa, Tallin, hatte dort unvergessliche Gottesdienste in den wenigen, darum auch immer überfüllten Großstadtkirchen und Kathedralen erlebt, die goldfunkelnde Bilderwand im bewegten Schein vieler Kerzen, großstimmigen Chorgesang, wehenden Weihrauch und die ganze mehrstündige Heilige Liturgie, von Priestern und Metropoliten zelebriert, hatte Priesterseminare mit spartanisch einfachen Schlaf- und Arbeitsräumen und hoch motivierten jungen Männern besucht, war in Klöstern von weisen alten Mönchen und fürsorglichen Klosterfrauen willkommen geheißen worden, hatte sogar – in einer Gruppe, die von Bischof Schönherr geleitet wurde – einen geradezu byzantinisch zeremoniellen Empfang bei Seiner Heiligkeit, dem Patriarchen von Moskau und ganz Russland, Pimen in seiner Residenz in Sagorsk erlebt, dem zentralen Wallfahrtsort, voll von weitgewanderten Pilgern; in einem stillen Garten dort sahen wir Heinrich Böll im Gespräch mit einem schwarzbärtigen Mönch auf- und abgehen. 1988 kam zu solchen Erlebnissen eine fast westliche Kongressatmosphäre der Fachtagung zum Thema »Sprache des Friedens« hinzu und das deutliche Bemühen unserer Gastgeber, uns zu zeigen: Wir sind im Aufbruch in eine neue Epoche und als Kirche auch in die Öffentlichkeit unseres Landes. Die Läden in der Kalinin-Uliza in Moskau allerdings und am Njewski-Prospekt in Leningrad waren voll von Menschen, aber fast ohne Waren, und als ich unser Hotel Ukraina zum Abflug verlassen wollte, wurde ich mit schneidend strenger Stimme vom Portier zurückgehalten, bis er mit den zuständigen Polizeiorganen telefonisch geklärt hatte, ob er mich frei passieren lassen dürfe oder nicht. Alte und neue Sowjetunion rieben sich offenbar noch aneinander.

Und dann gleich am anderen Morgen nach unserer nächtlichen Ankunft auf dem Flughafen Schönefeld eine Sonderzusammenkunft von Bundessynodalen in Bernau bei Berlin, weil wir einen Tag lang über den Antrag einer kirchlichen Menschenrechtsgruppe diskutieren mussten, die Bundessynode solle eine feierliche Absage an jede Form der damals üblichen Abgrenzung aussprechen. So einleuchtend die Denkrichtung war, bestand doch Diskussionsbedarf: Gibt es nicht manches, von dem wir uns sehr wohl abgrenzen müssen und wollen, und gezogene Grenzen, die sehr wohl zu respektieren sind?

Eine nächste Notiz aus dem März: Besuch einer Studentengruppe aus Bonn im Konvikt, die wir für vier Tage eingeladen hatten. Dass sie selbstverständlich in unserem Sektionsgebäude an den Vorlesungen teilnehmen und sich in der Universität überall umsehen durften, wäre noch wenige Jahre zuvor ohne ganz besondere Genehmigungen nicht denkbar gewesen. Gesprächsrunden mit ihnen, gemeinsame Mahlzeiten und Unternehmungen, eine Abendmahlsfeier am Sonntag im Konvikt vor ihrem Aufbruch – langsam, aber merklich öffneten sich die Türen zwischen Westen und Osten. Dann sehe ich uns zusammensitzen – das war im April 1988 –, um uns für eine Podiumsdiskussion vorher noch rasch zu verständigen. Das Thema war sehr bezeichnend für die damalige Zeit: »Hoffnung für unser Land«. Gesprächsteilnehmer war Ibrahim Böhme, der später der SDP, also der im Oktober 1989 gegründeten SPD der DDR, vorstand und in den ersten Wochen 1990 große Chancen hatte, der erste frei gewählte Ministerpräsident der DDR zu werden, bis im März 1990 dann alles anders kam. Dabei war auch Edelbert Richter, heute Bundestagsabgeordneter, damals Studentenpfarrer in Naumburg, dazu Peter Zimmermann, zu der Zeit Pfarrer in Neu-Lobeda, dem großen Jenaer Neubaugebiet, und ich. Wir saßen im Gärtnerhaus des Friedhofs, tranken Tee und aßen, wie das in den Jungen Gemeinden der DDR in Mode war, Fettbrote und machten uns miteinander und mit unseren Visionen bekannt. Danach das Podiumsgespräch in der überfüllten Friedenskirche. Die Zuhörer wurden einbezogen und saßen nach Abschluss des offiziellen Programms noch in einzelnen Gruppen mit uns zusammen und redeten aufgeregt miteinander: Hoffnung für unser Land.

Im Juni dann der Kirchentag in Erfurt unter dem Motto: »Umkehr führt weiter« Dies Thema war typisch für die Zeit: Umkehr, Umgestaltung, Perestroika. Ich hatte es übernommen, in der riesigen Predigerkirche das Einstiegsreferat zu diesem Thema zu halten. Ich erinnere mich, dass eine Bemerkung darin geradezu jubelnden Beifall erhielt: Umkehr könne nicht heißen, Rückkehr ins Gewesene, aber auch nicht einfaches Umsteigen in der Hoffnung, damit in eine ganz andere Lebenssituation zu kommen, zum Beispiel von einem Land in ein anderes auszureisen; denn es könne sein, dass man bald feststellt, man sitzt dort noch immer im selben Zug nur in einem anderen Abteil, ist vielleicht vom Traglastenabteil in den Speisewagen umgestiegen, aber der Zug fährt mit allen weiterhin in der falschen Richtung. Übrigens wurde die Nummer unserer Kirchenzeitung, die über diesen Kirchentag berichtete, verboten, das war dann doch ein sehr seltener Vorgang, und alle Welt fragte, was darin wohl gestanden hatte. Andererseits durfte Günter Grass in der Jenaer Michaeliskirche aus seinem neuen Roman »Die Rättin« lesen, und ich sehe mich noch als Zuhörer zwischen mehr als tausend Menschen eingeklemmt an einer Säule stehen. Im November hielt ich in Siegen ein Referat über das Erzählen im kirchlichen Unterricht, und es war kein großes Problem mehr, dafür die Ausreise zu bekommen. Früher war das immer sehr spannend gewesen. Man wusste oft bis zum letzten Tag nicht, ob man nach Westdeutschland zur Gastvorlesung fahren durfte oder nicht. In Siegen wurde ich gleich gefragt, ob ich für Manfred Stolpe bei einem Gemeindeabend sprechen könne, der kurzfristig absagen musste, weil er irgendetwas mit unserer Regierung zu verhandeln hatte. Ich habe also statt seiner etwas über Kirche in der DDR berichtet und hatte eine äußerst interessierte Zuhörerschaft. All das war sozusagen der Einstieg in die Wende. Alles war schon Bewegung, war innere Unruhe und Unsicherheit: Wo geht das hin? Wir erlebten gleichzeitig die Macht des Staates, die er immer wieder demonstrierte oder androhte, und auf der anderen Seite die deutlichen Freiräume, die sich für uns auftaten.

Und dann kam das Jahr 1989, das niemand von uns, der es bewusst erlebt hat, vergessen wird, ein wirklich historisches Jahr. Dabei muss man sich allerdings deutlich machen: Große historische Wendungen konstatiert man wahrscheinlich in ihrer ganzen Tragweite immer erst hinterher. Das Jahr 1989 war durchaus ein Jahr voller normaler, privater wie öffentlicher Vorgänge. Wie ja die Jahre des ungeheuren Umsturzes 1944/45 jedenfalls für uns in Eisenach bei aller Dramatik auf weite Strecken auch geprägt waren durch das, was einfach weiterging: Geburtstagsfeiern und Krankheiten, Schule und Gartenarbeit, Ferienpläne und Wanderungen, so hielt ich auch 1989 meine normalen Vorlesungen und Seminare, Erzählkurse und Gemeindepraktika – das ging alles irgendwie weiter. Urlaub haben wir in diesem Jahr zwar nicht wie sonst meist auf Usedom gemacht, sondern in Eisenach,wo ich weitgehend in Erinnerungen lebte: am Ehrensteig draußen, wo mein Elternhaus steht, auf der Wartburg, in den Wäldern rings um die Stadt, im Karthausgarten, wo weite Rabatten von Blumen in Blüte standen und wir auf einer Parkbank saßen und Böll-Erzählungen lasen – da war diese aufgeregte Zeit einmal eine Weile weit im Hintergrund. In diese Eisenacher Urlaubstage fiel auch die Hochzeit, von der ich erzählt habe, weil ich für sie das Lied »Vertraut den neuen Wegen« geschrieben hatte. Man merkt schon, wie in seinen Zeilen unbeabsichtigt die Erregung jener unruhigen Zeit mit vibriert; aber zunächst war das für uns nur das Lied für eine schöne Sommerhochzeit. Für mich persönlich fiel in dieses Jahr noch eine ganz private Belastung: Durch den jahrelangen Gelenkrheumatismus waren meine Hände schließlich so deformiert, dass die Ärzte sagten, das müsse jetzt operiert werden. Ich war wochenlang im Krankenhaus, erst war die linke Hand und dann die rechte außer Funktion und zur Heilung ruhiggestellt, so dass ich längere Zeit als Einhänder existiert habe. Ich musste es mit meinen Vorlesungen und Seminaren einigermaßen so regeln, dass mein Fehlen weitgehend in die vorlesungsfreie Zeit fiel. Im großen historischen Herbst wurde dann meine Frau schwer krank und lag viele Wochen in Jena in der Klinik. Unser Sohn war in der Ausbildung in Ilmenau und konnte nur gelegentlich für einige Tage nach Hause kommen. Ich musste mich allein irgendwie behelfen und war oft bei meiner Frau in der Klinik.

All das vermischte sich zunehmend mit den politischen Ereignissen. Große Bedeutung hatten die Ökumenischen Versammlungen für Frieden, Gerechtigkeit und Bewahrung der Schöpfung gewonnen, die die weltweiten Probleme und die Probleme unseres Landes in den Blick nahmen und in die DDR-Öffentlichkeit trugen. Als ich im April 1989 die Eröffnungspredigt für die dritte und letzte dieser Versammlungen in einem großen gemeinsamen Gottesdienst der DDR-Kirchen in der Dresdner katholischen Kathedrale hielt, musste ich sehen, meine verbundene Hand nicht zu auffällig werden zu lassen. Ich hielt dort über einen Text der Osterzeit eine Predigt gegen die Angst. Mitte Oktober hatte ich mit meinem Assistenten wie in jedem Jahr die Aufgabe, die Studienanfängerinnen und -anfänger in das Studium der Theologie einzuführen. Dazu fuhren wir jedesmal für eine halbe Woche nach Kapellendorf auf halber Strecke zwischen Weimar und Jena; denn dort gab es ein einfaches, aber ganz schönes kleines Freizeitheim. Auch in diesem Jahr waren die jungen Leute erstaunlich gut bei der Sache. Zugleich aber gab es ein dauerndes Kommen und Gehen; denn mehrere hatten Termine bei den neuen Bürgerbewegungen, beim »Neuen Forum« oder bei »Demokratie jetzt« und baten mich für eine Leitungssitzung oder eine Demonstration um ein paar Stunden Urlaub. Einige gehörten zur Trägergruppe der Fürbitt- und Friedensandachten, die jetzt täglich in der großen Jenaer Michaeliskirche stattfanden. Jedesmal am späten Nachmittag fuhren sie hinunter nach Jena und kamen gegen neun ganz erfüllt von dort zurück. »Heute waren es 600«, berichteten sie, »und heute fast tausend.« Wir hatten ein einigermaßen transportables Fernsehgerät mit nach Kapellendorf genommen, um jeden Abend die Nachrichten und Berichte zu sehen – und zwar im bisher sehr eintönigen DDR-Fernsehen, das plötzlich ein völlig neues Profil gewonnen hatte und noch aktueller als die Westsender von den Ereignissen bei uns berichtete. Wir brachen dann auch schon am Sonntagmittag auf; denn um 14 Uhr stellten sich in der Stadtkirche St. Michael in Jena neue Parteien und Bürgerbewegungen vor, und das wollte niemand von uns versäumen. Das war am 15. Oktober; am 17. trat Erich Honecker zurück. Die Friedensdekade, die in der DDR eine große Bedeutung hatte, stand in diesem Jahr ganz im Zeichen des inneren Aufbruchs, und in ihrem großen ökumenischen Abschlussgottesdienst sangen wir zum ersten Mal mit der ganzen Gemeinde »Vertraut den neuen Wegen, auf die der Herr uns weist.«

Vielfach hatte es in Jena schon in den Kirchen und auf den Straßen Versammlungen und Kundgebungen gegeben. Aber die große Demonstration war am letzten Novembersonntag. Am Sonnabend vorher wurde ich zu einer Besprechung ins Luther-Gemeindehaus gebeten. Eine Gruppe unter Leitung des Chefarztes Professor Jorke hatte zu einer großen Bürgerversammlung auf den zentralen Platz der Stadt eingeladen. Man besprach noch einmal genau den Ablauf und bat mich, am

Ende nach verschiedenen Rednern ein abschließendes und übergreifendes Wort als Theologe zu sagen. Den folgenden Morgen über machte ich mir Gedanken dazu. Am Nachmittag nutzte ich die Besuchszeit bei meiner Frau; denn die Klinik lag am Wege zum Stadtzentrum. Von ihrem abgeschirmten stillen Zimmer und einem kleinen gemeinsamen Weg durch den vorwinterlichen schmalen Klinikpark zu diesen aufregenden Ereignissen in der Stadt – das war ein schroffer Wechsel. Tausende von Menschen waren auf dem übergroßen Platz zusammengekommen, der durch die Bombardierung Jenas 1945 in der Stadtmitte entstanden war und nun als Parkplatz und gelegentlich für Aufmärsche genutzt wurde. Es war ein bitterkalter Novembertag; aber die Jenaer Einwohnerschaft war da und blieb mehr als zwei Stunden lang dabei. Wir Redner standen auf dem flachen Dach der Thomas-Mann-Buchhandlung, Professor Jorke moderierte, unsere Stimmen hallten durch die großen Lautsprecher über den Platz, und die Bürgerbewegungen und neuen Parteien kamen eine nach der anderen zu Wort. Ein Jenaer Pfarrer sprach für den »Demokratischen Aufbruch«: »D. A. – wir sind da!«, eine Theologiestudentin, die ich erst vor vier Wochen in Kapellendorf ins Studium eingeführt hatte, stellte »Demokratie jetzt« vor. Christoph Matschie, heute im Bundestag Vorsitzender eines der Ausschüsse und für Thüringen Vorsitzender der SPD, war damals gerade mit dem Theologiestudium fertig geworden und saß jetzt an einer Doktorarbeit im Fach Neues Testament; der redete im Namen der jungen sozialdemokratischen Partei der DDR zu den Jenaer Bürgern und sah mit seiner bunten Wollmütze wie ein beherzter Schuljunge aus. Und so einer nach dem anderen. Aber auch der noch amtierende Oberbürgermeister, prominentes SED-Mitglied, kam zu Wort, und man hörte ihm zu wie den anderen – ihm freilich nicht ganz ohne Protest, aber auch nicht ganz ohne Beifall. Danach kamen für noch etwa eine Stunde die Bürgerinnen und Bürger selber zu Wort: Mikrofone wurden herumgetragen, und die Stimmen von Männern und Frauen, von Großmüttern und Lehrerinnen, Arbeitern und Professoren kamen über die Lautsprecher, und sie forderten einen neuen Umgang mit ihren Kindern, Rechenschaft über getanes Unrecht, die Möglichkeit, unsere Gesellschaft jetzt nach eigenen Ideen aufzubauen.

Vorher aber hatte ich etwas wie ein Schlusswort zum ersten Teil der Kundgebung zu sagen. Ich will aus diesem Fünf-Minuten-Beitrag Einiges zitieren – es gibt eine Tonbandaufnahme dieser Demonstration –; denn hier wird für uns heute ein Jahrzehnt später deutlich, mit welchem Hochgefühl von selbst gestalteter und selbst verantworteter Zukunft wir damals erfüllt waren, und es ist heute kaum mehr vorstellbar, dass ich für fast jeden dieser Sätze Beifall bekam und am Ende einen ungewöhnlich starken und lang andauernden. »Wir stehen«, sagte ich im Schlusswort, »vor der vielleicht einmaligen Möglichkeit, uns Gedanken zu machen über das, was morgen und übermorgen sein soll, über unsere Gefühle und unsere Träume, über unsere Langzeithoffnungen, für deren Erfüllung wir heute die ersten Grundsteine legen wollen. Was wir heute tun oder versäumen, hat Folgen bis ins nächste Jahrtausend. ... Auch die neuen Bürgerbewegungen und Parteien werden nicht mehr lange von den Fehlern der Bisherigen leben können, sondern worum es jetzt dringlich geht, das sind die neuen Ideen, wie es stattdessen besser zu machen ist, und die neuen Taten, die wirklich zum Besseren führen.« Ich hielt dafür – und meine Zuhörerinnen und Zuhörer offenbar mit mir – vier Dinge für wichtig, und ich vergleiche das Gesagte mit dem in den folgenden Jahren Erlebten: »1. Der festgeschriebene Führungsanspruch der SED muss verschwinden ... Aber darüber darf nicht ein neues Feindbild entstehen, das Feindbild des bösen Genossen. Wir haben so lange gegen die alten Feindbilder gekämpft, dass sie jetzt langsam am Verblassen sind« – und das war tatsächlich eine zentrale Forderung der Kirchen in der DDR gewesen: Überwindung der indoktrinierten Feindbilder. »In die Zukunft führt nur Gerechtigkeit gegen jeden: Gerechtigkeit für uns, für unsere Freunde, unsere Partner, unsere Gegner ... 2. Wir brauchen eine weitaus bessere Wirtschaft in unserem Land ...« Die verheerende Wirtschaftspolitik des Genossen Mittag hatte tatsächlich in ein Gestrüpp von Notbehelfen geführt. »Aber volle Bäuche und volle Läden sind noch nicht ein erfülltes Leben. Wir haben uns von mancherlei Ketten frei gemacht, wir brauchen keine neuen. Auch

Ladenketten können die Menschen fesseln, und wir haben wenig gewonnen, wenn die Herrschaft der Funktionäre lediglich durch die Herrschaft der Millionäre ersetzt wird... Wehe uns, wenn mit der Vergangenheit auch die Hoffnung auf eine gerechtere Gesellschaft, die Hoffnung auf Schwesterlichkeit und Brüderlichkeit über Bord ginge und uns nur noch eine Durchsetzungsgesellschaft bliebe, wo jeder seine persönliche Chance hätte, der Starke eine große und der Schwache eine kleine, der Erbarmungslose sich ausleben könnte und der Hilfsbedürftige und der Freundliche auf der Strecke bliebe. 3. Wir wollen, dass es uns bald besser geht als bisher. Aber sind wir uns darüber klar, dass es den meisten Menschen in unserer Welt weit schlechter geht als uns schon heute?... Es kommt der Tag, wo sie, die hungern nach Brot und nach Gerechtigkeit, aufstehen werden, wie wir aufgestanden sind, und dann von uns ihr Recht fordern, wenn wir nicht vorher lernen, mit ihnen zu teilen. Darum ist es in unserem eigenen Interesse, dass es ihnen bald besser geht und nicht zuerst uns. Und 4. Unsere vielleicht schwerste Verantwortung ist die Verantwortung für die, die noch gar nicht geboren sind, die in 100 oder 300 Jahren auf dieser Erde leben wollen, ... von denen wir gar nichts wissen außer dem einen, dass es von uns heute abhängt, ob sie auf unserer Erde werden leben können, ob sie ein bewohnbares Land vorfinden oder eine verbrannte, verbrauchte Erde ...«. »Aufbruch in die Zukunft«, habe ich am Ende gesagt – und die Zustimmung war stark und lange hörbar –, »die hat einen langen, langen Atem und braucht einen weiten Blick.«

Ich hatte mich am Anfang meines Beitrags vorgestellt und gesagt, ich gehöre zu keiner der neuen Bewegungen, so sehr ich sie alle schätzte, aber ich sei Mitglied der Bundessynode, und ich erinnerte daran – und das hatte schon den ersten Applaus – , »dass unsere Synoden die kritischen Wahrheiten bereits gesagt haben, als das in unserem Land noch nicht Mode war.«

Tatsächlich hatte die Bundessynode zwei Monate vor diesem Novembertag ihre diesjährige Sitzung diesmal in Eisenach auf dem Hainstein gehabt – die hochgebaute Wartburg vor Augen –, und in gewisser Weise begann mit dieser Tagung die heiße Phase des großen Aufbruchs. Werner Leich war der Vorsitzende der Konferenz der Kirchenleitungen, und er gab als leitender Bischof den Bericht für den Bund unserer Kirchen. Diesmal allerdings, sagte er, wolle er ausdrücklich nicht den offiziellen Bericht der KKL geben; er wolle vielmehr zu diesem Zeitpunkt ein eher persönlich verantwortetes Wort sagen, das nicht im Einzelnen mit den KKL-Mitgliedern abgestimmt sei wie sonst üblich. Ob sie keine Zeit dazu hatten oder ob ihnen das in diesem Augenblick zu kompliziert vorkam, weiß ich nicht. Was damals zur Sprache kam, war jedenfalls brisant genug. Sowohl im Bericht von Werner Leich wie im Beschluss der Synode wurden die aktuellen und die strukturellen Mängel der DDR-Situation aufgelistet und all die Forderungen zum ersten Mal öffentlich ausgesprochen, die in den nächsten Wochen und Monaten Grundlage der kritischen Diskussionen und Demonstrationen werden sollten. Ich denke, Werner Leich hat es auf den Punkt gebracht, als er am Ende seines Referates sagte: Das Handeln der Kirche im politischen Bereich leitet sich zwar erst von ihrem erstrangigen, dem geistlichen Auftrag ab. Aber, so sagte er – ich zitiere jetzt aus den Synodal-Unterlagen: »Wir sind von diesem Bereich deshalb stark in Anspruch genommen, weil es außer uns im Augenblick keine Institution gibt, die öffentlich alles ausspricht, was in unserer Gesellschaft vor sich geht. Wenn es kein anderer tut, dann müssen wir es tun um der Menschen willen.« Sein Vortrag war zunächst sehr ausgewogen und überraschend DDR-freundlich – freilich mit deutlicher Betonung ihrer einstigen Ausgangsposition. In jenen Tagen ging die DDR auf den 40. Jahrestag ihrer Gründung zu. Dazu, sagte Leich, müsse die Kirche in Bilanz und Ausblick Stellung nehmen. Darauf ging er im dritten Teil seines Gesamtberichts ein, ausgehend von einer Reihe von Punkten, für die die sozialistische DDR durchaus Anerkennung verdiene. Ich zitiere noch einmal: »Was unter diesen Voraussetzungen an Aufbau zum Wohle der Menschen geleistet worden ist, verdient bleibende Anerkennung. Wir nehmen aus jener Zeit des Aufbaus mit, was wir erhalten und bewahren müssen. Das sind die unbedingte Verpflichtung, für den Frieden unter den Völkern einzutreten und Krieg zu verhindern, der Kampf gegen das Ideengut des Nationalsozialismus mit seinen menschenfeindlichen Folgen, das Eintreten für soziale Geborgenheit aller Bürger, für gleiche Bildungs- und Berufschancen und für das gemeinsame Anteilhaben an den Früchten unserer Arbeit. Diese Ziele hat die DDR als sozialistischer Staat mit einer sozialistischen Gesellschaftsordnung von der ersten Stunde an verfolgt. Wir müssen sie festhalten. Festhalten des Zieles auf dem Wege durch die Zeiten bedeutet nicht automatisch Festhalten an der Art des Straßenbaus. Die Richtung muss bleiben, das Profil der Straße kann sich ändern.« Er wies auf den wachsenden Ausreisedruck als alarmierendes Zeichen für die Dringlichkeit von Veränderungen hin und dabei auf den Wunsch der Kirchen, dass die Menschen im Lande bleiben. »Wir wollen«, sagte er, »zu Veränderungen in unserer Gesellschaft beitragen, die das Leben in ihr anziehend machen. Wir wollen das für und nicht gegen unseren Staat und unsere Gesellschaft.« Danach nannte er die beiden Hauptbereiche von grundsätzlichen Forderungen, die wir als Kirchen in der DDR immer klarer erkannt und immer beharrlicher wiederholt haben: die Mündigkeit des einzelnen Bürgers, ein partnerschaftliches Verhältnis zwischen Bürger und Staat – dazu gehört offene Aussprache und offene Medienpolitik, Widerspruchs- und Demonstrationsrecht, ein neues demokratisches Wahlgesetz, Reisefreiheit und anderes – und als zweites langfristig eine tiefgreifende Wirtschaftsreform in Richtung auf Freiheit zur Eigeninitiative bis hin zur Konvertierbarkeit unserer damaligen reinen Binnenwährung, wozu wir in der DDR alle Voraussetzungen mitbrächten.

Der Beschluss der Bundessynode, ihre Botschaft an die Menschen unseres Landes, war dann womöglich noch schärfer formuliert, ging aber im Grundsätzlichen und in den einzelnen Forderungen in die gleiche Richtung. Wir hatten uns die Formulierung der einzelnen Abschnitte wieder untereinander aufgeteilt, und ich erinnere mich noch gut, wie ich schon tief in der Nacht, die schwarz vor den großen Fenstern stand, in einem Arbeitsraum des Hainsteins mit Lothar de Maizière und zwei anderen Synodalen zusammensaß und wir die Passage über die Verantwortung speziell der Christen in unserem Land für den Gesamttext der Botschaft vorformulierten. Wir ahnten nicht entfernt, dass er wenige Monate später der letzte Ministerpräsident der DDR sein würde und dass wir an einem nahezu historischen Text mitarbeiteten. Auch im Beschluss der

Synode wurden zuerst die Defizite aufgelistet, später wurden dann die Forderungen genannt, die uns heute vielleicht wie die Aufzählung von Selbstverständlichkeiten erscheinen, denn die Defizite unserer heutigen Gesellschaft liegen sicher an anderen Stellen. Damals aber war das so etwas wie ein gewaltiger Tabubruch – sicher nicht für alle Verantwortlichen und DDR-Engagierten. Es gab selbst in der SED und den sogenannten Blockparteien nicht wenige Leute, junge und alte, die solche Gedanken im Geheimen dachten und Reformideen in kleinem Kreis diskutierten. Doch die Riege der alten Herren in den Schlüsselpositionen war weit von solchen Überlegungen entfernt und ganz unsensibel für die wirkliche Stimmung im Lande. Wir wussten, dass wir Ungezählten aus dem Herzen sprachen, aber wir wussten auch, dass wir uns ziemlich weit vorwagten.

Ein interessanter Vorgang am Rande der Synode zeigt, was ich damit meinte, dass selbst im Staatsapparat und im Parteiengefüge Reformkräfte nach vorn drängten und sich vorsichtig in die Öffentlichkeit wagten. In diesem Fall ging es um die CDU der DDR, eine der Blockparteien. Gottfried Müller, der geschickte Chefredakteur unserer Kirchenzeitung, machte mich mit dem Vorgang bekannt. Da wir beide in Jena wohnten, hatten wir die Gewohnheit, dass er mich zu allen Eisenacher Synodaltagungen in seinem Wagen mitnahm und wir diese Fahrt dafür nutzten, Hintergrundinformationen auszutauschen. Ich erinnere mich noch gut, wie er auf dieser Fahrt im September 1989 sagte: »Die Situation ist überaus gespannt, aber es gibt keine andere Möglichkeit, wir müssen da jetzt durch.« Und dann fuhr er ungefähr so fort: »Wir haben etwas vor. Vier Leute, die der CDU angehören – die Synodale Huhn, eine Rechtsanwältin aus Sachsen, der juristische Oberkirchenrat unserer Landeskirche, Martin Kirchner, dann die Pastorin Christine Lieberknecht aus einer Thüringer Dorfgemeinde«, die nach der Wende Ministerin und dann Landtagspräsidentin in Thüringen wurde, »und ich – wir haben zu viert einen Text geschrieben, in dem wir aus der CDU heraus kritisch die Politik der DDR-Regierung anfragen. Wir wollten uns nicht aus dem Block der Parteien lösen, sondern aus dem Block heraus die notwendigen Reformen anmahnen. Und nun ist es wichtig, dass unser Aufruf in die Öffentlichkeit kommt, und dafür ist die Tagung in Eisenach der richtige Ort; denn da ist die Presse aus West und Ost versammelt. Da es aber nicht ein Text der Bundessynode ist, kann er nicht in der offiziellen Sitzung bekannt gemacht werden, sondern nur an deren Rand, wir denken: in der Mittagspause. Unser Plan ist, dass Frau Huhn als Synodale sich zum Bericht der Kirchenleitung in der allgemeinen Aussprache zu Wort meldet und in ihrem Beitrag eher beiläufig berichtet, dass solch ein Wort von CDU-Mitgliedern vorhanden ist und in der Pause vorgestellt werden kann. Und dann ist es wichtig, dass ein anderer Synodaler, der nicht in der CDU ist – und da haben wir an dich gedacht –, das aufgreift und sagt: Das ist ja interessant und wichtig.« Diese Rolle habe ich übernommen, um die Presse nachdrücklicher aufmerksam zu machen und das Verfahren abzusichern. Spannend war die richtige Zeitplanung. Denn nach dem Bericht waren nur noch etwa zwanzig Minuten bis zur Mittagspause für den ersten Teil der Aussprache. Frau Huhn musste sich also als Erste melden, um jedenfalls noch vor der Pause zu Wort zu kommen, und ich musste mich so melden, dass meine Wortmeldung nach der ihren, aber noch vor dem Mittag berücksichtigt wurde. Das gelang uns, die Presse strömte in der Pause zur Vorstellung des CDU-Briefes, und die Wirkung in Ost und West war erheblich.

Ich musste diese Synode übrigens vorzeitig verlassen; denn an ihrem letzten Tag begann bereits in Buckow in der Mark eine lange vorbereitete internationale Konferenz der diakonischen Werke Europas, deren Gastgeber zum ersten Mal die DDR Kirchen waren. Man hatte mich gebeten, die beiden Bibelarbeiten zu Beginn der Konferenztage zu halten, und ich fuhr darum zusammen mit dem Direktor unseres diakonischen Werkes in der DDR von Eisenach nach Buckow. Wir kamen am Nachmittag dort an und spürten sofort die Unruhe der Konferenzleitung im Blick auf den Abend, den Eröffnungsabend der Konferenz. Denn der Staatssekretär für Kirchenfragen Kurt Löffler hatte sein Kommen angesagt, der auf solchen Konferenzen einen Höflichkeitsbesuch zu machen pflegte. Allerdings war nach dieser Synode ganz offen, ob er überhaupt noch kommen würde. Er kam, die dunkle Regierungslimusine fuhr vor; aber die Atmosphäre war eisig. Er erklärte in einer kurzen

Ansprache, ehe er vorzeitig das Haus wieder verließ, er könne nun für nichts mehr einstehen. Mit dieser Synode habe die Kirche alle Brücken zu ihnen abgebrochen und alle Zugänge verschüttet. Sie und ihre Leute müssten die Folgen nun tragen. Uns war allen deutlich, die Lage war überaus gespannt. Und am anderen Morgen war der – schon vor Monaten festgelegte – Bibeltext, den ich auszulegen hatte, die Geschichte von Israel am Schilfmeer: vor ihnen die Zukunft – Welle auf Welle drängen die Gefahren heran. Und in ihrem Rücken die Heere des Pharao – die Vergangenheit, die sie in Kürze einzuholen droht. Da schreit Israel vor Angst. Und auch uns DDR-Leuten saß die Angst in den Gliedern. Aber nun spricht in diesem Text Mose im Auftrag Gottes zum Volk, zum wandernden Gottesvolk: »Fürchte dich nicht! Seht zu, was für ein Heil der Herr heute noch an euch tun will!« Und Gottes Aufforderung an Mose in einem der nächsten Sätze traf uns unmittelbar: »Sag meinen Kindern, dass sie weiterziehn!« Und dann ziehen sie in die Fluten. Das war keine Geschichte von gestern, sondern der dort sprach, sprach zu uns: »Fürchte dich nicht!« und »Sag meinen Kindern, dass sie weiterziehn.« Wir sind weitergezogen und sind trockenen Fußes am anderen Ufer angekommen und haben Erstaunliches erlebt.

Wir machten ja wirklich in den folgenden Monaten völlig neue Erfahrungen. Politisch wurden Vorgänge möglich, die wir unserer Zeit, die wir vielleicht überhaupt der ganzen modernen Massengesellschaft nicht mehr zugetraut hatten. Es war die überwältigende Erfahrung einer real erlebbaren Demokratie: dass so viele Menschen politisch zu aktivieren sind und eben nicht nur als Wähler oder als Jubler, sondern als Leute, die diskutieren, die Optionen prüfen, die zu Versammlungen drängen, die neue Gruppen bilden und Parteien gründen, die aus kleinen Gruppierungen Bürgerbewegungen machen, Programme entwerfen und Zukunft planen. Leute, die wir aus anderen Zusammenhängen gut kannten, mit denen wir gelebt, diskutiert, Podiumsgespräche veranstaltet hatten, begegneten uns jetzt in solchen Aktivitäten und veränderten das Land. Das war schon überwältigend. Und dass diese Leute später von den Politikprofis der Bundesrepublik als »Laienspieler« bezeichnet und belächelt wurden und schnell von der politischen Bühne wieder verdrängt waren, das war eine Entmutigung und Ernüchterung, deren Ausmaß sich die routinierten Ordner der kommenden Verhältnisse kaum deutlich machen konnten.

Den berühmten 9. November 1989 habe ich merkwürdigerweise in Bonn erlebt. Ich war dorthin zur Gastvorlesung eingeladen und genoss es sehr, dass ich endlich meinen persönlichen Reisepass, der bisher im Tresor der Universität gelegen hatte, für dauernd in die Hand bekam und ohne Probleme mein Visum für die Bundesrepublik: »Bitte sehr, Herr Professor.« Am 8. November hatte ich einen Abendvortrag über das Werk von Johannes Bobrowski gehalten und saß danach mit den Kollegen der dortigen Fakultät zusammen; dazwischen kam noch ein Mitarbeiter des Deutschlandfunks, erfragte meine Meinung zur Lage in der DDR und notierte meine Rufnummer für mögliche Telefoninterviews von Köln nach Jena. Am folgenden Abend aber hatte ich den Studenten einen aktuellen Abend in ihrem Konvikt zugesagt. Sie hatten Wein in großen Pappbehältern besorgt und Berge von Salzgebäck und fragten mich aus. Ich begann meinen Bericht mit der Bemerkung: »Ich kann leider nichts Authentisches über die gegenwärtige Lage in der DDR sagen, denn ich bin schon drei Tage von dort weg.« Genau zu der Zeit – gegen neun –, als wir Vermutungen darüber austauschten, ob, wann und wie weit die Grenze zwischen den beiden deutschen Staaten sich öffnen werde, kam eine Studentin herein und rief: »Alles erledigt! Ich hab gerade ferngesehen. Die Mauer in Berlin ist offen. Macht das Fernsehen an!« Im Clubraum stand ein Gerät, und nun sahen wir bis in den späten Abend die Bilder von drängenden Menschenmassen und von glücklichen Leuten, die einander fast in die Arme taumelten. »Und was bedeutet das nun«, fragte man mich, »für die Zukunft?«

Gleich am anderen Tag fuhr ich nach Jena zurück, und mein Sohn, der gerade für einige Tage zu Hause gewesen war, begrüßte mich mit den Worten: »Denk nicht, nur du warst im Westen.« Einige junge Leute, die er kannte, hatten all ihr Geld für eine Taxifahrt zusammengelegt, als sie die Berichte aus Berlin hörten, und hatten die historische Nacht tatsächlich auf dem Kurfürstendamm verbracht, ehe sie mit dem Zug zurückfuhren. Die Weltgeschichte war in Bewegung.

Nach der Wende oder: Enquête-Kommission nach wieder vierzig Jahren

Fast von heute auf morgen schlug die Grundstimmung dann um. Schon Ende November 1989 zeigten sich deutliche Risse in der hochgemut vorandrängenden Gemeinsamkeit, die bis dahin geherrscht hatte und die vielleicht am 4. November in jener Millionendemonstration in Berlin ihren Höhepunkt fand, auf der Künstler und Schriftsteller, Wissenschaftler und Politiker aller Richtungen unter dem Beifall gewaltiger Menschenmassen von einer hell werdenden Zukunft redeten. Ein neues Signal waren bald darauf Fahnen der Bundesrepublik, die in den nach wie vor riesigen Demonstrationszügen am Leipziger Montag auftauchten, und die Umwandlung der selbstbewussten Losung des Aufbruchs »Wir sind das Volk!« in die eher sehnsüchtigen Sprechchöre: »Wir sind ein Volk!« Was oder wer den Anstoß dazu gegeben hat, darüber hat es später viele verschiedene Mutmaßungen gegeben. Das entgegengesetzte Signal war ein Appell »Für unser Land«, für den die Unterzeichner wie Christa Wolf und Stefan Heym, wie Bischof Demke und Pfarrer Schorlemmer um Unterschriften warben und auch Hunderttausende bekamen, bis die Kampagne, organisatorisch völlig überfordert, abbrach. Die ersten Sätze konnten sicher noch mit allgemeiner Zustimmung rechnen. »Unser Land«, hieß es da, »steckt in einer tiefen Krise. Wie wir bisher gelebt haben, können und wollen wir nicht mehr leben. Die Führung einer Partei hatte sich die Herrschaft über das Volk und seine Vertretungen angemaßt. Vom Stalinismus geprägte Strukturen hatten alle Lebensbereiche durchdrungen. Gewaltfrei mit Massendemonstrationen hat das Volk den Prozess der revolutionären Erneuerung erzwungen, der sich in atemberaubender Geschwindigkeit vollzieht.« Dann aber hieß es weiter: »Uns bleibt nur wenig Zeit, auf die verschiedenen Möglichkeiten Einfluss zu nehmen, die sich als Auswege aus der Krise anbieten. Entweder können wir auf der Eigenständigkeit der DDR bestehen und versuchen, mit allen unseren Kräften … in unserem Land eine solidarische Gesellschaft zu entwickeln, … oder wir müssen dulden, dass, veranlasst durch starke ökonomische Zwänge und durch unzumutbare Bedingungen, an die einflussreiche Kreise aus Wirtschaft und Politik in der Bundesrepublik ihre Hilfe für die DDR knüpfen, ein Ausverkauf unserer materiellen und moralischen Werte beginnt und über kurz oder lang die Deutsche Demokratische Republik durch die Bundesrepublik vereinnahmt wird. Lasst uns den ersten Weg gehen! Noch haben wir die Chance, in gleichberechtigter Nachbarschaft zu allen Staaten Europas eine sozialistische Alternative zur Bundesrepublik zu entwickeln. Noch können wir uns besinnen auf die antifaschistischen und humanistischen Ideale, von denen wir einst ausgegangen sind.«

In unserem theologischen Institut gab es im Eingangsbereich ein Wandbrett für Bekanntmachungen und Einladungen. Das war in den zurückliegenden Jahren oft ein Stein des Anstoßes für die Universitätsleitung gewesen; denn dort hängten Studenten immer wieder Texte von kirchlichen Ökologie- oder von nichtkirchlichen Bürgerrechtsgruppen aus, gelegentlich auch selbst verfasste Verlautbarungen, und oft baten sie dafür um Unterschriften, und die bekamen sie auch, gerade weil die Universitätsleitung jedesmal barsch die Entfernung dieser Aushänge forderte und am Ende meist selber vollzog. Dort hatte jemand den Appell »Für unser Land« ausgehängt, und wie immer standen schnell eine Menge Unterschriften darunter. Aber dann geschah etwas Ungewöhnliches: Als ich am anderen Tag ins Haus kam, sah ich, dass mehrere ihre Unterschrift wieder ausgestrichen hatten – einige ganz dick mit Filzstift, andere, indem sie Bemerkungen dazu schrieben: »Quatsch!« oder »Einheit Deutschlands!« Am Ende sah das Blatt wie ein Schlachtfeld aus zwischen Befürwortern und Gegnern: Die Differenzierung und Polarisierung hatte auch uns erreicht.

Zehn Jahre später im Pastorhaus in Benz auf Usedom – wir saßen zusammen mit Carola Stern und ihrem Mann Heinz Zöger, mit Pastor Bartels und dem Ehepaar Christa und Gerhard Wolf am großen eichenen Küchentisch bei einem Fischessen im Kerzenlicht – hatte ich Gelegenheit, Christa Wolf zu fragen: »War der Appell ›Für unser Land‹ damals richtig oder falsch?« Und ihre Antwort leuchtete mir ein: »Richtig oder falsch – das ist hier eine falsche Frage. Jede Zeit hat ihre eigene Prägung und ihr eigenes Wissen, und diese Aufforderung lag seinerzeit in der Luft.«

Im Februar 1990, als ich zur Tagung der Bundessynode nach Berlin fuhr, fand ich dieselbe Spannung vor. Die Bundessynode der Kirchen in der DDR musste gerade neu für eine nächste Amtsperiode konstituiert werden, und wir wählten Ausschussmitglieder und das Präsidium, als hätten wir weitere fünf Jahre gemeinsamer Arbeit vor uns. Übrigens wurde nicht nur zum ersten Mal eine Frau zur Präsida der Synode gewählt, die Apothekerin Rosemarie Cynkiewicz, die dann viele Jahre Pastorin in Prenzlauer Berg war, sondern drei von den vier weiteren Mitgliedern des Präsidiums waren ebenfalls Frauen, da setzten die DDR-Kirchen noch einmal ein deutliches Zeichen. Aber schon ein Jahr darauf war unsere Amtsperiode zu Ende. Im Frühjahr 1990 war die Debatte noch durchaus kontrovers. Sechs Wochen zuvor hatten in Loccum Bischöfe der EKD und des DDR-Kirchen-Bundes ein Wort verabschiedet, in dem sie mit großer Deutlichkeit sowohl für die politische Vereinigung Deutschlands wie auch für die Wiedervereinigung der beiden Kirchenbünde eintraten. Eine westdeutsche Zeitung hatte geschrieben: »Die Kirche prescht vor.« Die beiden leitenden Bischöfe Kruse und Leich sahen einen solchen Weg als das jetzt endlich Mögliche und dankbar von Gottes Güte Aufzunehmende an. Doch es gab auch warnende Stimmen. So eine »Berliner Erklärung«, die neben Heino Falcke auch der heutige Generalsekretär des Ökumenischen Rates der Kirchen, Konrad Raiser, formuliert hatte; die Prioritäten, sagte diese Erklärung, liegen heute an ganz anderer Stelle. Und »es darf nicht geschehen«, meinten die Unterzeichner, »dass nach dem Aufbruch des DDR-Volkes zur Selbstbestimmung und einem neuen Selbstbewusstsein eine neue Fremdbestimmung an die Stelle der SED-Herrschaft tritt.« Im Beschluss unserer Synode hieß es dazu: »Die Loccumer Erklärung hat in unseren Kirchen und Gemeinden Zustimmung und Widerspruch gefunden; Widerspruch, weil hier der Meinungsbildungsprozess in unseren Kirchen vorausgenommen wird.« Die Situation wurde beschrieben als ein »Ineinander von großen Hoffnungen auf die Veränderungen in unserem Land und zugleich erheblichen Ängsten vor zwangsläufigen Verlusten an menschlicher Wärme und sozialer Sicherheit.« Und zum Schluss hieß es: »Wir wollen uns Zeit lassen, die notwendigen Entscheidungen sorgsam miteinander zu bedenken.« In einem »Brief an die Gemeinden« konnte sich die Mehrheit der Synode gerade noch auf die Vermutung einigen, es werde wohl zur Einheit Deutschlands und damit zur Einführung der sozialen Marktwirtschaft bei uns kommen. Dies aber mit der Erwartung: »Die Ängste, die dadurch ausgelöst werden, lassen uns auch jetzt wach bleiben gegenüber einer Überschätzung von wirtschafts-politischen Systemen.« Dieser Synode und der Berlin-Weißenseer Gemeinde hatte ich dann am Sonntag die Predigt zu halten über ein Prophetenwort des Alten Testaments, und ich fragte mich zum ersten Mal: Ist es noch möglich, sie gemeinsam mit diesem Wort zu erreichen?

Tatsächlich war in der DDR der erste Schwung zur Gestaltung einer eigenen freien Gesellschaft fast so schnell wieder verweht, wie er aufgeflammt war. Am 7. Dezember kam zum ersten Mal ein Gremium zusammen, das noch ganz in der Linie all der neu entstandenen Bewegungen stand: der Runde Tisch. Im kirchlichen Bonhoefferhaus in Berlin unter Moderation von drei Pfarrern der verschiedenen Konfessionen kam man zusammen, um gleichsam basisdemokratisch den Weg in die Zukunft zu suchen. Die wöchentlichen Sitzungen wurden – oft in ganzer Länge – im Rundfunk der DDR übertragen, und ich habe manchmal, wenn ich die Zeit fand, stundenlang vor dem Radio gesessen, um zu hören, wohin die Reise gehen soll. Aber da war keine Zeit und Kraft, Konzeptionen für die Zukunft der DDR zu überlegen. Denn ein Großteil der Verhandlungen musste Entscheidungen gewidmet werden, wer an diesem Runden Tisch sitzen durfte; ungezählte alte und neue Gruppen, Vereinigungen und Parteien wollten mitreden, und wem sollte man das verwehren und wem gestatten? Und wenn es um Sachfragen ging, kümmerte man sich weitgehend um die zuverlässige Zerschlagung und Auflösung alter Strukturen, und da ein tiefes Misstrauen auch gegen reformwillige SED-Genossen vorherrschend war, nahmen diese Debatten kein Ende. Hans Modrow, der bis vor kurzem ein Hoffnungsträger gewesen war, beinahe wie Gorbatschow in der Sowjetunion, war inzwischen mit seinem Kabinett vollauf damit beschäftigt, in dieser großen Umwälzung und Auflösung vieler gegebenen

Strukturen das Funktionieren der alltäglichen Ordnung aufrechtzuerhalten. Denn das Leben musste ja weitergehen: Produktion und tägliche Versorgung, Lohnauszahlung, Verkehrswesen, Polizeischutz für diese tägliche Ordnung. Das war eine große und dabei undankbare Aufgabe. Und auch Lothar de Maizière mit der neuen Koalitionsregierung nach der Märzwahl 1990 erschien letztlich als Chef eines Übergangskabinetts, das vor allem akute Entscheidungen für den Augenblick zu fällen und dann zunehmend den Beitritt zur Bundesrepublik vorzubereiten hatte. Wer hätte da Pläne für eine Erneuerung unseres Landes machen sollen, zumal die DDR-Wirtschaft sich für die meisten nur noch als Konkursmasse darstellte?

Zugleich waren seit dem Dezember 1989 die Aktivitäten und Angebote aus der Bundesrepublik immer spürbarer geworden. Im Vorfeld der ersten demokratischen Wahlen zur Volkskammer im März 1990 wurde das immer wirksamer. Ich denke, dass eine Tatsache zu deren Ausgang entscheidend beigetragen hat, die merkwürdig wenig beachtet worden ist. Die Leute vom Runden Tisch hatten durchgesetzt, dass die Volkskammer keine Beschlüsse fassen durfte, die den ihren widersprochen hätten. In einem Fall hat sich die Volkskammer nicht an diese Vereinbarung gehalten: Der Runde Tisch wollte, dass zum Wahlkampf Anfang 1990 keine Redner aus der Bundesrepublik zugelassen werden sollten, sondern das sollten wir unter uns ausmachen; die Volkskammer aber ließ sie zu. Und so kamen sie, erfahrene Redner und Wahlkämpfer, dazu den DDR-Bürgern durch das Fernsehen oft besser bekannt als ihre eigene Regierung: Helmut Kohl und Hans-Dietrich Genscher, Willy Brandt und Theo Waigel: Selbstverständlich müsst ihr ganz selbständig entscheiden, liebe Landsleute, sagten sie; aber das sind unsere Angebote, und das sind unsere Erfahrungen. Dem waren all die unerfahrenen neuen Bewegungen und Bürgergruppen nicht gewachsen, und sie verschwanden folgerichtig – trotz »Bündnis 90« – schnell von der politischen Bühne; dieser ganz eigene Beitrag der DDR zum politischen Weg unseres Volkes war also eher erledigt als die DDR selber. Das Weitere machten im Großen und Ganzen die etablierten Parteien untereinander aus. Während die CSU vor allem im Süden von Thüringen und Sachsen mit Luftballons und Volksfesten für die dortige DSU warb, war Helmut Kohl so klug, die CDU der DDR, neu gestaltet unter Lothar de Maizière, als Schwesterpartei unter den Schutz der CDU-West zu stellen, und er hatte sofort eine ausgebaute Infrastruktur im ganzen Land, in jedem größeren Ort der DDR eine Geschäftsstelle und überall fleißige Wahlhelfer. Das war ein deutlicher Vorteil gegenüber der SPD, der durch den Zusammenschluss in der SED ihr Partner in der DDR verlorengegangen war.

Bis tief in den Februar hinein nahmen trotzdem alle an, die SPD werde als Partei mit einer immerhin sozialistischen Komponente aus der Vergangenheit die Mehrheit der Stimmen bekommen und Ibrahim Böhme werde Ministerpräsident. Aber dann schlug der Trend fast über Nacht um. Ich erinnere mich an eine Fahrt Anfang März nach Greifswald, wo ich eine Gastvorlesung zu halten und an einem Promotionsverfahren mitzuwirken hatte. Als wir durch eine lange Pommersche Pappelallee fuhren, prangte unübersehbar an jedem der Baumstämme ein Wahlplakat der Union: CDU – CDU – CDU, und der Mann neben mir am Steuer, Streiter für das Neue Forum, sagte verdrossen: »Die machen das Rennen.« Und er behielt Recht. Der Wahlsieg war so groß und so überraschend, dass die Union Probleme hatte, all die Funktionen, die ihr jetzt zufielen, mit guten Leuten zu besetzen. Damit waren die Weichen auf die Bundesrepublik gestellt. Hans Modrow übergab das Regierungsamt an Lothar de Maizière, und der Weg der SED/PDS von Kohls Verhandlungspartner zum ausgegrenzten Intimfeind begann. Übrigens hatte mir der Leiter eines evangelischen Altersheims hier in Pommern erzählt, seine alten Damen hätten ihn um Rat gefragt, wie sie das machen müssten: Sie wollten alle den freundlichen, ruhigen Modrow wählen, aber auf keinen Fall die SED; er habe, so sagte er mir, keinen Rat gewusst.

Ende Juni kam dann schon die Währungsunion. Plötzlich waren wir alle Besitzer von DM-Konten – »Westgeld« hatten wir es in der alten DDR genannt, und damit hatte es eine besondere Bewandtnis gehabt. Wer solches Geld hatte, konnte im Intershop einkaufen – amerikanische Zigaretten, Sprengel-Schokolade, westliche Textilien und Parfüms –, und völlig überlastete Handwerker standen plötzlich zur Verfügung, wenn man »in West« zahlen oder auch nur zuzahlen konnte. So war dies etwas wie eine Luxus- und Zauberwährung, und viele mussten sich erst mühsam daran gewöhnen, sie jetzt für Kartoffeln und Streichhölzer auszugeben, von Beiträgen und Steuern – einschließlich Kirchensteuern – zu schweigen. Hinzu kam, dass die in der DDR staatlich kräftig gestützten Preise von Grundnahrungsmitteln, Mieten und manchem sonst drastisch in die Höhe gingen, so dass ich jetzt bald für eine Straßenbahnfahrt statt 20 Pfennigen Ost 2 Mark West zahlen musste und für ein Briefporto das Fünffache in Westgeld, eine Mark statt 20 Pfennigen. Dafür füllten sich die Läden mit all den Waren, die der DDR-Bürger bisher fast nur aus der Fernsehwerbung kannte, und die Augen gingen ihm über. Die Schattenseite war, dass die bisherigen Lieferanten von Milchprodukten und Oberhemden, mit denen wir bisher irgendwie zurechtgekommen waren, auf ihren Waren sitzen blieben; der Zauber des Neuen verdrängte sie vom Markt. Mein Vater erzählte mir, wie er im Laden an der Ecke sein Pößnecker Bier einkaufen wollte, das er seit Jahren schätzte und nun nicht mehr vorfand, der Verkäufer verstand seinen Unmut überhaupt nicht: Er habe doch jetzt Coburger anzubieten, was wolle er denn? Und die grotesken Aktionen in den Buch- und Schallplattenläden sind ja noch vielen in Erinnerung, bei denen Wagenladungen von Büchern und Platten, darunter schöne Klassikerausgaben, Bildbände und Thomanerplatten, auf die Müllkippen gefahren wurden, um in Läden und Lagern Platz zu schaffen für »Tausend legale Steuertricks« und Reisehandbücher. Erst im Lauf von Jahren wich diese Faszination langsam einer nüchternen Abwägung; aber da waren viele DDR-Firmen längst aus dem Rennen ausgeschieden.

Nun drängte alles, drängte auch die große Mehrheit der im März gewählten Volkskammer auf einen schnellen Beitritt der DDR zur Bundesrepublik. Von einem eigenen Weg der DDR – und sei es in Kooperation oder Konföderation mit der Bundesrepublik – sprach niemand mehr. Was der Appell »Für unser Land« noch »Vereinnahmung« genannt hatte, entsprach jetzt der inneren Dynamik der Entwicklung. Skeptische Stimmen mahnten allenfalls ein langsameres Tempo und überlegtere Schritte an. Wir saßen oft an den Radiogeräten und hörten dem Verlauf der Verhandlungen in der Volkskammer zu. Mir blieb aus dem

August 1990 ein Redebeitrag von Ingrid Koeppen vom »Bündnis 90« im Gedächtnis – ich habe damals viel mitgeschnitten: »Jetzt wächst zusammen, was zusammengehört«, zitierte sie und fuhr fort: »Dies Bild war schön. Es assoziiert Geduld, Sorgfalt, den Wunsch, freiwillig aufeinander zuzugehen. Aber das Bild stimmt nicht mehr. Einmal losgetreten von der Herrschaft der SED und in den Sog bundesdeutscher Politik geraten, befand sich die DDR im freien Fall und droht nun, dumpf aufzuschlagen. Wenn das Parlament also heute entscheidet, schnell den Beitritt zu erklären, sollten wir auch so ehrlich sein, zuzugeben, dass dies der Nachweis schwerer politischer Fehler auf der einen Seite und mangelnder Bereitschaft zu behutsamer Politik auf Seiten der Bundesregierung ist.« Die Mehrheit war anderer Meinung. Und unsere Kirche zog rasch nach. Im September 1990 auf der letzten regulären Tagung unserer DDR-Synode in Leipzig feierte ich gerade meinen 60. Geburtstag und wurde sehr geehrt. »Vertraut den neuen Wegen« – das neue Gesangbuch war noch nicht da – hatte das Synodalbüro ausgedruckt, wir sangen es in den Bänken stehend. Aber mit meinem Anliegen fand ich wenig Gehör. Es gab zwar noch ziemlich viele Leute in der Synode, die wie ich hofften, wir könnten einen mutigeren Schritt auf den neuen Wegen tun als die Politiker und nicht einfach der unveränderten EKD wieder beitreten, sondern etwas Neues aus EKD der Bundesrepublik und Kirchenbund in der DDR schaffen, das durch die Erfahrungen beider und durch die beiden Gesichter geprägt wäre. Aber sie hatten keine Mehrheit. Der EKD-Präses, der als Gast in Leipzig war, sagte mir im Ausschuss: »Lieber Bruder Hertzsch, das ist ja sicher ein schöner Gedanke. Allerdings ist schon die jetzige EKD ein solch fragiles Gebilde aus Partikularinteressen und Proporzüberlegungen, dass Sie sich dort als weitere Kirchen nur ganz behutsam hineinschieben können, um das Ganze nicht aus dem Gleichgewicht zu bringen.« Mir aber hat nie eingeleuchtet, dass nicht wenigstens die Kirche Christi soviel Mut und Gottvertrauen hätte aufbringen können, um einen gemeinsamen Neuanfang zu wagen. Jetzt jedoch gingen unsere Verhandlungen nur noch darum, was aus unseren Ausbildungsstätten und anders gestalteten Berufsabschlüssen, unseren Mitarbeiterinnen und unserer Studienabteilung werden sollte, und wir setzten uns dafür ein, dass zumindest unsere klaren Entscheidungen in der Friedens- und Militärfrage von uns in die alte Organisation mitgebracht werden dürfen.

Am 3. Oktober fand der Beitritt der DDR-Länder zur alten Bundesrepublik statt. Es gab unterschiedliche Meinungen in den Kirchgemeinden und Pfarrhäusern, ob zu diesem Anlass die Kirchenglocken zum Zeichen der Dankbarkeit läuten sollten – wobei Kirchengeläut zu nationalen Anlässen immer problematisch ist. Bischof Leich sprach sich persönlich für solch ein Geläut aus, ordnete es aber nicht für die Gemeinden an. An manchen Orten läuteten also die Glocken um Mitternacht die deutsche Einheit ein; bei uns in Jena schwiegen sie. Doch zum Fürbittgottesdienst riefen sie in diesen Tagen auch bei uns. Im Februar 1991 war ich dann zum letzten Mal zu einer Tagung der Bundessynode. Im Stephanusstift in Weißensee wurden die letzten Beschlüsse zum Übergang in die EKD gefasst, Rückblicke gehalten und Abschiedsworte gesprochen. Am folgenden Tag im Johannisstift in Spandau im Berliner Westen tagten und beteten wir schon gemeinsam mit den Synodalen der EKD-Synode. Einige von uns wurden in diese Synode übernommen, wir anderen wünschten ihnen Erfolg und eine gesegnete Arbeit. Ein Gefühl gleichzeitig von Willkommen und Abschied, von Erwartung und Unsicherheit war spürbar, und als sich der Bund unserer Kirchen in der DDR bei seiner endgültigen Auflösung im Juni 1991 noch einmal an die Gemeinden wandte, hieß es sorgfältig ausgewogen: Diese überraschend schnelle Wiedervereinigung »ist für uns ein Grund staunender Freude. Dass damit auch enorme Probleme verbunden sind, erleben wir täglich. Der Umbruch hat Menschen befreit und zugleich verunsichert. Manche drohen daran zu zerbrechen. Und doch eröffnet der Umbruch neue Chancen. Das gilt auch für die Kirchen. Auch sie haben Teil an den Verunsicherungen. Auch sie stehen vor neuen Herausforderungen, die mehr bedeuten, als einen unterbrochenen Weg wieder aufzunehmen.«

Irgendwie hatten diese Jahre für die meisten von uns etwas Unwirkliches, Zweigesichtiges, Zwiespältiges. Eine wunderbare Erfahrung war die Offenheit der Grenzen. Junge Leute fuhren mit Rucksack und Sandalen durch Deutschland und in aller Herren Länder. Die Älteren ließen sich von Reiseunternehmern hierhin und dorthin in Städte und wunderschöne Landschaften einladen. Wir besuchten unsere Freunde in Württemberg und Zürich, in Westberlin und Bayern, in Utrecht und Stockholm, und es war noch lange ein ungewohntes Gefühl von Freiheit, wenn man sich in Deutschland der einst streng bewachten Grenze näherte und sicher war: Keiner verlangt noch eine Reisegenehmigung, niemand wird den Kofferraum durchsuchen. Eine ganz besondere Erfahrung war für meine Frau und mich eine Reise nach Israel, die jetzt möglich geworden war, geleitet von meinem Freund und früheren Assistenten, der sich mit einer Gruppe aus seiner jetzigen Gemeinde dorthin aufmachte. Ein großartiger Deuter von Geschichte und Gegenwart Israels und Palästinas, ein Professor der hebräischen Universität Jerusalem, zeigte uns das Land. Dabei waren nicht die von konkurrierenden Kirchen überbauten mutmaßlichen Stätten des Lebens Jesu das Eindrucksvolle für mich, sondern die Landschaften Jesu und des alten Gottesvolkes: der See Genezaret, als unser Boot ruhig über ihn hinglitt, der steile Aufstieg durch die sandige Bergwüste zwischen Jericho und Jerusalem, an dessen Fuß einst die Festpilger die bange Frage stellten: »Ich hebe meine Augen auf zu den Bergen. Woher kommt meine Hilfe?«, der Ölberg mit dem Blick auf die hochgebaute Stadt Jerusalem mit der goldenen Kuppel des Felsendoms. Unvergesslich, wie wir am blumenübersäten Wiesenhang saßen, über uns der Berg der Seligpreisungen, vor uns der See Genezaret, und Schalom Ben-Chorins Verse vom blühenden Mandelzweig sangen. So hatte sich uns die Welt in vielen Richtungen geöffnet,

Zugleich tauchten jetzt in Jena mit dem ersten neu eröffneten Autosalon die ersten Bettler am Straßenrand auf und mit den ersten Sanierungen abgeblätterter Hausfassaden die ersten Arbeitslosen, die mit ihren Bierdosen am Bahnhof standen und den Tag mit zäher Langsamkeit vorbeigleiten sahen; und bald hörten wir, dass die halbwüchsigen Kinder dieser Arbeitslosen sich am Abend nicht mehr zum verbitterten Vater nach Hause trauten und die Straßen im Neubaugebiet unsicher zu machen begannen. In unserer Nachbarschaft in einem Viertel von Ein- und Zweifamilienhäusern mit ihren Gärten am Berghang gab es einen Laden, wo der tägliche Bedarf einzukaufen war, und es war schön für uns, Milch und Mehl, Apfelsaft und Waschmittel jederzeit dort zur Hand zu haben. Die Inhaberin war eine sehr freundliche Frau, und gerade für die älteren Leute im Viertel war es ein Ort nicht nur zum Einkaufen, sondern auch für ein kleines Morgengespräch und einen Austausch von Sorgen und Neuigkeiten. Ihr Mann jubelte der Wende entgegen, hing, sobald das möglich wurde, harte Vorwürfe gegen die bisherige Regierung ins Schaufenster und warb bald dafür, die DSU zu wählen. Er war glücklich, den Laden voll der herrlichsten Waren zu haben, stand aber bald zwischen den gefüllten Regalen und rief in den menschenleeren Laden: »Kauft, Kunden! Kommt, Kunden!« Eine Weile kämpften die beiden weiter; aber als sich die Ladenmiete kräftig erhöhte und sie mit den Preisen in den neu eröffneten Supermärkten der Innenstadt nur hätten Schritt halten können, wenn sie ohne jeden Gewinn verkauft hätten, gaben sie schließlich auf. Die älteren Menschen gingen lange wehmütig am verhängten Schaufenster vorbei, bis das Haus insgesamt umgebaut und der Laden in eine Glasveranda verwandelt wurde. Jüngere Leute stürzten sich noch eine Weile in eine kleine Marktwirtschaft. Einer baute in unserer Straße eine Autogarage in einen Schlüsseldienst um und warb für die ganz neuen Sicherheitsschlösser aus dem Rheinland. Ein Student brach sein Studium ab und eröffnete in einem der großen Studentenwohnheime in unserer Gegend in den Räumen einer bisherigen Konsum-Verkaufsstelle ein Angebot, das er »Studenten-Shop und Imbiß« nannte, karrte mit seinem alt gekauften Auto Bierkästen und Gläser mit sauren Gurken heran und belegte zum Abend Brötchen mit Schinken und Tomaten. Beide mussten bald resigniert aufgeben und anfangen, die dabei aufgehäuften Schulden irgendwie abzuarbeiten. Die erfahrenen Manager von Ladenketten und Service-Agenturen übernahmen zunehmend den Markt auch in Jena. Traurig und ein bisschen bitter machte mich eine andere Erfahrung aus unserem Viertel. Es gab ein großes, parkartiges Gelände am Hang mit einem schönen Blick über die Stadt, das einst dem berühmten Kirchengeschichtler Karl von Hase gehört hatte und zuletzt von seinem Urenkel der Universität vererbt worden war. Die hatte es nun an einen westdeutschen Investor verkauft, und im Viertel ging das Gerücht um, all die wunderbaren alten Bäume, Buchen, Eichen, Kastanien, sollten jetzt abgesägt werden und für Bauland Platz machen. Eine Bürgerinitiative kämpfte um das grüne Paradies und um sehr behutsame Bebauung. Junge Leute zogen als Mahnwache mit großen Transparenten auf. An einigen Tagen kam auch ein Kindergarten. Kleine Mädchen und Jungen hatten bunte Bilder mit grünen Bäumen und roten Eichhörnchen gemalt und Bitten formuliert: »Erhaltet uns Kindern die schönen Bäume. Hundert Jahre gewachsen – an einem Tag gefällt.« In der DDR, dachte ich, wäre längst die Polizei aufgefahren, hätte die jungen Leute auf einen Lastwagen geladen und auf der Polizeiwache die Identität festgestellt, Meldung an den Betrieb oder an die Schule. Die Kindergartenleiterin wäre zur Rechenschaft gezogen worden wegen nicht genehmigter Demonstration. Nichts davon heute. Die Lokalpresse brachte vielmehr Fotos von den Kindern, von den Jugendlichen, von alten Bäumen und zustimmenden alten Leuten. Das ging mehrere Tage lang. Gelegentlich kam Regen, die bunten Farben liefen aus. Aber die jungen Demonstranten setzten ihre Kapuzen auf und blieben. Eines Tages verschwanden sie, und nur ihre Plakate standen noch da. Und einige Zeit später, völlig ungerührt und als ob nichts gewesen wäre, kamen die Kreissägen, die Bäume fielen einer nach dem anderen und lagen eine ganze Weile auf dem Grundstück. Die Stadt sagte, es gebe Verträge, aber eigentlich sei es nicht so gemeint gewesen. Die Anwohner sagten: »Wer zahlen kann, hat jetzt bei uns das Recht auf seiner Seite.« Und ich fragte mich: Was wird in den kleinen Kindern und den jungen Leuten vor sich gehen, die beglückt von der Freiheit zu Meinungsäußerung und Mitbestimmung, wie sie sie verstanden hatten, Gebrauch machten und jetzt nur noch die Eichhörnchen beobachten konnten, die aufgestört und verzweifelt ihre gewohnte grüne Welt suchten. Wir waren in eine Welt geraten, die ihre eigenen Gesetze hatte. Aber welche waren das?

Im September 1991 fuhr ich eine Woche lang mit Johannes Hempel durch Sachsen. Er hatte als Bischof die Gewohnheit, einmal im Jahr alle Pfarrerinnen und Pfarrer seiner Landeskirche zu fünf regionalen Pfarrertagen zusammenzurufen, feierte mit ihnen einen Gottesdienst, gab einen Bericht zur Lage und stellte sich ihren Fragen. Er lud sich dazu oft einen Referenten ein, der außerdem zu einem anstehenden Thema sprach. Er hatte mich gebeten, 1991 diese Aufgabe zu übernehmen. Wir fuhren zusammen nach Leipzig und Zwickau, nach Chemnitz, Bautzen und zuletzt zurück nach Dresden, und ich sprach überall dort über das Thema, das mir gestellt worden war: »Die Aufgabe der Kirche in der Krise der Gegenwart«. Das zwang mich zu dem Versuch, mir zuallererst endlich über unsere verworrene Lage klar zu werden. Was war damals meine Bilanz? Das Thema ging von der unleugbaren Tatsache aus, dass wir uns in dieser neuen Gegenwart in einer Krise befanden. Wir sahen und erlebten diese Gegenwart nicht mehr übereinstimmend; bis zur Polarisierung drifteten unsere Beurteilungen auseinander. Mir wurde zum ersten Mal deutlich: Wir hatten in der DDR in der Gemeinschaft unserer Kirchen nicht an verschiedenen Fronten gekämpft, aber mit sehr verschiedenen Zielvorstellungen. Ich habe seitdem bei allen zeitanalytischen Vorträgen klar gesagt: Ich kann nur subjektiv reden. Ich bin weder Zeitgeschichtler mit dem entsprechenden Instrumentarium noch gar Richter über Vergangenheit und Gegenwart – wie käme ich dazu! –, sondern ich bin lediglich Zeitzeuge, der erzählen kann, was er erlebt hat und wie er es erlebt hat. Andere haben Anderes erlebt oder haben dasselbe anders erlebt als ich. Sie sollen ihrerseits zu Wort kommen. Gründe für solche Verschiedenheit der Erinnerung sind sicher nicht nur die Zufälligkeiten der unterschiedlichen Biografien, sondern sind auch die Überzeugungen, die Ängste und die Hoffnungen, die mein Erleben ständig bestimmen. Wer bis zu dieser Stelle diese meine Erinnerungen gelesen hat, wird diese subjektiven Ausgangsbedingung meines Berichts hoffentlich gespürt haben. Gleichwohl, habe ich damals gesagt, erkenne ich grundsätzlich zwei verschiedene Denkrichtungen in unserer Kirche. Ich habe versucht, sie mir mit zwei alttestamentlichen Bildern klarzumachen: Exodus oder Exil. Die einen, zu denen ich selber gehörte, sahen unsere Kirche in der DDR als wanderndes Gottesvolk. Es bricht immer neu auf und wandert durch Wüstenland mit Durststrecken und durch Kulturland mit guten Bedingungen, ist nirgendwo am Ziel, aber schlägt für eine Weile seine Zelte dort auf, wo Gott es hinführt. So war für uns die sozialistische DDR ein Umland, in dem Gott uns brauchte und in dem wir Kirche sein wollten, auch und gerade wenn uns klar war: Unser eigentliches Bürgerrecht ist, wie der Apostel sagt, im Himmel. Das bedeutete übrigens eine deutliche Identifikation mit dem Bund unserer Kirchen als die angemessene Form unserer Kirche für diese Etappe unserer Wanderung durch die Zeit. Nun also brechen wir auf in ein neues, uns noch unbekanntes Umfeld, um hier unsere Zelte aufzuschlagen: die Marktwirtschaft. Die anderen dagegen sahen unsere Kirche in der DDR, wie sich jetzt zeigte, vielmehr im Bild des Gottesvolkes in der babylonischen Gefangenschaft, einem Zustand, den man letztlich nur erleiden konnte: »An den Wassern zu Babel saßen wir und weinten, wenn wir an Zion gedachten.« Das schloss die Aufforderung des Propheten an die Exilierten nicht aus, sondern ein: »Sucht der Stadt Bestes und betet für sie; denn wenn's ihr wohlgeht, so geht's euch auch wohl.« Aber bestimmend blieb die Hoffnung und die Sehnsucht nach der endlichen Rückkehr nach Jerusalem, ins normale, dem Gottesvolk angemessene Leben. Dafür war der Bund unserer Kirchen nur ein vorübergehender Notbehelf, bis wir wieder in unsere gegebene Gemeinschaft heimkommen können. Werner Leich sagte uns: »Ich habe mich auch in der DDR immer als Glied der EKD gefühlt.« Für diese Sicht der Vergangenheit war der 3. Oktober die ersehnte Heimkehr der Erlösten.

Für mich steht es außer Frage, dass hinter diesen beiden geistlich bestimmten Zeitansichten unterschiedliche persönliche Empfindungen standen, was ein einheitliches Deutschland betrifft. Ich habe nach der Wende versucht, mir darüber klar zu werden. Dabei ist mir im Rückblick deutlich geworden: Ich habe im Grunde nach dem Krieg bis zur Wende 1989 nie mehr ein wirkliches gesamtdeutsches Lebensgefühl entwickeln können. Als ich etwa 1940 als Neunjähriger anfing, mich in der politischen Welt ein wenig zurechtzufinden, lebte ich in einem Staat, der »Großdeutsches Reich« hieß und zu dem neben München und Leipzig selbstverständlich auch Königsberg und Breslau gehörte, Danzig und Straßburg, Salzburg und Wien. 1945 nach einem verlorenen Krieg und schrecklichen Untaten meines Volkes wurde uns gesagt: Wir müssen grundstürzend umlernen. Jetzt gehen neue Grenzen durch ganz Europa, die wir um der Wiedergutmachung und des Friedens willen anerkennen müssen: eine bei Frankfurt an der Oder, eine bei Creutzburg an der Werra, eine bei Lörrach am Rhein. eine bei Passau an der Donau. Ein Deutschland in den Grenzen »von der Oder bis zum Rhein«, wie es Brecht besingt, habe ich natürlich nie erlebt, sondern nur dieses völlig andere Herrschaftsgebiet, das Unglück über Europa gebracht hat, und danach den Vorgang, wie aus ursprünglich vier deutschen und vier österreichischen Besatzungszonen sich neue Staaten entwickelten, in deren einem ich mich jetzt vorfand. Schon die Formulierung »Wiedervereinigung« blieb für mich eine unklare Vorstellung wie die Parolen zunächst in der DDR »Einheit und gerechter Frieden – Deutsche an einen Tisch!«, später in der Bundesrepublik »Einheit in Freiheit!« Ich habe Westdeutschland daher immer als Partner empfunden, als einen ganz wichtigen, einen hilfreichen und lieben Nachbar, aber eben als ein Gegenüber und nicht als mein eigenes Land. Doch habe ich nie im Grenzgebiet gelebt, in dem Familien und Nachbarschaften oft brutal auseinandergerissen wurden, und Westberlin war für mich im Unterschied zu den Berlinern selber immer ein Blick in eine interessante, aber andere Welt. Ich weiß von Werner Leich, und auch Johannes Hempel hat mir das berichtet, dass sie das ganz anders empfunden haben. Ich denke, dafür war ein wichtiger Grund, dass beide – wie übrigens nicht wenige andere DDR-Pfarrer – aus verschiedenen Gründen in Westdeutschland Theologie studiert haben – zum Teil tatsächlich nur dort studieren konnten –, ehe sie in die Kirchen der DDR zurückkehrten; eine Studienzeit prägt sicher in hohem Maße Denken und Weltsicht für das ganze Leben.

Ich dagegen hatte bis zum Examen allein in Jena studiert, und das zusätzliche Studienjahr in der Schweiz hatte eher die entgegengesetzte Wirkung zu der Erfahrung meiner Freunde aus ihren westdeutschen Jahren. Denn ich habe in Zürich, wie berichtet, eine wunderbare Zeit erlebt und sehr gute Freunde gewonnen; aber ich wäre deshalb nie auf die Idee gekommen, dass wir wieder mit der deutschsprachigen Schweiz in einem gemeinsamen Staat vereinigt werden müssten, obwohl Gottfried Keller und Max Frisch zur deutschen Literatur gehören und Zürich irgendwann einmal zum Reich der Habsburger gehört hat.

Dies alles, denke ich, hatte nun seinerseits wieder Auswirkung auf das, was in den Jahren nach der Wende von uns in den neuen Bundesländern erwartet wurde, nämlich: dass wir für unsere Zukunft neu lernen, wie unsere Lebenswelt jetzt aussieht und was sie an uns für Anforderungen stellt, und dass wir unsere Vergangenheit neu beurteilen und auch beurteilen lassen, also kritisch aufarbeiten. Für beides aber wurde mit Selbstverständlichkeit vorausgesetzt, dass die parlamentarisch verfasste, wachstumsorientierte Wettbewerbsgesellschaft den Maßstab für unser Lernpensum wie für die Aufarbeitung unserer Vergangenheit bietet. Diejenigen, die ihr Leben lang auch in der DDR davon überzeugt waren, diese Gesellschaft der Bundesrepublik sei keineswegs fehlerlos, aber doch die eigentlich menschengemäße, weltweit anzustrebende, sei im Grunde ihre eigene Welt, werden diesen ihren Maßstäben gern zustimmen. Ich aber – und nicht wenige mit mir – war von der allgemeinen Gültigkeit dieser Maßstäbe nicht von vornherein überzeugt und muss darum jetzt erst durch die Erfahrung davon überzeugt werden und bin es bis heute nicht. Auch mir ist klar, dass der Sozialismus, wie er einmal real existiert hat, in keiner Weise eine überzeugende oder auch nur annehmbare Alternative dazu darstellte. Ganz gewiss war die Wende für uns alle eine Befreiung von Zwängen, Eingrenzungen und von Belastungen durch eine ideologisch verhärtete und regelungsbesessene Staatsordnung. Aber daraus den Schluss zu ziehen, die heutige Marktwirtschaft sei alternativlos wenn nicht eine vollkommene, dann doch immerhin die einzige für uns Menschen erreichbare und deswegen bestmögliche Ordnung unserer Welt, würde für mich eine tiefe Resignation bedeuten. Johannes Paul II., der außer Verdacht ist, ein Feind der westlichen Welt zu sein, hat 1992, als wir gerade die ersten Lektionen unserer neuen Gesellschaft lernten, in Mexico City gesagt: »Der real existierende Sozialismus wie der Kapitalismus hat die Probleme der Dritten Welt und die globalen Fragen unserer Zeit nicht gelöst. Findet die Menschheit nicht eine Alternative, hat sie keine Chance zum Überleben.« Ich als neuer Bundesbürger fürchte, er hat Recht. Ich fürchte auch, es ist ein – freilich erst jetzt erkennbarer – Irrtum, dass die DDR-Bevölkerung mit überwältigender Mehrheit diese Marktwirtschaft gewählt hat und sich nun nicht beklagen darf, wenn sie von ihr in die Pflicht genommen wird. Sie hat die Früchte dieser Wirtschaftsordnung gewählt, doch sie kannte ihre Bedingungen noch nicht, wusste nicht, welche harten Gesetze die ersehnte harte Währung diktiert. Daraus ergeben sich wahrscheinlich manche heute beklagte Verdrossenheiten. Und ich fürchte, wir haben eine vielleicht einmalige Chance versäumt, als uns, den neu Hinzukommenden, zwar angeboten wurde, fleißig das uns Neue zu lernen, von unseren westdeutschen Landsleuten geduldig und mit großzügiger Anschubhilfe in die Gesetze dieser ihrer kapitalbestimmten Welt eingeführt, als wir aber nicht zugleich aufgefordert wurden, kritisch zu fragen: Wieso eigentlich so? Ich denke, es wäre uns gemeinsam zugute gekommen, wenn wir uns darauf hätten einigen können, dass wir mit dem unbefangenen Blick unserer ganz anderen Biografien nicht allein fragen: Wie macht man das bei euch – und jetzt gemeinsam bei uns? Sondern auch: Ist es wirklich vernünftig, das so zu machen, ist es zukunftsfähig, ist es zu verantworten vor den Schwachen und Machtlosen der Erde und vor den kommenden Generationen? Gibt es nicht andere Möglichkeiten, die euch, in das euch Vertraute eingewöhnt, nicht mehr einfallen? Schon der scheinbar unaufhaltsame Prozess in dieser Marktwirtschaft ist für mich tief beunruhigend, bei dem sich in unserer Welt das vorhandene Geld bis zum Milliardenbesitz in immer weniger privaten Händen zusammenballt, während auf der anderen Seite überall das Geld fehlt und oft drastisch gespart werden muss in Städten und Bundesländern, für Jugendförderung und Sozialeinrichtungen, bei der Kultur und in den Kirchen, zu schweigen von durchgreifender Hilfe gegen die wachsende Not auf unserer bedrängten Erde. Und dass die Umweltzerstörung globale Ausmaße besitzt, weil die globalen Wirtschaftsinteressen immer die Stärkeren sind, weiß jeder; aber wer kann es aufhalten? Wie zukunftsfähig, frage ich mich beklommen, ist solch eine Weltordnung? Sicherlich ist es schön, am Wohlstand Anteil zu haben, und ich wäre ein Heuchler, wenn ich leugnen wollte, dass ich manche neue

Möglichkeit gern und dankbar genieße. Denn das Wirtschaftssystem scheint enorm effektiv – doch die Frage darf darüber nicht verstummen: um welchen Preis? Und ich gestehe, in mir regten sich wieder die Ängste des kleinen Schuljungen mit seinen dicken Brillengläsern, der den Schneeballschlachten aus dem Weg gehen musste und der für sein ganzes Leben weiß, dass er zu den Starken und Schönen nie gehören wird. Als wieder von Siegermentalität die Rede war und davon, dass einer heute durchsetzungsfähig sein und all seine Konkurrenten und Mitbewerber aus dem Feld schlagen muss, um so den Raum für ein freies, selbstbestimmtes Leben zu gewinnen, da klangen bei mir die schmetternden Töne längst vergangener Zeiten angstmachend wieder auf. Dabei erschien akkurat in dem Jahr, in dem die DDR der Bundesrepublik beitrat, eine EKD-Denkschrift »Über das wirtschaftliche Handeln«, die zwar eine Reihe von Korrekturen der Marktwirtschaft deutlich anmahnte – leider haben sie bis heute kaum irgendwo Boden gewonnen –, die aber in einem Satz formulierte, der unter der Überschrift »Ergebnisse, Folgerungen, Perspektiven« zu einer Art Spitzensatz wird: »Christen können dem Weg der sozialen Marktwirtschaft grundsätzlich zustimmen, weil er zu der in ihrem Glauben gewiesenen Richtung des Tuns nicht in Widerspruch tritt, vielmehr Chancen eröffnet, den Impulsen der Nächstenliebe und der Gerechtigkeit zu folgen.« Dieser Satz überraschte uns, weil er nicht nur eine relative, sondern eine grundsätzliche Zustimmung der Kirche zu einer Wirtschafts- und Gesellschaftsordnung dieser Welt signalisiert, die sich demnach nicht im Widerspruch zum Geist Christi befinde. Und heute liegt ein Buch des katholischen Autors Carl Améry auf meinem Tisch, in dem er – im schroffen Gegensatz dazu – den »status confessionis« für gegeben hält im Kampf gegen die »Religion des totalen Marktes«. Nur den Kirchen traut er noch zu, den verhängnisvollen Prozess dieser »traum- und gnadenlosen Religion« mit ihren »Thora-Rollen der Börse« zu stoppen, deren Dogma laute: »Alles hat einen Preis, ergo: alles kann gekauft werden.« Es ist offensichtlich nicht leicht, sich in unserer widersprüchlichen neuen Gesellschaft zurechtzufinden.

Darum reichen die Messlatten mir nicht aus, die meine neue Gesellschaft mir für die Aufarbeitung unserer Vergangenheit anbietet. Denn dort geht man davon aus, dass wir abmessen, wie weit wir uns in DDR-Zeiten von dem entfernt haben, was bei ihnen im Westen das Selbstverständliche, das in einer freien Gesellschaft Normale ist. Das dort Normale wird damit das für alle Normative, und die Prüfungsfrage an uns heißt: Wie tapfer hast du in der DDR den bei uns im Westen gültigen Standard verteidigt? Als Christen in den neuen Bundesländern haben wir es ja erlebt, wie unsere angefochtene und fehlsame Kirche im Jubel der Wende als große Mutter des Aufbruchs gefeiert wurde, dann aber an Ansehen verlor und in den Verdacht geriet, letztlich versagt zu haben. Ich denke, in beiden Stadien – dem des Lobes und dem der Verurteilung – war das eine Frage falscher Kriterien, mit denen wir gemessen wurden. Bei manchen reduzierte sich das zuletzt auf das sehr einfache, grobe Raster für unser Verhalten: Es gab da das bösartige Regime des Sozialismus, und die Frage steht jetzt, wie war ihm gegenüber euer Verhalten: ein klarer, tapferer Widerstand wie einst gegen Hitler oder eine ängstliche, kompromissbereite Anpassung oder eine zynische, skrupellose Kumpanei? Ich kann mein Leben, auf das ich jetzt zurückblicke, in diesem Raster nicht unterbringen. Natürlich spielt dabei die Tatsache eine Rolle, dass der Begriff »Sozialismus« heute tiefgehend korrumpiert und in unserem Bereich weitgehend tabuisiert ist. Aber das war in den zurückliegenden vierzig Jahren nicht immer so, sonst hätte Willy Brandt niemals einer Sozialistischen Internationale vorgestanden und Ernesto Cardenal niemals den Friedenspreis des deutschen Buchhandels erhalten. So schuldbeladen dieser Versuch letztlich gescheitert ist: Ihn so kompromisslos wie den Nationalsozialismus zu bekämpfen schien mir aus dem einfachen Grund abwegig, weil Hitlers Nationalsozialismus von seinem Ansatz her unmenschlich war – ein rassisch und ethnisch »gesäubertes« raumgreifendes Großdeutschland als unumschränkte Gestaltungsmacht der Welt für die nächsten Jahrhunderte; sein Sieg wäre ein Alptraum für die Menschheit gewesen –, während dem Sozialismus ursprünglich eine menschenfreundliche Idee zugrunde lag und sein Scheitern nach meiner Überzeugung das Ende einer Utopie bedeutete, die mehrfach in blutige Hände geraten ist. Wir machten darum als Christen in der DDR, wie berichtet, den mühsamen Versuch, nach der Aufforderung des Apostels auch beim Sozialismus »alles zu prüfen und das Gute zu behalten« und damit das Schlechte zu verwerfen, anzuprangern oder zu verändern. Dieser Versuch war nicht glorreich, aber er war nach meiner Überzeugung redlich. Viel wichtiger für uns als Kirche hingegen ist, dass diesem Raster ein grundsätzliches Missverständnis zugrunde liegt: Wir seien damals in erster Linie mit der Auseinandersetzung mit dem Staat DDR beschäftigt gewesen: Anpassung oder Widerstand, Kumpanei oder Résistance. Das Verhältnis zum Staat aber war in Wirklichkeit eine Frage der Rahmenbedingungen für unsere eigentliche Aufgabe: die Verkündigung des Evangeliums und den Aufbau unserer Gemeinden in einer gegebenen Lage und mit einer gegebenen Verheißung. Diese Rahmenbedingungen waren zu einer Zeit härter, zu einer anderen günstiger, erforderten zu einer Zeit vor allem Mut, zu einer anderen Verhandlungsgeschick, und diese staatlichen Gegebenheiten bedeuteten zugleich den Situationsbezug für unsere jeweils aktuelle Predigt, für unsere Lebenshilfe für Betroffene, für junge und für alte Menschen.

Ich will nicht missverstanden werden. Dass wir heute kritisch nach unserem Verhalten in der Vergangenheit gefragt werden, halte ich für richtig. Ihr habt doch all das gewusst, sagt man uns mit Recht, die Verhältnisse und Fehlentwicklungen in euerem Land doch gekannt, warum habt ihr denn dies getan und dies versäumt? Ich denke, es ist ein äußerst seltener Vorfall, dass die Vergangenheit einer ganzen Bevölkerung derart bloßgelegt und auf den Prüfstand gestellt wird und dass die geheimsten Akten über unser Verhalten in den zurückliegenden Jahren sich jetzt für die Überprüfer öffnen. Niemand von uns, der recht oder schlecht in der DDR gelebt hat, hat mit solch einer Offenlegung rechnen können, und ich halte es für gut und heilsam, dass wir uns dieser Herausforderung stellen – auch im eigenen Interesse, wenn ich als Christ auch überzeugt bin, das letzte Urteil wird Gott der Herr über unser aller Vergangenheit fällen. Aber jetzt ergibt sich für mich daraus eine Folgerung, die ich schon vor Jahren Friedrich Schorlemmer in einem Brief geschrieben und die ich seitdem in verschiedenen Zusammenhängen wiederholt habe, weil der Gedanke mir keine Ruhe lässt: Wie, wenn in zwanzig oder in wieder vierzig Jahren aufs Neue eine Enquête-Kommission zur Aufarbeitung der dann vergangenen Periode zusammenträte? Und wenn ich mir vorstelle, dass ihr nicht mehr Rainer Eppelmann vorsitzen wird, sondern dass zu ihr – sagen wir: eine Frau aus Ruanda gehört und ein Mann aus Bangladesch, Hungerkinder aus den Favelas in Südamerika, die trotz allem herangewachsen sind, oder die Kinder derer, die heute an den Rand unserer eigenen Gesellschaft gedrängt worden sind, und dazu die Klimaexperten und Umweltfachleute von morgen, die wenigstens als Kinder noch erfahren haben, wie Schmetterlinge aussehen und Tannenschläge, dann höre ich sie schon fragen: Was habt ihr euch denn damals am Jahrhundertanfang gedacht? Ihr habt das doch alles gewusst: Dass sie bei uns mit ihren Kindern Jahr für Jahr zu Hundertausenden elend verhungert sind, während in euerem eigenen Land laut allgemein zugänglicher Statistik etwa 100 Milliardäre gelebt haben und dabei etwa 7 Millionen an der Armutsgrenze! Und ihr habt alle gewusst, welchen irreparablen Schaden auf unsere Kosten ihr mit euerem Konsumverhalten und euerem Umweltleichtsinn anrichtet! Ihr habt das doch alles gewusst, weil es täglich in eueren Zeitungen stand, so dass es schon niemand mehr lesen oder hören wollte. Warum habt ihr denn trotzdem so gelebt, dies getan und dies alles unterlassen? Was wollen wir ihnen dann antworten? Denn die Gnade der späten Geburt entschuldigt immer nur so lange, bis die nächste Generation aufgewachsen ist und ihre bohrenden Fragen stellt. Diese Fragen aber gehen dann an uns Deutsche in Ost und West gemeinsam. Liebe Landsleute in ganz Deutschland, denke ich jetzt manchmal, beten wir darum, arbeiten wir dafür und hoffen wir darauf, dass uns zum zweiten Mal und nun gemeinsam die Gnade einer Wende zuteil wird, ehe es zu spät ist.

Ich blicke auf von meinem Text und denke: Das also war dein Leben. Draußen ist wieder Frühling geworden wie damals, als ich anfing, Michael Trowitzsch von meinem Leben zu erzählen. Die Märzsonne steht hell über dem Saaletal und über den Dächern der Stadt. Inzwischen hat das neue Jahrtausend begonnen. Vieles ist seitdem geschehen, aber wenig hat sich wirklich verändert. Wir Deutschen aus West und nun auch aus Ost sitzen im Zug der Zeit schon eine ganze Weile vorwiegend im Speisewagen; aber die notwendige Korrektur der Fahrtrichtung lässt noch immer auf sich warten, nach der Ausschau zu halten ich schon vor einem halben Jahrhundert von meinem Vater gelernt habe. In diesem Jahr hätte er seinen hundertsten Geburtstag gefeiert. Wir werden in der Universität seiner gedenken. Er ist nach dem Tod meiner Mutter noch einmal von Jena umgezogen, und zwar in die Freie und Hansestadt Hamburg zu einer guten Freundin unserer Familie, bei der er, der Neunzigjährige, noch einige gute Jahre erlebt hat und am Ende ein längeres Krankenlager. Wenn ich ihn in diesen letzten Monaten besuchte, haben wir miteinander die alten Lieder gesungen wie einst in Eisenacher Tagen: »Befiehl du deine Wege« und »Christ ist erstanden.« Es ist eine merkwürdige Fügung gewesen, dass ich ihn, meinen theologischen Lehrer und Vorgänger im Amt, an einem Novembertag 1995 im Kreis der Familie auf dem Jenaer Ostfriedhof bestattet habe, nachdem genau am Vortag meine eigene Verabschiedung aus der aktiven Professur in der Aula unserer Universität in einem akademischen Akt begangen worden war; am übernächsten Tag aber in einem großen Gedenkgottesdienst in der Friedenskirche habe ich die Predigt gehalten über den Text, der ihm sein Leben lang besonders wichtig war und den er für diese Stunde bestimmt hatte: »Wir haben aber solchen Schatz in irdenen Gefäßen, auf dass die überschwengliche Kraft sei Gottes und nicht von uns. Uns ist bange, aber wir verzagen nicht. Wir werden unterdrückt, aber wir kommen nicht um.« So lösen die Generationen einander ab und geben einander weiter, was ihr Leben reich gemacht hat: Erinnerungen, Erfahrungen, Verheißungen. Meine Mutter ist einige Jahre vor ihm gestorben. Ich schaue aus dem Fenster. Im Garten blüht mit leuchtendem Gelb die Forsythia wie einst an ihren Geburtstagen. Frühling kehrt wieder. Und mir fällt ein Gedicht ein, das ich ihr zu einem dieser Geburtstage geschrieben habe, an dem sie etwa so alt wurde, wie ich heute bin. Es ist ein Gebrauchstext wie alle meine geschriebenen Texte, und nun nehme ich einen von ihnen, alt geworden, für mich selber in Gebrauch:

Hell ist der Wald. Das Land wird wieder jung.
Und schön der Park, Gesträuch und Wiesenhänge.
Wie weckt der Frühling die Erinnerung
an ferne Tage und versunkene Klänge.

Das Land wird jung. Wir aber werden alt.
wir sehn das neue Grün mit leiser Wehmut.
Das Alter prägt uns Antlitz und Gestalt.
Gott geb uns dazu Heiterkeit und Demut.

Das Leben um uns träumt in Wiederkehr.
Doch wir sind wach und gehen nicht im Kreise.
Wir kommen aus geheimem Anfang her
und sind zu gutem Ziele auf der Reise.

Lass uns ein Stück noch miteinander gehn
durch manchen Kreis mit seinen Jahreszeiten.
Und lass uns vorwärts in die Weite sehn,
wo alle Horizonte offenstehn
und sich im Osterlicht die Berge Gottes breiten.

Bitte, beachten Sie auch die folgenden Seiten

Lieferbare Radius-Bücher. Eine Auswahl

Gerhard Begrich: Engel und Engelgeschichten in der Bibel
Gerhard Begrich / Jörg Uhle-Wettler: Vergessene Texte
Mit den 5 Büchern Mose durch das Kirchenjahr (Bd. 1)
Mit den Propheten durch das Kirchenjahr (Bd. 2)
Assoziationen
Michael Benckert: Salomo. Eine Romanbiographie
Michael Benckert: Wie der Duft einer Lotusblüte
Das Hohelied der Liebe - übertragen und erläutert
Peter Bichsel: Möchten Sie Mozart gewesen sein?
Rudolf Bohren: Schnörkelschrift. 92 Geschichten
Helmut Braun: »Ich bin fünftausend Jahre jung«. Rose Ausländer
Zu ihrer Biographie
Yves Robert Buergi: Eine Handbreit Erinnerung nur und Klage …
Lyrische Shoa-Texte
Wilhelm Dehn (Hrsg.): Ist Mohn ein rotes Wort, ein schwarzes
Wolfgang Erk: Autoren zu Gast – zu Gast bei Autoren.
Journal eines Verlegers 1978 - 98
Wolfgang Erk (Hrsg.): Für diesen Tag und für alle Tage
Deines Lebens. Ein Brevier
Wolfgang Erk (Hrsg.): Literarische Auslese
Texte für jeden Tag des Jahres
Wolfgang Erk (Hrsg.): Morgenglanz und Ewigkeit. Hundert Texte
deutscher Dichtung
Richard Exner: Gedichte 1953 - 1991
Eberhard Fincke: Gesang gegen die herrschende Meinung
Das Vaterunser als Fingerreim
Helmut Franz: Die Geburt Abrahams. Zur Ankunft des Subjekts
in der Geschichte
Traugott Giesen: Gott liebt Dich und braucht Dich
366 Worte zum Weiter-Leben
Traugott Giesen: Gott weiß. Zwölf Anregungen für Lebensmut
Traugott Giesen / Hans Jessel: Sylt für die Seele
45 Texte, 45 Farbfotos
Hannah Green: Ich hab dir nie einen Rosengarten versprochen
Bericht einer Heilung
Friedrich Grotjahn: Der Geschmack von Messing. Roman
Peter Härtling: Für Ottla
Peter Härtling: Das Land, das ich erdachte. Gedichte
Peter Härtling: Vor Bildern. Für Maler. Porträts in Worten
Markus Haupt: Im toten Winkel meiner Zuversicht. Gedichte
Dirk Heinrichs: Den Krieg entehren. Sind Soldaten
potentielle Mörder?
Dirk Heinrichs: Fallkraft der Feigheit
Hartmut von Hentig: Kolumnen

Klaus-Peter Hertzsch: Der ganze Fisch war voll Gesang
Biblische Balladen zum Vorlesen
Klaus-Peter Hertzsch: Nachdenken über den Fisch
Klaus-Peter Hertzsch: Sag meinen Kindern, dass sie weiterziehn
Erinnerungen
Ulrich Holbein: Ungleiche Zwillinge. Doppelporträts
Reinhard Höppner: Segeln gegen den Wind. Texte und Reden
Inge Jens / Walter Jens: Vergangenheit – gegenwärtig.
Biographische Skizzen
Walter Jens: Das A und das O. Die Offenbarung
Walter Jens: Der Römerbrief
Walter Jens: Die vier Evangelien
Matthäus, Markus, Lukas, Johannes
Walter Jens: Pathos und Präzision. Acht Texte zur Theologie
Walter Jens: Der Teufel lebt nicht mehr, mein Herr!
Erdachte Monologe - Imaginäre Gespräche
Eberhard Jüngel: Beziehungsreich. Perspektiven des Glaubens
Eberhard Jüngel: … ein bißchen meschugge …
Predigten und biblische Besinnungen
Erika Kitter: Multiple Sklerose. 30 Jahre leben mit einer Krankheit
Christian Krause: Aus Geschichte wird Zukunft.
Vorträge und Predigten 1994-1998
Jo Krummacher / Hendrik Hefermehl: Ratgeber für Kriegsdienstverweigerer
Christoph Kuhn: Es schwimmt die Welle des Lebens hin
Günter Kunert (Hrsg.): Texte, die bleiben. Anthologie der Autoren
Reiner Kunze: Die Aura der Wörter. Denkschrift
Gerd Lüdemann / Martina Janßen: Bibel der Häretiker
Gerd Lüdemann / Alf Özen: Was mit Jesus wirklich geschah.
Die Auferstehung historisch betrachtet
Henning Luther: Religion und Alltag. Bausteine zu einer
Praktischen Theologie
Horst Lütten: Mein Herz schlägt für Kain. Genesis 1 - 11
Horst Lütten: Wie wurde Wasser zu Wein?
Kurt Marti: Fromme Geschichten
Kurt Marti: geduld und revolte. die gedichte am rand
Kurt Marti: Die gesellige Gottheit. Ein Diskurs
Kurt Marti: gott gerneklein. gedichte
Kurt Marti: Der Heilige Geist ist keine Zimmerlinde. 80 Texte
Kurt Marti: Prediger Salomo. Weisheit inmitten der Globalisierung
Kurt Marti: Von der Weltleidenschaft Gottes. Denkskizzen
Gerhard Marcel Martin: Das Thomas-Evangelium
Marietta Peitz: Ich sollte Lilien pflanzen, ehe ich gehe.
Tagebuch des Älterwerdens
Marietta Peitz: Die Sonnenrückseite der Träume. Einblicke
in die Welt der Karibik

DAS PLATEAU. Die Zeitschrift im Radius-Verlag
RADIUS-Almanach. 1978/79 bis 2002/03. 25 Ausgaben
Karl-Heinz Ronecker: Friede sei in deinen Mauern
Jerusalemer Predigten
Martin Scharpe (Hrsg.): Jesus unter Dichtern. Ein literarisches Evangelium
Martin Scharpe (Hrsg.): Heilige Nacht. Heiliger Tag.
Die 100 schönsten Weihnachtsgedichte und -geschichten
Gerhard Schneider: Mirjam singt wieder. Neue Weihnachtsgeschichten
Michael M. Schönberg: Von oben herab. 32 Text-Erhebungen
Michael M. Schönberg: WortWandel. Predigten
Friedrich Schorlemmer (Hrsg.): Mein Bibeltext
45 Beiträge prominenter Zeitgenossen
Hansjürgen Schulz: Ethik als Einmischung
Olaf Schumann (Hrsg.): Zentrale Texte des Glaubens
Wolfgang Schweitzer: Dunkle Schatten – helles Licht.
Autobiographie
Brigitta von Seebach: Das Leben ein Riß. Gedichte. Haiku
Brigitta von Seebach: Im stillen Strom des goldenen Schweigens.
Gedichte und Haiku 1981 - 1999
Volker Sommer: Das grüne All. ein Poem aus dem Regenwald
Uwe Steffen: Den Urbildern auf der Spur. Erlebtes und Bedachtes
Angelika Stein: Auf der Suche nach Jacques. Erzählung
Klaus von Stieglitz: Einladung zur Freiheit
Gespräch mit der Anthroposophie
Holger Tiedemann: Die Erfahrung des Fleisches
Paulus und die Last der Lust
Holger Tiedemann: Liebe, Lust und letzte Ziele
Paulus und das Begehren
Manos Tsangaris: Die kleine Trance. Gedichte
Iwan S. Turgenjew: Mumu. Erzählung
Rosemarie Wagner-Gehlhaar: Was glauben Sie?
60 Prominente antworten
Gerhard Weimer: Bis bald in Bethlehem. Roman
Gerhard Weimer: Das Osterwasser. Roman
Hanna Wolff: Jesus als Psychotherapeut
Hanna Wolff: Jesus der Mann. Die Gestalt Jesu
in tiefenpsychologischer Sicht
Hanna Wolff: Der universale Jesus

Prospekte und Informationen beim